Studies on Language and Culture Communication

语言与文化传播研究

第三辑

来华留学预科教育专论

主　编　王尧美
张学广

山东大学出版社
SHANDONG UNIVERSITY PRESS
·济南·

图书在版编目(CIP)数据

语言与文化传播研究. 第三辑,来华留学预科教育专论/王尧美,张学广主编. —济南:山东大学出版社,2022.7

ISBN 978-7-5607-7557-9

Ⅰ. ①语… Ⅱ. ①王…②张… Ⅲ. ①汉语—文化传播—文集 Ⅳ. ①H1-53

中国版本图书馆 CIP 数据核字(2022)第 117081 号

责任编辑 李艳玲
封面设计 王秋忆

出版发行 山东大学出版社
社　　址 山东省济南市山大南路 20 号
邮政编码 250100
发行热线 (0531)88363008
经　　销 新华书店
印　　刷 济南乾丰云印刷科技有限公司
规　　格 720 毫米×1000 毫米 1/16
　　　　 18 印张 237 千字
版　　次 2022 年 7 月第 1 版
印　　次 2022 年 7 月第 1 次印刷
定　　价 52.00 元

《语言与文化传播研究》(第三辑)

来华留学预科教育专论

编委会

前　言

改革开放40多年来，我国来华留学教育事业取得了令人瞩目的成就，来华留学规模快速增长，培养质量持续提升。2010年，为进一步推动中国政府奖学金来华留学事业发展，同时保障本科教学质量，根据《国家中长期教育改革和发展规划纲要(2010—2020年)》，国家全面实施中国政府奖学金本科来华预科教育(以下简称“预科教育”)。预科教育是衔接外国中等教育与中国本科教育的关键环节，是大多数中国政府奖学金本科生来华学习的基础阶段。经过10多年的建设，预科教育在留学基金委的领导下为我国来华留学本科教育培养了大量优质生源，为保障中国政府奖学金本科来华留学生教育的高质量快速发展提供了有力支撑。

山东大学是中国教育部国家留学基金委指定的首批3所中国政府奖学金预科教育试点院校之一，是中国政府奖学金预科教育指导委员会成员单位，长期承担医学类专业来华留学生的预科教育工作，在国家留学基金委领导下，学校高度重视，从教学理念、培养模式和管理方式等方面进行了全方位的探索与开拓，积累了较为丰富的预科强化教育经验，打造了一支优秀的预科师资队伍，形成了富有特色的预科强化教育模式。

2010—2021年，山东大学共培养了来自100多个国家的1800多名预科生，在预科教学研究、教材编写、学术研究等方面都取得了重要成绩：2012年组织编写《HSK全真模拟测试题》；2013年出版《来华预科留学生汉语学习策略研究》《西医汉语听说教程》《西医汉语读写教程》；2015年主持编制《医学汉语教学大纲》；2017年，“来华预科留学生教育模式实践与研究”获得山东大学教学成果二等奖；2019年举办“来华留学预科阶段汉语教学案例研讨会”，出版“预科汉语强化教程系列”，完成《医学类预科生数学学能分析报告》；2020年录制、上传预科汉语教学慕课。在2021年中国政府奖学金预科教育精品资源评选活动中，山东大学提交的10项微课资源受到专家评委好评，全部进入优选名单。截至2021年，山东大学共出版预科相关教材、著作20余部，发表预科教研论文20余篇，获得省部级科研项目5项。

本书分为预科教育教学模式研究、预科教育教材研究和预科生习得研究三大部分。从研究内容来看，既有对海外如加拿大、英国的预科教育的调研，又有对国内预科教学的分析；从研究方法来看，既有量化研究，又有质性研究；从作者构成来看，既有资深教师，又有青年教师。

本书汇集了2010年至今山东大学在来华留学预科教育方面研究的学术论文，是山东大学在该领域的总结与探索的成果。再次感谢留学基金委各位领导对山东大学来华留学预科教育工作的大力支持。我们将再接再厉，为提升来华留学教育质量、促进各国语言文化交流作出更大的贡献！

编　者

2022年4月

目录

第一部分　预科教育教学模式研究

第二部分 预科教育教材研究

第三部分 预科生习得研究

第一部分　预科教育教学模式研究

加拿大阿尔伯塔大学桥梁课程对我国来华留学预科教育的启示[①]

【摘要】 来华留学预科教育制度的建立是我国高等教育国际化的重要标志，也是我国来华留学教育事业的重要组成部分。我国来华留学预科教育与西方教育体系中的桥梁课程在性质上有相通之处，但两者各具特点。本文试图对中西预科教育的异同作细致的梳理，明确我国预科教育的独特性，在保持我国预科教育特色的同时，借鉴西方高校的预科教育管理的优良经验。

【关键词】 预科教育 桥梁课程 中西预科教育比较

近年来，我国高校将提高国际学生招生和培养质量作为留学生教育的重要工作内容。根据《教育部等八部门关于加快和扩大新时代教育对外开放的意见》精神，部分高校以“稳定规模，优化结构，规范管理，提高质量”作为留学生教育工作的基本原则，坚持目标导向，培养具备专业素养、汉语能力、跨文化和全球胜任力的国际人才。多年的来华留学教育实践经验证明，来华留学预科教育为保证来华留学生学历教育质量、提高来华留学奖学金使用效益发挥着重要作用。

我国来华留学预科教育自 1991 年实施以来，蓬勃发展。教育部自 2010 年 9 月 1 日起，对中国政府奖学金本科来华留学生新生在进入专业学习前开展预科教育，要求全部中国政府奖学金本科留学生接受预科教育。我国来华留学预科培养院校从 2005 年的 3 所试点院校[②]逐步扩大到

① 本文受到中国高等教育学会外国留学生教育管理分会项目“海内外预科教育大数据平台建设及研究”(项目编号:2018-2019Y014)资助。

② 2005 年，我国国家留学基金委将天津大学、南京师范大学和山东大学 3 所高校列为预科教育试点院校。

2021年的17所。[①] 从1991年到2021年的30年预科教育工作中，我国预科培养院校积极探索适合我国来华留学教育发展需求的预科教育并积累了宝贵经验。在此期间，深入了解国外高校预科教育模式、学习其先进的预科教育管理经验已成为我国高校国际教育的重要研究课题之一。我国来华留学预科教育与西方教育体系中的桥梁课程在性质上有相通之处，但两者各具特点。本文试图对中西预科教育的异同作细致的梳理，分别以加拿大阿尔伯塔大学的桥梁课程和我国山东大学预科教育为例，分析中西预科教育的异同，明确我国预科教育的独特性，并为我国高校来华留学预科教育建设提供国外经验参考。

一、加拿大预科教育概况——以阿尔伯塔大学的桥梁课程为例

加拿大高校的桥梁课程(Bridging Program)或预备课程(University Foundation Year)，属于大学学历教育前的预备教育，即学生在正式开始学位教育之前，在接受语言培训的同时，根据语言能力修读部分大学学术课程，为后续学位课程的学习奠定基础，学制一般为半年或一年。在加拿大，桥梁课程属于高等教育的范畴，此类课程注重对学生专业知识的教育，以满足未来工作岗位的需求，是西方教育体系中的重要环节，被视为高等教育的重要基础。

加拿大阿尔伯塔大学位列全加高等教育第5位，是加拿大名校之一。阿尔伯塔大学的桥梁课程由该校继续教育学院承担，与专业相关的桥梁课程由继续教育学院与其他6所学院合作完成，这6所学院分别为农学院、生命和环境学院、文科学院、理科学院、原住民研究院、体育与康复学院。此外，继续教育学院的英语语言学校（English Language School)主要

① 17所预科院校为天津大学、南京师范大学、山东大学、同济大学、华中师范大学、北京语言大学、东北师范大学、北京第二外国语学院、首都师范大学、对外经济贸易大学、中央财经大学、上海财经大学、吉林大学、华侨大学、中国地质大学(武汉)、华南理工大学、北京中医药大学。

负责语言类课程，其语言教学大纲设计主要以提高学生学术英语能力为目标，配有学术研讨类课程，帮助留学生适应并融入阿尔伯塔大学的学术氛围。

申请该校的留学生根据自身情况选择是否修读桥梁课程。阿尔伯塔大学的本科入学条件中，对语言能力的要求为雅思 6.5—7 分或托福 80 分。如果申请人的语言条件未能达到本科专业的申请要求，申请人被预录取后需要强化英语能力，进修预科类课程（ESL、EAP、BP 等），考试合格后才能被大学正式录取。

桥梁课程分为三个阶段。在第一阶段，学生在满足托福 65 分或雅思 5.0 分，且已被合作学院预录取的条件下方可进入学术英语 135 级学习，具体学习学术文法。该阶段学习期限不少于 2 个月，不算学分。学生成绩合格后可进入第二阶段的学习。如果预录取本科生已达到托福 70 分或雅思 5.5 分，可以直接进入桥梁课程的第二阶段。第二阶段的课程设计是学术英语 140 级(3 个学分)加桥梁课程 101 级。第二阶段学成之后方可进入第三阶段，即学术英语 145 级(3 个学分)加文学导入课。在这一阶段，学生可以在预录取学院选修 1 门专业课(3 个学分)，此阶段学习期限不少于 4 个月。如果第二阶段考试合格，一般会被预录取学院正式录取并开始专业学习。在读本科专业期间，如果学生仍然需要语言强化，可以申请进入桥梁课程的第三阶段学习。在这一阶段，学生在研修专业课的同时，完成桥梁课程 3 的语言课程。这就是桥梁课程起到的桥梁作用，即学术英语与专业课程的衔接。

加拿大大学的桥梁课程对来加留学生而言是极为必要的。首先，阿尔伯塔大学对留学生有较高的语言要求，不单指语言应试技巧，还包括真正熟练地使用语言进行听、说、读、写的能力，以及运用英语语言进行专业学习和科研的能力。预科学习加强了留学生语言学习能力和语言运用能力。需要强调的是，留学生在进入加拿大高校学习之前是一定要有语言基础的，即具备雅思 5.0 分或托福 65 分及以上的英语水平，英语语言学校可以帮助学习者迅速提高英语能力。其次，桥梁课程内容和教学大纲由大学相关学院的专业教师精心设计，由桥梁课程任课教师和专业教师共同审定以满足专业学院教学的实际需求。大学桥梁课程不仅着眼于为学生进入大学后顺利完成本科学业提供必备的语言技能和专业知识，而且部分专业课的学习有助于丰富学生的学术背景，帮助学生尽快适应本科阶段的学术研究。最后，通过桥梁课程的学习，留学生可以有效克服由文化差异、语言障碍等带来的困难，尽快融入新的生活学习环境。

在学生管理方面，阿尔伯塔大学国际部和英语语言学校的项目管理老师共同为参加桥梁课程的留学生服务。学生活动以学校活动为主，学院层面的活动组织有限。学院不对学生进行考勤管理，学生出勤全凭自觉，官方考试成绩是检验学习成效的唯一标准，如果不能通过语言水平的官方考试，学校的预录取资格将被取消，可谓"一次成绩论成败"。因此，自制力不强的学生很难顺利完成预科学业。此外，学校为预科生提供校园住宿，但由于校内住宿资源有限，学校鼓励学生校外住宿或在当地家庭寄宿。

二、我国预科教育概况

根据我国国家留学基金委的管理规定，选择汉语授课且汉语水平未达到专业学习要求的来华留学生，须参加 1—2 学年的汉语学习，达到录取院校入学要求后方可开始专业学习。其中，学习理学、工学、农学、医学（西医）、经济学、管理学、法学和艺术学专业者，汉语学习期限为1 学年；学习文学、历史、哲学和医学（中医、中药）专业者，汉语学习期限不超过 2 学年。对于有一定汉语基础的预科新生，学习时限可适当调整。

预科阶段的课程内容为基础汉语、专业汉语和数理化基础知识。学习结束后考试成绩合格者方可入专业院校学习。通过预科强化教育，学生在汉语言能力、相关专业知识以及跨文化交际能力等方面达到进入我国高等学校专业阶段学习的基本标准。在完成预科教育之后，学生应具备如下知识和能力：第一，具备一定的汉语交际能力和跨文化交际的能力。第二，汉语言水平要达标。理学、工学、农学、医学（中医药专业除外）、经济学、法学、管理学、教育学等学科专业不得低于 HSK 三级，文学、历史学、哲学及中医药等学科专业不得低于 HSK 六级。第三，具备一定的专业基础知识，如数学、物理、化学、生物、计算机等知识；如果是历史学、文学、哲学及中医药专业的预科学生，应掌握专业学习所需的古汉语知识和计算机等知识。自 2015 年起，预科生结业水平检测标准由原来的 HSK 四级考试改为统一的预科结业考试，包括基础汉语、专业汉语、数学、物理、化学等。

根据预科教育的培养目标，预科院校坚持语言教学、专业知识教学与文化教学相结合，以语言教学为主、以专业知识教学和文化教学为辅的教学模式。以山东大学为例，医科预科教育课程分为语言类、文化类、专业知识类和实践类。开设的主要课程有汉语综合课、综合训练课、会话课、汉字课、听力课、汉语正音、词汇与读写、医学汉语、数学、化学、生物、计算机基础、中国文化系列课程等。除主干课程外，还为学生安排汉语实践、文化体验等丰富多彩的第二课堂活动，学生由“课堂”走向“课堂内外”。

在开展预科教育的十五年间，我校在预科教育方面积累了一定的教育和管理经验。对于预科教育而言，严格管理是预科教育持续发展的必要条件，出勤率是紧抓预科教育管理的重要环节。首先，国际教育学院配有专职预科管理干部，每天清晨去各班检查出勤，对迟到懒散的学生，当面批评教育。对缺勤学生严肃处理，根据每月学生出勤情况统计结果，管理部门对缺勤学生加强管理，根据其缺勤严重程度采取不同的管理措施，分为严肃批评、口头警告、书面警告等。对出勤率达到 100％的学生，学院设立勤奋奖，邀请基金委领导在结业典礼上为学生颁发证书，表彰鼓励。勤奋奖是一份至高的荣誉，极大地激发了学生的学习积极性。其次，外国留学生学习习惯与我国高校学生不同，文化差异较大，为了弥补留学生基础知识掌握不足的短板，高校通过严格的教学管理从而达到教育部规定的预科达标要求。为加强预科教学，预科生每周课时数不少于 30 节，比普通语言生多出 50%；毕业成绩采用新的计分方式：平时成绩（出勤成绩、周考、课堂表现和作业）占 30%，期中考试成绩占 30%，期末考试占 40%。最后，做好入学前法律法规和校纪校规教育，特别是学籍管理教育。申请中国政府奖学金来我国学习的留学生多半来自欠发达的亚非拉国家，这部分学生大多年龄小，自控力弱，汉语基础为零，对数、理、化知识的掌握参差不齐。鉴于此种情况，学院要特别向预科留学生做足入学教育，宣传预科生管理规定，反复强调考勤、考试纪律和违反规定的后果。同时也会鼓励学生，增强学生作为预科生的荣誉感和自豪感，给予学生不怕困难、勇攀高峰的精神支持。做好入学教育可使预科教育收到事半功倍的效果。另外，来华留学生的学习能力、接受能力也千差万别。在高强度的教学过程中，也要注意遵循教学规律，对学生因材施教。山东大学的做法是开学 4 周后根据学习成绩将学生分成普通班和奋进班，在期中考试后又将奋进生平均分配到各普通班里，形成尖子生领跑、普通生跟进、奋进生不掉队的学生梯队布局。此外，学院管理部门也为预科生提供语言辅导互助平台。

三、借鉴经验，保持特色——加拿大预科教育的启示

加拿大高校的预科教育与我国高校的预科教育有相似之处，但也各有特点。加拿大的预科教育相对成熟，以下几点是值得我们借鉴的。

首先，充分发挥预科教育的语言桥梁作用。留学生真正在语言上适

应新的学习环境，需要一定时间的集中学习与强化训练，才能做到“忘记”母语。加拿大的桥梁课程着重加强留学生的语言训练，尤其是学术英语的培训，以期起到预科教育的桥梁作用。同时，在预科教育阶段为学生打牢语言基础。语言学习不仅旨在培养学生听、说、读、写等方面的信心与能力，还要培养学生的学术语言功底。预科专业课课程由大学的专业教师精心设计且共同审定和修改，着眼于为学生将来进入大学后顺利完成学业提供必备的知识。专业课基础知识的学习，可以帮助学生熟悉老师的教学方法，减轻心理焦虑，为本科学习打下基础。

其次，注重预科教育的专业桥梁作用。无论是国内或在西方教育体系中，基础教育与高等教育在知识结构和教学方法等方面都存在着较大的跨度。即使在国内，我们大学一年级新生也普遍感到对大学教学、生活不适应；学生对知识从被动的灌输到在教师指导下的探索，这一转变过程需要学生慢慢地体悟内化。加拿大预科作为预备课程，将大学必修课中重要且基础的知识，比如高等数学、语言文学、计算机科学等重要科目下放一部分，深入浅出，循序渐进，帮助学生打好坚实的基础，为大学生活与学习做好充分准备，这也正是预科课程被称为通往大学的“基础课程”“桥梁课程”的原因。而我国预科教育中，专业课的设计仍处在对高中数理化知识的巩固中，未能提升到大学课程“下放”和思维模式转变的高度，如代数、几何向微积分的转变跨度较大，但学生并没有在预科阶段得到锻炼。

最后，充分发挥预科教育的文化过渡作用。语言障碍是造成文化休克(culture shock)的重要原因之一。加拿大高校的预科生在进入本科学习之前，大部分已有一定的英语语言基础，即使如此，学生也很难迅速适应新的文化，因为文化差异造成的问题普遍存在。加拿大的预科教育能够为学生的文化适应起到过渡作用。因此，预科对国际学生克服文化、语言差异带来的种种困难起着至关重要的作用。

相比较而言，我国留学生教育体制较西方更强调学校的人文关怀，热心服务。这是我们的优势，是要继续发扬的。积极实施关心关爱的人文管理模式可以引导新生平稳度过文化适应期。初来乍到，留学生会紧张和不安，加之时差、气候、饮食、作息、娱乐等的改变，容易对完全不同的日常生活事务感到无所适从。我国高校为留学生提供必要的生活服务设施，对留学生进行适度的关注关怀，降低文化冲突带来的负面影响。此外，预科生课业负担重，心理压力大，针对这样的现实，部分预科院校建立班主任制度、班主任助理制度，开展丰富多彩的课外文体活动。有的高校还明确要求预科班主任大力开展课外文体活动，为留学生舒缓压力，比如举行“快乐汉语大舞台”“我们一起过春节”、运动比赛、教学参观实践等活动，帮助学生减压。

在国家留学基金委的严格要求和正确引领下，在各预科高校的共同努力下，中国政府奖学金留学生预科教育将逐渐走向规范化、成熟化，发展中遇到的问题也将逐步解决，预科教育也将实现飞跃式的发展。同时，成功的政府奖学金留学生预科教育会逐渐影响自费预科项目的建设，为我国来华留学教育提供先行经验，促进我国高等教育与国际高等教育接轨。今后，我们的预科教育也将走出国门，走向世界，联合优质国际教育资源，发挥预科培养平台作用，设立海外预科项目，利用海外孔子学院资源，开办语言预科和先修课程项目，探索我国高校国际教育的“走出去”战略，提升我国高等教育的国际影响力。

胡乃麟：山东大学国际教育学院拓展办公室主任

英国本科预科教育培养模式的调查及启示[①]

【摘要】 近年来，来华预科留学生数量呈现逐年上升趋势，英国是世界上预科教育发展最早的国家之一，也是世界上少数具备成熟预科体系的国家之一，但目前学界对于英国预科教育的研究主要集中于针对英国本土高中生开展的预科教育，很少涉及针对海外留学生开设的预科教育，研究英国预科教育的培养模式能够为我国来华留学生预科教育的发展提供必要的借鉴。本文以英国教育中心(UKEC)划分的预科教育类型为例，选取英国综合实力和预科教育发展较为完备的院校作为研究对象，通过查阅各大高校官方网站以及阅读相关文献，归纳总结英国针对海外留学生开设的预科教育在课程分类、内容设置及考核方式等方面的特点，以期为我国预科教育的发展提供一定的启发。本文指出我国预科教育应该注意尊重学生的个体差异性，为学生提供多样化的课程选择，注重培养学生的自主学习能力，并根据学生水平开展分层教学，实施多样化的教学评估。

【关键词】 英国预科　海外留学生　培养模式　课程设置

预科课程主要是为语言能力不足、专业知识欠缺或者本国教育体制与所申请国家教育体制相差较大等原因而无法顺利进行课程学习的外国留学生开设。英国预科教育主要分为本科预科教育和研究生预科教育两种类型，以满足不同年龄阶段海外留学生的申请需要，本文主要研究英国的本科预科教育。

英国教育中心(UKEC)将英国针对海外留学生开设的预科教育分为以下四种类型：一是没有本科预科的院校，未开设预科的院校主要有牛津

① 本文受到中国高等教育学会外国留学生教育管理分会项目“海内外预科教育大数据平台建设及研究”(项目编号：2018-2019 Y014)资助

大学、剑桥大学、帝国理工学院和伦敦政治经济学院等。二是本校型本科预科，这类预科主要针对申请本校的学生设立，学生毕业之后只要成绩合格，一般就可以直接进入本校进行本科学习，一般开设此类课程的大学排名都比较靠前、录取门槛较高、竞争压力较大，主要有爱丁堡大学、布里斯托大学、华威大学、伯明翰大学等。三是通用型本科预科，由英国教学能力和科研能力较强的大学独立设置并被其他大部分学校认可，权威性较高，这类课程是预科申请人数最多、难度最大、升学率也最高的课程。申请此类预科的学生可以直接进入本校进行本科学习，也可以通过申请进入其他学校学习，这类学校主要有伦敦大学学院、伦敦大学国王学院、华威大学、伦敦大学亚非学院等。四是集团预科，英国绝大多数预科属于此类，一般是由大学授权预科教育机构开办预科课程和语言课程，主要针对报考本校的学生。英国国内主要有三大知名集团——Study Group、INTO 和 Kaplan，在英国国内的认可度非常高。

按照上述四种分类，参照 2020 年度泰晤士高等教育[①]发布的排名榜单及英国热门预科留学院校，暂时确定后三种分类中具有典型代表性的大学作为研究对象，每种分类选取两个研究对象，共六所院校，分别是爱丁堡大学（第 5 位）和伦敦大学国王学院（第 7 位）、伦敦大学学院（第 3 位）和华威大学（第 9 位）、格拉斯哥大学（第 11 位）和谢菲尔德大学（第 14 位）。研究英国预科教育的课程设置模式不仅可以帮助我们了解英国预科教育体系，而且对于我国预科教育的发展具有一定的启发意义。

一、英国预科教育培养模式的基本情况

（一）英国预科的培养目标和入学条件

英国预科的主要目的是更好地衔接高中和大学的课程，课程比较注

① 具体可查看泰晤士高等教育网站，https://www.timeshighereducation.com/world-university-rankings/2021/world-ranking#！/page/0/length/25/sort_by/rank/sort_order/asc/cols/stats。

重学术理论内容以及留学生的英语语言和跨文化等方面的教学，以帮助学生顺利升入对应院校或者其他高等院校，所以其培养目标主要包括三个方面：(1)语言上达到对应学校入学要求；(2)学习上能够具备大学的学术学习能力；(3)生活上能够适应英国的留学生活。

考虑到外国留学生本国的教育体制可能与英国的教育体制存在较大差异，英国大部分学校都会为申请本国留学的海外学生专门设置一年左右的预科课程来帮助学生提高语言能力和学术能力。申请英国本科预科的学生一般至少要在国内读完高二或者高中毕业、平均成绩在 70 分以上且雅思总分 5.0 左右，申请硕士预科的学生需要在国内读完正规的 3 年大专或本科、平均成绩 70 分以上且雅思总分在 5.5—6.0。但是，不同院校的要求不尽相同，而且每个学校对预科的认可度也不尽相同。预科课程通常适合高中毕业生修读，硕士一般很少读预科，所以本文主要研究以上六所学校本科预科的课程设置。

(二)英国预科课程设置

英国预科课程从整体上看主要包括语言、专业知识、学习方法和研究方法学习四种类型，在课程的具体设置上一般是具有必修模块和选修模块两类课程供学生选择。本文选择三种类型中的典型学校，主要介绍各学校的基本情况，其预科课程设置情况将以附录的方式呈现。

1.爱丁堡大学①

爱丁堡大学是位于苏格兰的综合性公立研究大学，其语言中心也是英国最大的语言中心之一。爱丁堡大学国际预科课程(University of Edinburgh International Foundation Programme)2021 年采取线上和线下的混合教学模式，采取小班教学，有 150 个对应的本科学位供预科学生选择，本科预科方向主要有艺术、人文与社会科学。

① 具体可查看爱丁堡大学官网，https://www.ed.ac.uk/arts-humanities-soc-sci/international-and-study-abroad/foundation-programme。

其中,“英国学习与生活”(Living and Learning in Britain)和“预科学术英语入门”或者“预科学术英语进阶”(Foundation English for Academic Purposes Entry or Plus)课程是所有方向的学生必选的,不过在具体的教学目标上会有所差别。“预科学术英语入门”或者“预科学术英语进阶”将为学生提供入学必需的英语语言技能,并根据学生的雅思成绩安排其学习入门或高级课程。

爱丁堡大学的本科预科一年分为三个学期,每个学期都包含相应学分的必修和选修课程,共120学分。必修课程中程序性学与教4学时,定向学习和自主学习196学时,每门课共200小时的学习时间,考核主要以课程作业为主,每门课程的考察形式不尽相同,形式上主要包括阅读书目、词汇测试和论文写作等。每门选修课程的总课时为100学时,讲座课时为50学时,程序性学与教为2学时,定向学习和自主学习48学时,考核形式主要有课程主题和阅读材料测试、演讲讨论、课程展示和课程论文等。

2.伦敦大学国王学院[①]

伦敦大学国王学院是英国国内顶尖学校,伦敦大学国王学院预科升学率非常高,其中90%的学生在结业后可以进入伦敦大学国王学院的本科进行学习,而且伦敦大学国王学院的预科课程也得到了英国其他很多学校的认可,学生结业后也可以申请其他院校的课程,学校也会为学生的UCAS[②] 申请提供支持。同时,由于预科课程设在国王学院校内,因此学生可以和本科生一样使用校内资源,提前适应学校生活。

伦敦大学国王学院规定申请伦敦大学国王学院本科课程的海外留学生必须上一年的预科课程(Kings International Foundation),预科通过后可以直接进入伦敦大学国王学院的本科进行学习。预科课程主要培养学

① 具体可查看伦敦大学官网,https://www.kcl.ac.uk/study/foundations/internationalfoundation。
② UCAS是 Universities and Colleges Admissions Service 的缩写,即“大学和学院招生服务中心”,它是一个公共服务机构,统一为英国所有大学提供招生服务。和其他国家不同,申请英国大学的本科学位课程,都要通过UCAS进行申请。

生的批判性思维、论文写作、研究能力、考试技巧及展示技能，平均每周有16学时，并通过讲座、研讨会、课堂和实验等方式进行授课。伦敦大学国王学院的预科为全日制，课程一般是由本校教师教授，考核方式根据专业不同选择不同的评价方式，大体上分为论文写作、考试、个人展示、演讲、课堂作业等形式。

3.伦敦大学学院[①]

伦敦大学学院是英国国内排名第三、唯一一所提供自办本科预科课程的英国G5院校[②]，其预科也得到了英国绝大多数院校的认可，课程是在伦敦大学学院校内上，由伦敦大学学院教师亲自教授，权威性非常高。伦敦大学学院的预科课程(International Foundation)主要分为两类——必修模块和选修模块，其中学生需要选择两门必修模块和两门选修模块。每周提供23学时的授课，一课时为50分钟，要求学生自主学习时间接近这个时长。授课方式主要包括讲座、小组研讨、个别辅导三种，并设置每周一次的导师与学生一对一研讨。对于学生选择的必修和选修的四个模块定期进行考核，评价方式包括作业、个人研究项目、阅读或练习，其中第一学期的考试对于UCAS申请特别重要。

4.华威大学[③]

华威大学预科开办至今已有37年历史，预科教育经验十分丰富，其预科是本校开办的通用型预科，共开设10门学术课程供学生进行选择，每年有超过75%的学生进入英国其他重点名校，还有很多预科学生进入华威大学非常具有竞争力的专业。每一门课都是必修的，每门课程都关乎最后申请大学的成绩。预科教学基本都采取讲座(lecture)加研讨(seminar)的形式：讲座是一周一次，上课形式和国内是一样的，研讨是老

① 具体可查看伦敦大学学院网站，https://www.ucl.ac.uk/languages-international-education/preparation-courses/upc-foundation。

② G5院校，又称为英国"G5超级精英大学"，英文为"the G5 group"或"the G5 super elite"，是被英国媒体报道的5所精英学校——剑桥大学、牛津大学、帝国理工学院、伦敦大学学院和伦敦政治经济学院的合称。

③ 具体可查看华威大学官网，https://warwick.ac.uk/study/ifp。

师根据本周讲座的内容进行答疑,并做练习。考核方式主要包括考试、课堂展示、写论文、做海报等。除了每个专业必修的学术英语外,其余课程安排都不尽相同。

5.格拉斯哥大学①

格拉斯哥大学是英国最古老的大学之一,是著名的罗素大学集团(Russell Group)成员之一,其预科项目由格拉斯哥大学国际学院(GIC,全称 Glasgow International College)与英国著名的预科集团 Kaplan(Kaplan International Colleges)合作开办,学习地点在大学校内,学生可以使用学校的资源。除了必修和选修课程外,每门课程还会提供个人发展能力的课程。学校还根据学生雅思水平的不同,设置不同附加课程,对不同水平学生设置不同教学时长,并让学生选择感兴趣的课程。

6.谢菲尔德大学②

谢菲尔德大学是英国国内申请人数最多的大学之一,谢菲尔德预科(International Foundation Year)由谢菲尔德大学授权第三方机构 Study Group(英国最早的预科集团)开办,主要分为商业、社会科学与人文(Business, Social Sciences and Humanities)和科学与工程(Science and Engineering)两个方向。其课堂实行小班教学的授课方式,学习地点设在大学校内,预科生可以和本科生一样使用大学的资源,提前适应大学的生活。谢菲尔德大学预科分为三学期项目和两学期项目两种,学生可以在一年的多个时间点开始国际预科的学习,并根据英语水平选择不同学习时长的课程,其中 3 个学期课程是为学术雅思成绩 5.0 分,写作要求至少 5.0 分(其他技能要求至少 4.0 分)或同等水平的学生提供的;2 个学期课程是为雅思成绩 6.0 分的学生提供的,其中 4.0—4.5 分的学生要加修一个学期或者两个学期的英语语言课程以提高英语水平。

① 具体可查看格拉斯哥大学官网,https://www.kaplanpathways.com/colleges/glasgow-international-college/。

② 具体可查看谢菲尔德大学官网,https://usic.sheffield.ac.uk/programmes/international-foundation-year。

二、英国本科预科课程内容分析

英国大学预科一般都只是区分大致的方向，不区分具体专业，上述几所大学开设的课程非常多样，课程的设置也比较灵活，可满足不同专业的学生需求。

（一）英国本科预科核心课程的特点

首先，注重提高学生语言水平。几乎所有的大学都开设学术英语作为学生的必修课程，且所占学分高，有些学校还会为语言成绩不达标的学生专门开设 ESL 语言课程，并在毕业时对于学生的语言水平进行测试，语言成绩是申请进入大学的一个重要衡量标准。

其次，注重教授英国的教学模式和教学理念。预科课程是针对留学生的，所以向学生传授英国教育的课堂模式和教学方式也是课程重点，预科的目的不仅是传授给学生大学的专业知识，更重要的是教给学生如何去学习和研究。

最后，以学生为主体，注重学生研究和探索能力的培养。必修课程注重发展学生的主体意识，教授学生学习和研究的方法，培养学生的自我探究能力，大部分时间都是学生进行自主学习，教师讲授较少。这类课程主要有研究与学术技能（Research and Academic Skills）和扩展项目（Extended Project）。

（二）英国本科预科选修课程的特点

首先，选修课程灵活多样，满足学生不同需要。由于教育背景、个人经历的不同，每个留学生在个人兴趣、知识基础和性格特征方面存在很大的差异。选修课程设置的目的正是适应学生不同的需要，学生可以根据自己的需要选修适合自己的课程，发挥自身最大优势，而且不同的选修课程对应多个大学的专业，能够为学生未来选择专业提供更多的选择，为未来的发展提供动力。

其次，打破各个学科之间的界限。人文学科方向也会开设一些偏向于自然科学的课程，而自然科学方向的课程也会开设人文社会科学方面的选修课程，帮助学生跨越学科界限，提高综合素质。

（三）英国预科课程毕业要求及评价方式分析

在考核评价方面，英国预科院校除了设有期中、期末考试外，大部分采用写课程论文的形式来对学生进行考查，此外还有课后作业、个人研究项目、阅读或练习、演讲或课堂展示等形式，注重培养学生语言水平和学术能力。另外学校非常注重学生自主学习能力的培养，个人能力的发展也作为课程考核的一部分，部分学校会开设个人发展类的实践课程。

三、英国本科预科课程的设置对于我国预科教育培养模式的启示

英国预科课程为我国预科课程发展提供了非常重要的经验，我国预科课程可以从以下几个方面予以借鉴。

首先，以学生为主体，提供多样化的课程选择。[①] 英国预科课程从总体上看具有学科门类丰富多样的特点，不同的学校开设的课程也存在较大的差异，必修课程为大方向的基础课程，而选修课程更多体现了对于具体专业知识的深入学习，能够满足学生多样化的需求。我国也可以丰富预科课程的门类，根据学生不同的职业需求或者专业需求开设不同种类的课程，此外还可以开设跨学科或者学科融合与交叉类的课程，提供给学生更多的方向与选择。

其次，注重培养学生的自主学习能力。英国预科课程一般为小班式教学，学生不是一味地听老师讲课，被动地接受课堂的知识，而是自己独立思考，甚至可以质疑老师的观点。我国预科课程也可以采用控制班级

① 参见黄永红：《中国和英国小学教育制度差异分析》，《现代教育科学》2021 年第 2 期。

学生数量的方式，在教学过程中注重启发式教学，加强师生互动，尊重学生的主体意识，多让学生自主思考与探究，培养学生独立思考能力和研究能力，同时也应该注意课堂教学仍然是主要的教学方式，应该将目前的以老师为主的课堂教学与学习者的个性化学习有机结合起来。①

再次，实施分层教学模式。英国预科对于学生的英语成绩具有较高的要求，对于未达到标准的学生，会提供不同类型和不同时长的语言课程帮助学生提高英语水平。我国预科课程也可以采取分层教学的方式，根据学生的不同汉语水平进行分层教学。② 针对汉语语言基础较弱的学生，应该着重帮助他们打好语言基础；针对那些学有余力的学生，则可以着重培养他们的语言运用能力。

最后，教学评估方式多元化。英国预科课程的评价方式比较多元化，注重形成性评估，将学生的平时作业、课堂表现等作为成绩评价的重要部分，并根据不同课程特点实施不同类型的评价方式，将评价标准多元化、细化，以求更加全面地考察学生的综合素质。国内预科教育的评价方式存在课堂表现和平时作业评估不够细化、只重结果不重过程、教师无法及时进行反馈等缺点。我国预科教育应该借鉴英国预科教育的评价方式，根据课程的不同特点实施多样化的评价方式，根据课程教学目标和内容实行形成性评价，多关注学生在学习过程中出现的问题，及时向学生提供教学反馈。

① 参见张文霞、罗立胜：《关于大学英语教学现状及其发展的几点思考》，《外语界》2004年第3期。

② 参见王永康：《关于大学英语教学现状及其发展的几点思考》，《试题与研究》2020年第4期。

附 录

表 1 爱丁堡大学本科预科课程

学期	教学目标	核心课程	选修课程(选 2 门)
第一学期	提高学生的学术阅读和写作能力,扩展人文与社会科学相关知识	Living and Learning in Britain 英国学习与生活、Foundation English for Academic Purposes Entry or Plus 预科学术英语入门或者预科学术英语进阶	Introducing Philosophy 哲学引论 Introduction to Psychology 心理学导论 Introduction to Social Science 社会科学导论 Introduction to Art & Design Practice 艺术与设计实践概论
第二学期	提高批判性思维和课堂展示技能		Introduction to Politics 政治导论 Introducing Cultural Studies 文化研究引论 Introduction to Social Anthropology 社会人类学导论 Markets and Crises: The Study of Political Economy 市场与危机:政治经济学研究 Reading English Literature 英国文学阅读 Ideas and Concepts in Art & Design 艺术与设计思想与观念
第三学期	为第四模块雅思阅读、听力、口语和写作考试做准备		Medieval Scotland 中世纪苏格兰 Sustainability and Social Responsibility 可持续发展与社会责任 Introduction to Quantitative Data Analysis 定量数据分析导论 Introduction to International Relations 国际关系导论 Archaeology Today 当代考古学

表2 伦敦大学国王学院本科预科课程

专业方向	具体课程
Biology & Chemistry 生物和化学	Biology Foundation 生物学(预科) Chemistry Foundation 化学(预科) English for Scientific Academic Purposes or Academic Expression & Critical Thinking 科学学术英语或学术表达与批判性思维 Science & Society 科学与社会
Business Management & Social Science 商业管理和社会科学	Business Management Foundation 商务管理(预科) Social Sciences Foundation 社会科学(预科) English for Academic Purposes or Academic Expression & Critical Thinking 学术英语或学术表达与批判性思维 Business & Society 商业与社会
Computer Science & Engineering 计算机科学和工程	Computer Science & Engineering 计算机科学与工程 Mathematics Foundation 数学(预科) English for Scientific Academic Purposes or Academic Expression &Critical Thinking 科学学术英语或学术表达与批判性思维 Science & Society 科学与社会
Economics & Mathematics 经济和数学	Economics 经济学 Mathematics for Social Sciences 社会科学数学 English for Academic Purposes or Academic Expression & Critical Thinking 学术英语或学术表达与批判性思维 Business & Society 商业与社会

续表

专业方向	具体课程
Global Politics & Social Science 全球政治和社会科学	Global Politics Foundation 全球政治(预科) Social Science Foundation 社会科学(预科) English for Academic Purposes or Academic Expression & Critical Thinking 学术英语或学术表达与批判性思维 Culture & Society 文化与社会
Liberal Arts & Social Science 通识教育和社会科学	Liberal Arts Foundation 通识教育(预科) Social Sciences Foundation 社会科学(预科) English for Academic Purposes or Academic Expression & Critical Thinking 学术英语或学术表达与批判性思维 Culture & Society 文化与社会
Mathematics & Business Management 数学和商业管理	Mathematics for Social Sciences 社会科学数学 Business Management Foundation 商业管理(预科) English for Academic Purposes or Academic Expression & Critical Thinking 科学学术英语或学术表达与批判性思维 Business & Society 商业与社会
Mathematics & Physics 数学和物理	Mathematics Foundation 数学(预科) Physics Foundation 物理(预科) English for Scientific Academic Purposes or Academic Expression & Critical Thinking 科学学术英语或学术表达与批判性思维 Science & Society 科学与社会

表 3 伦敦大学学院本科预科课程

方向	必修模块	选修模块(选两门)
科学与工程学本科预科:旨在探讨各种科学问题在伦理、社会、环境与技术方面引发的影响	Academic English 学术英语 A Modern Foreign Language 一门现代外国语言	Biology 生物学 Chemistry 化学 Mathematics 数学 Physics 物理学
人文学本科预科:学生通过学习学术研究与方法课程来探索不同学科获得知识的基本方法,批判性地思考不同学科领域和方法论是如何彼此关联并相互渗透的以及如何将其应用到自己的研究中	Research and Academic Skills 研究与学术技能	Classical Civilisation 古典文明 Literature, Philosophy and Politics 文学、哲学与政治 Economics 经济学 Geography and the Built Environment 地理和建筑环境 Mathematics 数学 Modern European Culture 现代欧洲文化 Modern European History and Politics 现代欧洲政治与历史
建筑学专业额外必修课程:建筑视觉研究和学术研究(方式与方法)		

表 4 华威大学本科预科课程

学科	公共课程	专业课程
艺术与人文	English for Academic Purposes 学术英语	Introduction to Textual Analysis 语篇分析导论 History 历史 Philosophy 哲学 Inquiry and Research Skills for Science 艺术与人文科学探索和研究技能(核心课程)
工程(物理)		Mathematics for Science 科学数学 Physics 物理学 Computer Science 计算机 Inquiry and Research Skills for Science 科学探索和研究技能(核心课程)
生物科学与心理学		Biology: Principles and Practice 生物学:原理和实践 Psychology 心理学 Chemistry for the Biosciences, and Statistics for Science 生物科学化学和科学统计学 Inquiry and Research Skills for Science 科学探索和研究技能
金融		Mathematics for Finance 金融数学 Global Economy 全球经济 Microeconomics 微观经济学 Inquiry and Research Skills for Business 商业探究和研究技能
商务管理		Global Economy 全球经济 Essential Mathematics 基本数学 Inquiry and Research Skills for Business 商业探究和研究技能 Organisational Behaviour 组织行为学 Marketing 市场营销学 Business Law 商业法

续表

学科	公共课程	专业课程
法律与政治	English for Academic Purposes 学术英语	Constitutional Law 宪法 Politics and International Relations 政治与国际关系 Understanding Society 了解社会 Inquiry and Research Skills for Law 法学探索和研究技能
计算机科学		Pure Mathematics 理论数学 Statistics and Further Mathematics 统计与进阶数学 Computer Science 计算机科学 Inquiry and Research Skills for Mathematics 数学探索和研究技能
经济学		Pure Mathematics 理论数学 Statistics and Further Mathematics 统计与进阶数学 Economics 经济学 Inquiry and Research Skills for Mathematics 数学探索和研究技能
社会科学		Understanding Society 了解社会 Politics and International Relations 政治与国际关系 Philosophy 哲学 Inquiry and Research Skills for Social Science 社会科学探索与研究技能

表 5 格拉斯哥大学本科预科课程

方向	必修课程	选修课程
Business and Social Sciences 商业与社会科学	English for Academic Purposes 学术英语 Extended Project 扩展项目	(选修 3 门) Business and Management 商业和管理 Economics 经济学 Politics 政治学 Sociology 社会学
Science and Engineering 科学与工程	English for Academic Purposes 学术英语 Extended Project 扩展项目	(选修 3—6 门) Biochemistry 生物化学 Biology 生物学 Chemistry 化学 Engineering 工程学 Geography and Earth Science 地理与地球科学 Intermediate Mathematics 中级数学 Introduction to Sociology 社会学导论 Laboratory Skills and Scientific Writing 实验技能与科学写作 Mathematics 数学 Physics 物理学 Programming 编程 Science and Society 科学与社会

表 6　谢菲尔德大学本科预科课程

方向	核心模块	具体专业	衔接模块
Business, Social Sciences and Humanities（商业、社会科学与人文）	Critical Reading 批判性阅读 Academic English Skills 学术英语技能 Reach Higher (an interdisciplinary group challenge) 再登攀（跨学科小组挑战） Personal Development Programme (PDP) 个人发展计划	Business and Management (B&M) 商务管理	Introduction to Business 商业导论 Statistics for Social Science 社会科学数据 Introduction to Economics 经济学导论 Introduction to Financial Accounting 财务会计导论
		Economics(E) 经济学	Pure Mathematics 理论数学 Introduction to Economics 经济学导论 Statistics for Economics 经济统计学
		Social Science (SS) 社会科学	Sociology 社会学 Statistics for Social Science 社会科学统计学 Political Ideas, Concepts and Practice 政治学思想、概念与实践 Globalization 全球化
		Society and Environment (SE) 社会与环境	Sociology 社会学 The Urban Environment 城市环境 Political Ideas, Concepts and Practice 政治学思想、概念与实践 Globalization 全球化
		Law and Society (LS) 法律与社会	Sociology 社会学 Political Ideas, Concepts and Practice 政治学思想、概念与实践 Globalization 全球化 Law 法律

续表

方向	核心模块	具体专业	衔接模块
Science and Engineering 科学与工程	Academic English Skills 学术英语技能 Academic & Laboratory Skills 学术与实验技能 Personal Development Programme (PDP) 个人发展计划 Biological and Life Sciences 生物学与生命科学 Chemistry and Chemical Engineering 化学与化学工程	Physics and Physical Engineering (P&PE) 物理学与物理学工程	Physics 1 物理 1 Physics 2 物理 2 Pure Mathematics 理论数学 Applied Mathematics 应用数学

孟晓琳：山东大学国际教育学院硕士研究生

预科的教学性质以及专业汉语教学目标和教学内容——以本科医学来华预科生为例

【摘要】 来华预科教育内容是为学生提供适应本科阶段所必需的汉语、专业汉语以及专业基础知识。由于对本科医学专业的学生的要求更高,因此应实行弹性学制,增设专业汉语实践性课程。

【关键词】 预科教学性质 本科医学预科 教学对策

关于预科的教学性质,首先须厘清的问题是来华预科教育与汉语培训以及学历教育的关系问题。

王佶旻认为:“预科,就是大学基础预备课程。为来华留学生提供预科教育的主要目的是提高学生的汉语水平,传授大学课程学习所必备的基础知识和基本技能,从而使学生能够很好地适应大学本科的专业学习。”[①]中国现阶段的来华预科教育性质与来华进修生的主要区别是:汉语进修生的教学主要以汉语培训为主,而预科生增加了专业汉语类课程和数理化专业知识,这部分课时约占总课时的20%。从教学目标来看,汉语培训的主要目标是提高学生的汉语水平,来华预科教育的目标是让学生在汉语水平和专业基础知识方面做好准备,使其能顺利进入专业院校学习相关专业。

借鉴发达国家预科教育的发展经验,结合中国高等教育实际,我们认为,预科教学应以汉语培训为主,通过预科教育使学生达到一定的汉语标准,为其顺利进行大学学习打下基础;同时,预科教育也应起到连接学历

① 王佶旻:《建立来华留学生预科教育标准体系的构想》,《国际汉语教学研究》2015年第1期。

教育的桥梁作用，学生应掌握所学专业的基础知识以及相关专业术语的汉语表达方式；另外，还需要为预科生提供进入大学后的学术支持，让学生尽快适应大学学习，部分课程可以在内容设置和教学方式上按照本科生的培养方法进行。由于预科生在完成预科教育后，将进入中国大学进行为期四到五年的学历教育，因此提高学生的跨文化交际能力也应成为预科教育的重要组成部分。

随着汉语教育的产业化，大学以外社会上的汉语培训机构不断涌现，这些培训机构以课程设置针对性强、教学方法灵活及收费低廉受到来华留学生的欢迎，长期垄断汉语培训的大学在竞争中将不再占有绝对优势。在这样的市场竞争中，大学应该发挥自身在学科专业方面的优势，将汉语培训与学历教育结合起来，而衔接语言培训和专业课程、服务于国家外交战略的预科教育，将成为中国大学对外汉语教学的重要发展方向。

与其他专业相比，医学类专业的预科教育有其特殊性。学习医学专业，对学生的学习能力、努力程度、基础知识储备甚至意志品质都有很高的要求。有部分医学专业的学生因为课程难度大、学习压力大、成绩不理想等转入其他专业学习，而很少有其他专业的本科生转入医学类专业学习，这也说明医学专业的学习相对更难一些。国内大部分本科专业学制为四年，而医学类专业学制大部分为五年甚至更长。医学专业学习的前两年，在某种意义上也属于“预备”阶段，带有“预科”的性质。张志尧、刘艳霞认为，国内大部分医学院校虽然没有明确将五年制医学教育划分为预科教育和医学专业教育两个阶段，但是一般在一二年级开设的自然科学课程，也被称为“公共基础课程”，其实质也是一种预科教育，使医学专业学生掌握较为广博的自然科学知识、人文和社会科学知识，树立系统的科学自然观，具备抽象思维、逻辑推理、创造性思维的能力。在接受完两年“预备”课程之后，才正式接受医学专业教育。①

学习医学专业，中国学生会面临很大的困难和挑战，对来华预科留学生来说更是如此。因此，我们建议来华预科教育学制应根据专业和学生实际采用弹性学制，对于学科要求较高的专业适当延长预科教育时间。以医学专业为例，张志尧、刘艳霞调研了北美、澳洲、欧洲、亚洲一些国家的医学预科教育模式，其中学制最短的是韩国和日本（2 年），最长的是北美模式，需要 4 年完成医学本科前的预科教育。② 以上还是主要针对本国用母语学习医学的学生，而来华预科生除了专业汉语的学习以外，首先要进行汉语补习。因此，为了完成教学目标，考虑到医学教育的特殊性及教学实际，建议将来华本科医学生的预科教育年限延长至两年。第 1 年，采用现有的教学目标和教学内容。第 2 年的教学内容，除了汉语、专业汉语以外，增加根据需求定制设计的实践性课程学习。另外，对于选择学习医学专业的来华预科留学生，应建立筛选和分流机制，对那些因为学习能力、学习态度等因素确实不适合学习医学的预科生，可以考虑将其“分流”到相对容易的专业学习，从而在整体上保证预科教育的质量。

为实现预科教育的目标，我们为医学类来华预科留学生设置了三类课程：汉语类课程、专业基础知识类课程、文化体验类课程。汉语类课程包括基础汉语、专业汉语以及专业汉语实践性课程，专业基础知识类课程包括数学、化学等，文化体验类课程包括中国概况课、中国文化讲座、文化体验活动等。

医学类预科生的专业汉语是“医学汉语”。在选择课程内容和教学模式方面，我们充分考虑到预科生在进入专业学习时可能面临的主要障碍：医学类专业词汇、术语和表达方式记忆困难，不知道如何划重点、记笔记，不熟悉中国教师的授课方式，跟不上教学节奏，等等。

① 参见张志尧、刘艳霞：《中外医学预科教育的比较与分析——中外医学院校对自然科学（数理化）课程的要求》，《中国高等医学教育》2010 年第 5 期。

② 参见张志尧、刘艳霞：《中外医学预科教育的比较与分析——中外医学院校对自然科学（数理化）课程的要求》，《中国高等医学教育》2010 年第 5 期。

为了帮助留学生克服这些障碍，我们专门编写了《西医汉语》教材，教材包括读写和听说两部分，读写部分以“人体解剖学”的专业内容为组织线索，听说部分以相应的医院科室分类为组织线索。教材重点培养学生在专业课堂教学中使用汉语进行听、记、问的基本能力，使其能基本听懂医学本科课程教师的教学用语及医学用语，能够记录或在课本上画出教师讲授的重点内容，能够从专业书籍中查找关键信息，概括总结专业知识点，并初步具备借助工具书阅读中文专业文献的能力。

为了科学筛选专业词汇，在编写教材前，我们先选取了国内主要医学科普报刊的文章共计约200万字，借助技术工具对语料库进行词频统计，筛选出词频最高的947个医学基础词语，生成“医学专业词表”。考虑到预科生只有一年的学习时间，我们要求学生掌握500个词语，其中复用式词语(要求学生能够认读、理解、记忆、应用)221个，领会式词语(要求学生能够认读、理解)279个，其他447个扩展词语只要求学生了解，不要求学生掌握。除了专业词汇外，我们也选取部分医学专业常用书面表达方式和临床用语，要求学生能够理解和掌握。

在教学活动方面，我们也针对医学类专业学生的学习需求作了特别设计，如指导学生分析书中列举的疾病的病理、症状、类型、发病原因、治疗方法，要求根据课文内容书写病例。这些活动与学生的专业学习有密切的关系，极大地提高了学生学习的积极性。根据汉语的特点，在医学汉语课上，我们也采用集合式汉字和词汇教学法。例如，把以“月”为部首的一组汉字(肝、胆、脾、肠、脏、腔等)放在一起，让学生了解这些字大多和人体器官有关。再比如，学生学了“口腔”这个词，我们会再补充“鼻腔”“胸腔”“腹腔”等有“腔”字的词；学生学了“胃炎”这个词，我们会把类似的词如“咽炎”“鼻炎”“肠炎”“肺炎”“肝炎”等集合起来，让学生了解汉语构词的方法和特点，帮助其学习医学汉语专业词汇。

为了达到使预科所学内容与本科专业内容衔接的目的，我们借鉴澳大利亚墨尔本大学“顶峰研习”(Capstone Studies)[①]的课程模式，为预科生开设专业汉语实践性课程。所谓专业汉语实践性课程，是指在课堂教学、专业讲座之后，利用学生在目的语环境中的优势，让学生进入大学本科课堂听课，进入医院科室实习，参加相关的社区服务等，通过这些活动实现对所学知识的掌握。由于这种知识转换的过程注重应用性和情境性，因而更能帮助学生适应大学的学习和生活，学生进入专业课堂听课，能够实地感受中国大学课堂教学的特点，也有助于其认识到自己在汉语水平和基础知识方面的不足。

在医学汉语教学过程中，我们总结出很多教学经验，也取得了不错的教学成效，但在教学过程中，我们也遇到了一些困难，主要有以下三个方面。

首先，课时紧张，学习和教学压力大。预科教育时间是一年，其用于医学汉语的教学时间大概为 64 课时，在这么有限的课时内达到预期的教学目标，有很大的难度。即使达到了预期的教学目标，仅仅掌握 500 个医学专业词语，也不能为学生进入医学本科专业学习打下坚实基础。对预科生来说，他们既要学基础汉语，又要学医学汉语，还要在非母语的课堂教学环境下学习数学、化学，每门课程对他们来说都是极大的挑战。我们的预科生普遍存在学习压力大、睡眠时间不足的问题。专业汉语任课教师的压力也很大，他们既要掌握对外汉语教学的方法、技巧，也要懂得医学方面的基础知识，还要懂得如何用汉语给预科生讲解这些基础知识。他们要在有限的课时内完成预期的教学目标，还要兼顾课堂教学的趣味性和吸引力，这些都对他们提出了更高的要求。

其次，学生水平参差不齐，很难齐头并进。预科生在学习能力、学习态度、努力程度等方面存在很大的差异，有的学生在所有课程学习上都表

① 参见李红宇、陈强、张毅:《澳大利亚墨尔本大学“墨尔本模式”改革初探》,《清华大学教育研究》2008 年第 6 期。

现优秀，有的学生却连最基本的基础汉语都掌握不了，也有的学生汉语学得很好，但数学、化学学得不好。预科生来自不同的国家，原有的知识基础不同。同样的内容，有的学生有基础，能很快掌握；有的学生没有基础，掌握起来就比较困难。

最后，预科学生的心理疏导和日常管理需要占用很多时间和精力。由于预科生年龄普遍偏小，自我约束力弱，学习和生活适应能力较薄弱，因而教师和学生管理人员需要花很多的时间和精力为预科生提供教育、生活咨询和心理疏导服务。在课堂教学过程中，任课教师也要分出一部分时间和精力，用于严格考勤、整顿课堂纪律；对那些学习态度消极、失去学习信心和动力的学生，教师还要努力地给予及时的鼓励和疏导。预科教师不但要“传道、授业、解惑”，还要承担心理医生和日常学习管理者的角色，比一般的汉语教师付出得更多。

（原载《国际汉语教学研究》2016 年第 3 期）

王尧美：山东大学国际教育学院教授

张学广：山东大学国际教育学院讲师

来华留学预科生学习满意度调研报告①

【摘要】 基于对山东大学结业预科生的调研数据，绝大多数预科结业生对山东大学提供的预科教育表示满意，预科教育在提高学生汉语水平、培养学生学习习惯、提高学生学习能力和跨文化适应能力等方面发挥了重要作用。在专业学习能力方面，预科结业生对汉语口语交际能力很有信心，但是对书面阅读专业文献的信心相对不足。

【关键词】 来华留学预科生 学习满意度 调研报告

自2010年至2021年，山东大学共接收和培养来自100多个国家的1800多名预科学生，这些预科学生在山东大学完成预科教育后，又进入北京大学、同济大学、西安交通大学、中南大学等国内知名院校学习医学专业。为了解预科学生专业学习情况及对预科教育的满意程度，促进预科教育提质增效，山东大学国际教育学院组织了来华留学预科生学习满意度调研。

一、调研过程

在国际教育学院领导的支持下，经过充分论证、筹备，2021年5月中旬启动来华留学预科生学习满意度调研，面向已经在山东大学结业的往届预科生发放调查问卷，同时安排学院教师赴西安交通大学、华中科技大学、中南大学等专业接收院校进行实地调研。

调查问卷共51个问题，分为基本信息、预科教育评价、专业学习情

① 本文受到汉考国际科研基金项目“汉语学习者在线学习行为调查研究”(项目编号：CTI2021ZB08)资助。

况、意见和建议四个方面。其中,“预科教育评价”部分主要了解学生对预科教育的总体评价及对预科课程、教材、教学的评价等,“专业学习情况”主要了解预科生学习专业压力、困难、适应情况及影响因素等。调查问卷大部分问题采用“五度量表法”,设有“很不同意”“不同意”“一般”“同意”“非常同意”五个选项,分别赋值1、2、3、4、5分。

问卷通过“问卷星”App线上发放,学生填写完成后自行提交。截至2021年7月15日,共回收有效问卷163份。

二、数据分析

参与本次调查的163名预科生中,男生76人,占46.63%,女生87人,占53.37%;本科在读生152人,占93.25%,硕士在读生10人,占6.13%,博士在读生1人,占0.61%。从院校来看,来自华中科技大学、锦州医科大学、山东大学、南方医科大学、中南大学、西安交通大学等30所专业院校。

(一)对预科教育的评价

1.对预科教育的满意程度

根据问卷调查结果,85.89%的调查对象表示对山东大学的预科教育感到非常满意,12.27%的调查对象表示满意,只有1.84%的预科生表示不满意(见图1)。由此可见,预科生对山东大学的预科教育满意度很高。

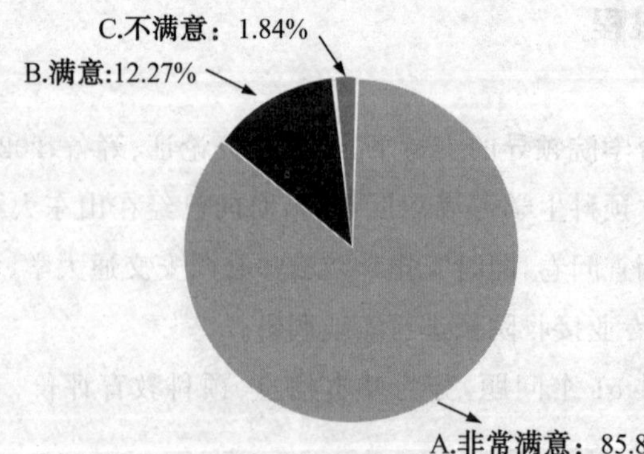

图1 学生对山东大学预科教育的满意程度

调查问卷第二部分，是对预科教育的评价，涉及教学资源、教学效果、教师、课程、教材、教法等多个方面。下文将分不同方面具体分析。

2.对预科教师教学的评价

调查对象普遍认为，教师为学生提供了非常多的自主学习材料，并给予学生很多关心和帮助。预科生对预科教育教学的满意度和认可度很高。具体情况如表1所示。

对于“预科的教学资源非常丰富”一题，52.15%的调查对象选择“非常同意”，36.81%的调查对象选择“同意”，8.59%的调查对象选择“一般”，0.61%的调查对象选择“不同意”，1.84%的调查对象选择“很不同意”，平均值为4.37。对于“预科教师提供很多资源让我们自主学习”一题，46.63%的调查对象选择“非常同意”，42.33%的调查对象选择“同意”，10.43%的调查对象选择“一般”，只有1名调查对象选择“很不同意”，平均值为4.34。总体而言，88.96%的调查对象认为预科的教学资源非常丰富。预科汉语教学的满意度和认可度是很高的。

对于“预科教师给我很多关心和帮助”一题，72.39%的调查对象选择“非常同意”，25.15%的调查对象选择“同意”，只有3名调查对象选择“一般”，1名调查对象选择“很不同意”，平均值为4.69。97.54%的调查对象认为预科教师给予自己很多关心和帮助，这充分说明预科教师在教学之外还给予预科生很多人性化的关怀，也得到了学生的认可和感激。

表1 对预科教师教学的评价

		很不同意	不同意	一般	同意	非常同意	平均值
23.预科的教学资源非常丰富	人数(人)	3	1	14	60	85	4.37
	百分比(%)	1.84	0.61	8.59	36.81	52.15	

续表

		很不同意	不同意	一般	同意	非常同意	平均值
24.预科教师提供很多资源让我们自主学习	人数(人)	1	0	17	69	76	4.34
	百分比(%)	0.61	0	10.43	42.33	46.63	
14.预科教师给我很多关心和帮助	人数(人)	1	0	3	41	118	4.69
	百分比(%)	0.61	0	1.84	25.15	72.39	

3.对预科教育作用的评价

预科教育的培养目标,是帮助中国政府奖学金本科来华留学生在汉语、相关专业知识以及跨文化交际能力等方面达到进入我国高等学校专业阶段学习的基本标准,包括具备一定的汉语和跨文化交际能力、具备一定的专业基础知识、具备良好的学习习惯。学生对预科教育作用的评价,如表2、表3所示。

关于预科教育的作用,调查对象最认可的一项是"预科教育提高了我的汉语水平"。68.71%的调查对象选择"非常同意",25.15%的调查对象选择"同意","不同意"和"很不同意"的调查对象只占0.61%,平均值为4.61。由此可见,学生对预科汉语教学的满意度和认可度是很高的。

关于预科教育在培养学习习惯、提高学习能力方面的作用,调查对象非常认可。关于"预科教育培养了我的学习习惯"一题,选择"同意"和"非常同意"的占比分别为39.88%和51.53%,平均值为4.42;关于"预科教育提高了我的自主学习能力"一题,选择"同意"和"非常同意"的占比分别为39.26%和52.76%,平均值为4.44。

在具体学习习惯方面,超过87%的调查对象认为,"预科教育让我养成了课前预习的习惯",选择"同意"和"非常同意"的占比分别为41.1%和

46.63%，平均值为4.31；超过92%的调查对象认为，“课前预习对学习非常必要”，选择“同意”和“非常同意”的占比分别为33.74%和58.28%，平均值为4.47。由此可见，预科教育对培养学生学习习惯、提高学生学习能力方面起到了重要作用，其成效也得到了学生认可。

表2　对预科教育作用的评价(汉语水平、学习能力与学习习惯)

		很不同意	不同意	一般	同意	非常同意	平均值
10.预科教育提高了我的汉语水平	人数(人)	1	0	9	41	112	4.61
	百分比(%)	0.61	0	5.52	25.15	68.71	
15.预科教育培养了我的学习习惯	人数(人)	1	0	13	65	84	4.42
	百分比(%)	0.61	0	7.98	39.88	51.53	
16.预科教育提高了我的自主学习能力	人数(人)	1	0	12	64	86	4.44
	百分比(%)	0.61	0	7.36	39.26	52.76	
21.预科教育让我养成了课前预习的习惯	人数(人)	1	3	16	67	76	4.31
	百分比(%)	0.61	1.84	9.82	41.1	46.63	
22.课前预习对学习非常必要	人数(人)	2	1	10	55	95	4.47
	百分比(%)	1.23	0.61	6.13	33.74	58.28	

关于预科教育在提高跨文化适应能力方面的作用，调查对象非常认可。对于“预科教育使我更适应中国文化”一题，选择“同意”和“非常同

意”的占比分别为 34.36％和 52.76％，平均值为 4.37；对于“预科教育使我更适应中国大学的生活”一题，选择“同意”和“非常同意”的占比分别为 34.26％和 50.31％，平均值为 4.34。由此可见，经过预科教育，留学生对中国的文化、生活及教育方式更加适应。

表 3　对预科教育作用的评价（文化适应、生活适应与基础知识）

		很不同意	不同意	一般	同意	非常同意	平均值
17.预科教育使我更适应中国的文化	人数(人)	1	2	18	56	86	4.37
	百分比(％)	0.61	1.23	11.04	34.36	52.76	
18.预科教育使我更适应中国大学的生活	人数(人)	1	0	24	56	82	4.34
	百分比(％)	0.61	0	14.72	34.26	50.31	
19.预科教育教给我专业所需的基础知识	人数(人)	3	4	32	61	63	4.09
	百分比(％)	1.84	2.45	19.63	37.42	38.65	
20.预科课程对我学习专业非常有帮助	人数(人)	2	6	20	62	73	4.21
	百分比(％)	1.23	3.68	12.27	38.04	44.79	

这一部分，调查对象评价最低的是“预科教育教给我专业所需的基础知识”，选择“同意”和“非常同意”的占比分别为 37.42％和 38.65％，平均值为 4.09。“预科课程对我学习专业非常有帮助”一题，选择“同意”和“非常同意”的占比分别为 38.04％和 44.79％，平均值为 4.21，也比较低。对

于预科教育在教授专业基础知识方面的作用，调查对象不太认可，满意度较低。这可能与预科教育的特点有关，预科教育时间紧、任务重，大部分课时用于汉语强化教学，用于专业基础知识教学的课时有限，效果难以保证。

4.对预科课程的满意程度

调查对象对预科课程的评价情况如表 4 所示。总体来看，基础汉语高于医学汉语，医学汉语评价高于预科数学和预科化学。对于“预科教育提高了我的汉语水平”一题，68.71％的调查对象选择“非常同意”，25.15％的调查对象选择“同意”，“不同意”和“很不同意”的调查对象只占 0.61％，平均值为 4.61。对于“医学汉语课对我学习专业很有帮助”一题，53.99％的调查对象选择“非常同意”，33.13％的调查对象选择“同意”，10.43％的调查对象选择“一般”，2.45％的调查对象选择“很不同意”，平均值为 4.36。调查对象对医学汉语课的满意度也较高，但低于基础汉语课程。

对于预科数学课、预科化学课，调查对象的满意度相对较低。对于“预科数学课对我学习专业很有帮助”一题，39.26％的调查对象选择“非常同意”，36.81％的调查对象选择“同意”，17.79％的调查对象选择“一般”，2.45％的调查对象选择“不同意”，3.68％的调查对象选择“很不同意”，平均值为 4.06。对于“预科化学课对我学习专业很有帮助”一题，45.4％的调查对象选择“非常同意”，36.2％的调查对象选择“同意”，12.88％的调查对象选择“一般”，3.68％的调查对象选择“不同意”，1.84％的调查对象选择“很不同意”，平均值为 4.20。由此可见，调查对象对预科数学课、预科化学课的满意度明显低于汉语类课程。

<table>
<caption>表 4　对预科课程的评价</caption>
<tr><th colspan="2"></th><th>很不同意</th><th>不同意</th><th>一般</th><th>同意</th><th>非常同意</th><th>平均值</th></tr>
<tr><td rowspan="2">10.预科教育提高了我的汉语水平</td><td>人数(人)</td><td>1</td><td>0</td><td>9</td><td>41</td><td>112</td><td rowspan="2">4.61</td></tr>
<tr><td>百分比(%)</td><td>0.61</td><td>0</td><td>5.52</td><td>25.15</td><td>68.71</td></tr>
<tr><td rowspan="2">11.医学汉语课对我学习专业很有帮助</td><td>人数(人)</td><td>4</td><td>0</td><td>17</td><td>54</td><td>88</td><td rowspan="2">4.36</td></tr>
<tr><td>百分比(%)</td><td>2.45</td><td>0</td><td>10.43</td><td>33.13</td><td>53.99</td></tr>
<tr><td rowspan="2">12.预科数学课对我学习专业很有帮助</td><td>人数(人)</td><td>6</td><td>4</td><td>29</td><td>60</td><td>64</td><td rowspan="2">4.06</td></tr>
<tr><td>百分比(%)</td><td>3.68</td><td>2.45</td><td>17.79</td><td>36.81</td><td>39.26</td></tr>
<tr><td rowspan="2">13.预科化学课对我学习专业很有帮助</td><td>人数(人)</td><td>3</td><td>6</td><td>21</td><td>59</td><td>74</td><td rowspan="2">4.20</td></tr>
<tr><td>百分比(%)</td><td>1.84</td><td>3.68</td><td>12.88</td><td>36.2</td><td>45.4</td></tr>
</table>

5.对预科教材教法的评价

对于预科汉语和医学汉语教材教法的评价，如表 5 所示。

163 名调查对象中，对预科汉语教材表示“满意”的占 36.81%，表示“非常满意”的占 54.6%，表示“很不满意”的占 1.23%，平均值为 4.43；对预科汉语教学方法表示“满意”的占 33.74%，表示“非常满意”的占58.9%，表示“很不满意”的占 1.84%，平均值为 4.48。

163 名调查对象中，对医学汉语教材表示“满意”的占 38.04%，表示“非常满意”的占 46.01%，表示“很不满意”的占 2.45%，平均值为 4.24；对医学汉语教学方法表示“满意”的占 37.42%，表示“非常满意”的占 47.85%，表示“很不满意”的占 2.45%，平均值为 4.28。

表 5　对预科汉语与医学汉语教材与教法的评价

		很不同意	不同意	一般	同意	非常同意	平均值
25. 我对预科汉语课程的教材非常满意	人数(人)	2	1	11	60	89	4.43
	百分比(%)	1.23	0.61	6.75	36.81	54.6	
26. 我对预科汉语课程的教学方法非常满意	人数(人)	3	0	9	55	96	4.48
	百分比(%)	1.84	0	5.52	33.74	58.9	
27. 我对医学汉语课的教材非常满意	人数(人)	4	2	20	62	75	4.24
	百分比(%)	2.45	1.23	12.27	38.04	46.01	
28. 我对医学汉语课的教学方法非常满意	人数(人)	4	0	20	61	78	4.28
	百分比(%)	2.45	0	12.27	37.42	47.85	

对于预科数学和化学教材教法的评价，如表 6 所示。

163 名调查对象中，对预科数学教材表示“满意”的占 39.26%，表示“非常满意”的占 42.94%，表示“很不满意”的占 3.07%，平均值为 4.18；对预科数学教学方法表示“满意”的占 31.9%，表示“非常满意”的占50.92%，表示"很不满意"的占 3.68%,平均值为 4.26。

163 名调查对象中,对预科化学教材表示"满意"的占 36.81%,表示"非常满意"的占 44.17%,表示"很不满意"的占 2.45%,平均值为 4.20;对预科化学教学方法表示"满意"的占 36.2%,表示"非常满意"的占42.33%,表示"很不满意"的占 2.45%,表示"不满意"的占 3.07%,平均值为 4.13。

表 6 对预科数学与预科化学教材与教法的评价

		很不同意	不同意	一般	同意	非常同意	平均值
29.我对预科数学课的教材非常满意	人数(人)	5	1	23	64	70	4.18
	百分比(%)	3.07	0.61	14.11	39.26	42.94	
30.我对预科数学课的教学方法非常满意	人数(人)	6	1	21	52	83	4.26
	百分比(%)	3.68	0.61	12.88	31.9	50.92	
31.我对预科化学课的教材非常满意	人数(人)	4	1	26	60	72	4.20
	百分比(%)	2.45	0.61	15.95	36.81	44.17	
32.我对预科化学课的教学方法非常满意	人数(人)	4	5	26	59	69	4.13
	百分比(%)	2.45	3.07	15.95	36.2	42.33	

总体来看,对于预科教材教法的评价,调查对象对基础汉语的满意度

高于医学汉语，对医学汉语的满意度略高于预科数学，对预科数学的满意度略高于预科化学。

(二)专业学习适应情况

调查问卷第三部分，是关于预科结业生专业学习适应情况的调研，涉及学习压力、学习能力、学业表现、影响专业学习的因素、专业学习的信念等多个方面。下文将分不同方面具体分析。

1.专业学习压力与难度

山东大学主要培养医学类预科生，与一般专业相比，医学专业的学习压力更大，课程内容多、难度大，考试通过率低。预科结业生对专业学习压力与难度的评价情况如表 7 所示。

参与调研的 163 名预科生中，20.86％的认为专业学习压力非常大，71.17％的认为专业学习压力大，只有 7.89％的认为专业学习压力不大。虽然认为专业学习压力大，但只有 47％左右的调查对象认为自己学习困难。“专业学习难度太大，我学习很困难”一题，18.4％的调查对象选择“非常同意”，28.83％选择“同意”，39.88％的同学选择“一般”，9.2％的调查对象选择“不同意”，3.68％的调查对象选择“很不同意”，平均值为 3.49。

“大部分课程考试我都能顺利通过”一题，14.11％的调查对象选择“非常同意”，37.42％的选择“同意”，33.13％的选择“一般”，13.5％的选择“不同意”，1.84％的选择“很不同意”，平均值为3.48。“我经常考试不及格”一题，23.31％的调查对象选择“很不同意”，33.74％的调查对象选择“不同意”，27.61％的调查对象选择“一般”，11.66％的调查对象选择“同意”，3.68％的调查对象选择“非常同意”。综合两道题的回答情况，超过50％的调查对象认为自己能顺利通过大部分课程考试，只有 15％左右的调查对象认为自己经常考试不及格、学业不顺利。

表 7　预科结业生专业学习压力与难度调研结果

		很不同意	不同意	一般	同意	非常同意	平均值
41.专业学习难度太大,我学习很困难	人数(人)	6	15	65	47	30	3.49
	百分比(%)	3.68	9.2	39.88	28.83	18.4	
40.大部分课程考试我都能顺利通过	人数(人)	3	22	54	61	23	3.48
	百分比(%)	1.84	13.5	33.13	37.42	14.11	
46.我经常考试不及格	人数(人)	38	55	45	19	6	2.39
	百分比(%)	23.31	33.74	27.61	11.66	3.68	

2.学习能力与学业表现

预科结业生进入专业学习后,教学语言为汉语,需要用汉语与老师、同学交流,需要用汉语完成专业课程的阅读与写作任务。总体来看,调查对象对自己的专业学习能力与学业表现表示认可和满意。具体情况如表8所示。

"在课堂上,我可以用汉语和老师交流"一题,28.83%的调查对象选择"非常同意",46.01%的学生选择"同意",24.54%的调查对象选择"一般",只有0.61%的调查对象选择"不同意",平均值为4.03。"我可以用汉语和同学讨论学习问题"一题,26.38%的调查对象选择"非常同意",42.33%的调查对象选择"同意",29.45%的调查对象选择"一般",只有1.84%的调查对象选择"不同意",平均值为3.93。由此可见,70%左右的调查对象认可自己在专业课堂上的汉语口语交际能力。

"我可以阅读用汉语写的医学课本"一题,15.34%的调查对象表示"非常同意",47.24%的调查对象表示"同意",31.9%的调查对象选择"一般”，4.29%的调查对象选择“不同意”，1.23%的调查对象选择“很不同意”，平均值为3.71。“我可以用汉语完成老师布置的作业”一题，24.54%的调查对象表示“非常同意”，47.85%的调查对象表示“同意”，23.93%的调查对象选择“一般”，2.45%的调查对象选择“不同意”，1.23%的调查对象选择“很不同意”，平均值为3.92。总体来说，大部分调查对象对自己汉语书面表达能力有自信，但对汉语医学课本的阅读能力信心相对较低。

表8 预科结业生专业学习能力与学业表现调研结果

<table>
<tr><th colspan="2"></th><th>很不同意</th><th>不同意</th><th>一般</th><th>同意</th><th>非常同意</th><th>平均值</th></tr>
<tr><td rowspan="2">36.在课堂上，我可以用汉语和老师交流</td><td>人数(人)</td><td>0</td><td>1</td><td>40</td><td>75</td><td>47</td><td rowspan="2">4.03</td></tr>
<tr><td>百分比(%)</td><td>0</td><td>0.61</td><td>24.54</td><td>46.01</td><td>28.83</td></tr>
<tr><td rowspan="2">37.我可以用汉语和同学讨论学习问题</td><td>人数(人)</td><td>0</td><td>3</td><td>48</td><td>69</td><td>43</td><td rowspan="2">3.93</td></tr>
<tr><td>百分比(%)</td><td>0</td><td>1.84</td><td>29.45</td><td>42.33</td><td>26.38</td></tr>
<tr><td rowspan="2">38.我可以阅读用汉语写的医学课本</td><td>人数(人)</td><td>2</td><td>7</td><td>52</td><td>77</td><td>25</td><td rowspan="2">3.71</td></tr>
<tr><td>百分比(%)</td><td>1.23</td><td>4.29</td><td>31.9</td><td>47.24</td><td>15.34</td></tr>
<tr><td rowspan="2">39.我可以用汉语完成老师布置的作业</td><td>人数(人)</td><td>2</td><td>4</td><td>39</td><td>78</td><td>40</td><td rowspan="2">3.92</td></tr>
<tr><td>百分比(%)</td><td>1.23</td><td>2.45</td><td>23.93</td><td>47.85</td><td>24.54</td></tr>
</table>

3.影响专业学习的因素

与中国学生相比，预科生学习医学面临更多的困难，包括语言、学习方式、基础知识等，这些都可能成为影响预科生学习专业的因素。问卷中设计了相应的问题进行调研，调研结果如表9所示。

表9　预科结业生专业学习影响因素调研结果

		很不同意	不同意	一般	同意	非常同意	平均值
35.大学老师用汉语讲课,我听课很困难	人数(人)	5	30	55	50	23	3.34
	百分比(%)	3.07	18.4	33.74	30.67	14.11	
47.我不习惯中国大学的学习方式	人数(人)	25	75	12	15	6	2.40
	百分比(%)	15.34	46.01	25.77	9.2	3.68	
42.我的数学不好,影响我学习医学	人数(人)	31	59	51	16	6	2.43
	百分比(%)	19.02	36.2	31.29	9.82	3.68	
44.我的化学不好,影响我学习医学	人数(人)	28	49	51	28	7	2.61
	百分比(%)	17.18	30.06	31.29	17.18	4.29	
45.我的汉语太差,影响我学习医学	人数(人)	23	44	40	35	21	2.92
	百分比(%)	14.11	26.99	24.54	21.47	12.88	

对于“大学老师用汉语讲课,我听课很困难”一题,14.11%的调查对象表示“非常同意”,30.67%的调查对象表示“同意”,33.74%的调查对象选择“一般”,18.4%的调查对象选择“不同意”,3.07%的调查对象选择“很不同意”,平均值为3.34。

对于“我不习惯中国大学的学习方式”一题,3.68%的调查对象表示“非常同意”,9.2%的调查对象表示“同意”,25.77%的调查对象选择“一般”,46.01%的调查对象选择“不同意”,15.34%的调查对象选择“很不同意”,平均值为2.40。

总体来看,44.8%的调查对象认为听大学老师用汉语讲课困难,12.8%的调查对象认为自己不习惯中国大学的学习方式。由此可见,大部分预科生已经适应中国大学的学习方式,而汉语能力仍然是影响学生专业学习的重要因素。

对于“我的数学不好,影响我学习医学”一题,3.68%的调查对象表示“非常同意”,9.82%的调查对象表示“同意”,31.29%的调查对象选择“一般”,36.2%的调查对象选择“不同意”,19.02%的调查对象选择“很不同意”,平均值为2.43。

对于“我的化学不好,影响我学习医学”一题,4.29%的调查对象表示“非常同意”,17.18%的调查对象表示“同意”,31.29%的调查对象选择“一般”,30.06%的调查对象选择“不同意”,17.18%的调查对象选择“很不同意”,平均值为2.61。

对于“我的汉语太差,影响我学习医学”一题,12.88%的调查对象表示“非常同意”,21.47%的调查对象表示“同意”,24.54%的调查对象选择“一般”,26.99%的调查对象选择“不同意”,14.11%的调查对象选择“很不同意”,平均值为2.92。

总体来看,13.5%的调查对象认为自己数学不好影响专业学习,21.47%的调查对象认为自己化学不好影响专业学习,34.35%的调查对象认为自己汉语太差影响专业学习。由此可见,大部分学生还是认为汉语能力影响自己的专业学习。

4.坚持专业学习的信念

预科生学习医学,压力和难度都很大。预科生有没有信心学好医学?有没有想过要换专业?问卷中设计了两道题进行调研,结果如表10所示。

表 10　预科结业生坚持专业学习的信念调研结果

		很不同意	不同意	一般	同意	非常同意	平均值
48. 我一定能学好医学	人数(人)	4	2	26	74	57	4.09
	百分比(%)	2.45	1.23	15.95	45.4	34.97	
49. 医学太难，我想换到别的专业	人数(人)	72	58	16	10	7	1.91
	百分比(%)	44.17	35.58	9.82	6.13	4.29	

对于“我一定能学好医学”一题，34.97%的调查对象表示“非常同意”，45.4%的调查对象表示“同意”，15.95%的调查对象选择“一般”，1.23%的调查对象选择“不同意”，2.45%的调查对象选择“很不同意”，平均值为4.09。

对于“医学太难，我想换到别的专业”一题，4.29%的调查对象表示“非常同意”，6.13%的调查对象表示“同意”，9.82%的调查对象选择“一般”，35.58%的调查对象选择“不同意”，44.17%的调查对象选择“很不同意”，平均值为1.91。

总体来看，80.37%的调查对象有信心学好医学，只有10.42%的调查对象表示想换到非医学专业。由此可见，这些通过预科结业考核进入专业学习的预科生对学习医学专业有很强的信心和动力。

三、主要结论

基于本次调研，可以发现以下几点。

1.绝大多数预科结业生对山东大学提供的预科教育表示满意，认为预科教学资源丰富，预科教师给予学生很多关心和帮助。

2.在提高学生汉语水平、培养学生学习习惯、提高学生学习能力和跨文化适应能力等方面，预科教育发挥了重要作用，预科结业生的满意度高。

3.预科结业生对预科汉语教学的满意度很高，对预科数学和化学教学的满意度相对较低。对于预科结业生对预科课程、教材、教学的满意度，基础汉语略高于医学汉语，医学汉语高于预科数学和预科化学。

4.预科结业生认可医学专业学习压力大、难度高，但是大多数预科结业生认为自己能够顺利完成学业，对学好医学专业充满信心，只有少数预科结业生想过换到其他专业。

5.在专业学习能力方面，预科结业生对汉语口语交际能力很有信心，认为自己能够用汉语完成课程作业，但是对书面阅读专业文献的信心相对不足。大多数预科结业生认为，影响自己专业学习的是汉语水平而不是基础知识。

四、相关建议

基于本次调研，我们提出以下建议。

1.坚持和完善预科教育制度。根据调研结果，预科教育发挥了其应有的作用，有助于预科生顺利完成专业学习，预科结业生对预科教育的总体满意度高。预科教育制度的合理性和有效性受到肯定，应继续坚持并不断完善。

2.医学类预科生适当延长预科期限。根据调研结果，预科结业生的基础知识和专业阅读能力仍存在不足。医学专业对基础知识与学习能力要求高，医学类预科生要学习基础汉语和医学汉语，还要学习数学和化学，一年的时间很难达到预期目标，可考虑适当延长预科期限，为其专业学习打下更坚实的基础。

3.完善预科生分流机制。预科生学习医学专业的信念很强，对在中国的一流大学学习医学专业的困难程度估计不足。应建立和完善预科生转学机制，根据预科生的实际水平，将其分流到适当的专业或学校。

4.组织更全面、更深入的预科生调研。本次调查规模较小，调研问题以学生主观评价为主，未参考学生课程成绩等客观表现，结论可能具有片面性，应在此基础上进行更全面、翔实的调研。

张学广：山东大学国际教育学院讲师

基于成果导向教育(OBE)理念的来华预科汉字教学设计研究

【摘要】 OBE人才培养模式是一种以成果为导向的教育，已经在一些国家实施并得到较好的反馈。该模式倡导“以人为本”的发展理念，以学习产出为导向，合理安排教学时间、选择和设计教学方案。来华预科教育是一个系统、连贯的培养过程，旨在培养一批知华、友华，具备一定汉语水平和专业基础知识的预科生，让他们更好地适应后续的专业教育。在初学汉语时，汉字的书写往往给学生带来较大的困难。预科生多来自亚非拉国家，很多学生的母语与汉语差距较大，学起来比较困难。本文基于OBE教育理念，针对来华预科教育的目标、特点、培养过程分析，以预期的学习效果产出为中心组织和实施教学步骤，形成以“设计预期学习成果—实现预期学习成果—评估学习成果”为中心的教育闭环，提高教学效率，确保达到预期的汉字教学目标。

【关键词】 OBE理念　预科教育　汉字教学　教学设计

一、来华预科留学生汉字教学情况分析

汉字是音、义、形相结合的文字，对比拼音文字，汉字的结构复杂，有上下结构、左右结构、半包围和全包围结构等；汉字的笔画规整，具有知觉整合性的特点，很多学习者在最初学习时习惯从整体认读汉字，将汉字看作一个整体。当把汉字拆分来时，他们分不清偏旁部首，有时候换了偏旁部首，他们也区分不出来。对于初学汉语的留学生来说，汉字往往像画

画，他们既搞不清汉字的结构，也很难理解汉字音义结合的特点。但是来华预科留学生想要进入本科接收院校学习，必须通过 CSC 的结业考试，有的院校还要求有 HSK4 级甚至 HSK5 级成绩，这两个考试对汉字的书写都有要求，汉字的学习无疑给预科学生学习汉语带来了比较大的困难。根据笔者对 2020—2021 年第二学期山东大学来华留学预科部 5 次 CSC 医学汉语结业考试模拟考试的结果分析，5 次考试共计 197 人次参加，39％的学生因汉字书写问题扣分超过 10 分，52％的学生因汉字书写问题扣分超过 5 分。所以加强学生的书写练习、减少学生书写汉字的错误，对于学生提高考试成绩、进入本科院校学习、更好地学习汉语都很有益处。

一般来说，我们习惯将汉字的书写偏误分为笔画的增损偏误、部件的增删偏误、间架结构偏误、镜像偏误、部件变形偏误和笔顺偏误等，这几种偏误在来华预科留学生的汉字学习过程中均有所体现。

笔画的增损偏误。笔画的增损偏误是指学生在书写过程中误将原来没有的笔画写进去了，或者将原本存在的笔画漏写了。比如，在书写“目”时误写成“日”，在书写“日”时却又误写成了“目”，将“休息”的“休”误写成“体育”的“体”，都是预科留学生常见的错误。

部件的增删和替换偏误。这是指部件添加或部件缺失造成的偏误，或者误将部件甲写作了部件乙。比如，将“每天”的“每”写成“母亲”的“母”、“喝水”的“喝”写成“口渴”的“渴”都属于这类偏误，也是笔者在山东大学来华预科部上课时常见的问题。

间架结构偏误。汉字的部件和笔画都书写正确，但留学生对汉字的结构认知不准确导致汉字的结构出现问题，比如把上下结构的字写成左右结构，把半包围结构的字写成上下结构等。比如“想念”的“想”，很多学生会把上下结构误写成左右结构。还有的学生经常出现把左右结构的汉字分开写成两个字的情况，比如把“如”写成“女”和“口”，把“妈”写成“女”和“马”等。

部件变形偏误。这是指笔画的书写方式出现问题而导致的部件书写错误,学习者因为母语或书写习惯的负迁移,把汉字的笔画写成自己熟悉的形似笔画,造成部件的变形。比如我们经常觉得很多学习者写汉字的方式像在画画,就是这个原因。比如把“头”写成“兴”,造成部件的变形错误。

镜像错误。学习者把部件或个别笔画的左右颠倒,如把“冰”写成“冰”,把“咖啡厅”的“厅”写成厅等。

在传统的预科教学中,比较常用的方法是汉字课先于新课的形式,即在学习新课前,先教汉字的书写,然后通过反复练习的方式加深学生记忆。但是由于汉字课的课时相对较少(一般一周 4 个课时),而强化教学新课进行的速度比较快,因此经常出现汉字课滞后的情况。

二、基于成果导向教育(OBE)理念在来华预科汉字教学中的应用

(一)课程目标

不同于传统教学理念关注的学生学什么、教师怎么教的问题,OBE 理念更关注学生预期获得、如何达成及达成度的评价。在教学范式上强调以人为本、以学为中心,在教学目标上要求突出能力本位,在教学评价上要求多元化。具体到教学层面上,OBE 理念要求明确学习成果的具体化操作定义、价值、实现和评估,教学设计和教学实施要通过教学过程产生预期的效果。对于来华预科汉字教学的目标来说,我们希望学生能够在预科阶段熟练掌握 1600 个基础词语(共计 2000 多个汉字)的书写,在预科结业考试及 HSK 考试中减少汉字错误造成的丢分,为预科留学生未来进入本科院校学习打下良好的汉字认读、书写基础。根据弗拉维尔(John H. Flavell)的元认知理论,学习者对认知过程具备主观的调节能力,在学习目标明确的前提下,学习者的元认知调节过程也能够帮助其提

高学习效率，根据学习目标和任务作出学习策略的判断和选择。本文结合多模态教学理论、认知心理学等理论，以教学目标为导向进行互动式教学设计。

(二)教学内容设计与实施

OBE 理念强调学生预期学习效果的确定、达成方式以及达成度的评价，其中达成方式是要解决如何进行教学设计才能获得学生预期学习效果的问题。在教材选择上，我们选用北京语言大学出版社出版的《预科汉语强化教程系列》第一册和第二册，这套教材紧扣《HSK 考试大纲》和《中国政府奖学金本科来华留学生预科教育结业考试大纲》，适合预科强化教学的进度和难度。在教学设计上，汉字课不仅作为一门单独的课程出现，更是与其他课型结合，随时随地出现和复练。汉字课上，学生从基本的笔画、笔顺开始练习，然后按照课文生字出现的顺序在教师带领下学习书写这些汉字。根据汉字的知觉整合性特征，从整字和拆分字两种角度进行教学设计。实施整字教学，可以帮助学习者进行形近字的辨析，培养学生对汉字的整体认读能力；实施拆分字教学，可以帮助学习者区分偏旁部首，了解偏旁的意义和汉字的结构。

1.调整教学内容

以往的汉字教学完全按照课文顺序进行，字与字之间缺乏基本的联系，学生在学写汉字时要把一个个汉字死记硬背下来，这让学生觉得学习汉字既无趣又困难。虽然预科教学的特点是强度高、进度快，汉字的文化和理论并不是预科汉字教学的重点，但是一些简单的文化讲解可以加深学生对字义的理解和字形的认识，比如形声字多是一半表音、一半表义。

2.调整教学方法

根据 OBE 理念的要求，为了确定预期学习效果，可以采用多元化的达成方式。在以往的预科汉字教学中，我们往往采用教师带领学生写、学生模仿、反复练习的传统方法。虽然机械的练习是汉字学习中必不可缺的环节，但是教学方法的多元化给了我们更丰富的选择。比如“游戏教学法”引入部分汉字的教学，有趣而实用。再以“汉字大转盘”游戏为例，教师课前为学生准备一个长方形的纸板，在上面挖出两个并排的圆洞，纸板反面钉两个圆形的纸板，做成钟表的样式。在汉字教学中，一个转盘上写部首，另一个圆盘上写部件，教师说一个汉字，由学生把转盘转到相应的部首和部件，组成汉字。OBE 理念要求教学过程采用多元化的教学方法，还可以参照多模态教学理论，汉字作为形、音、义的结合体，本身就是一种多模态相结合的符号学产品。除了传统的认读等，将声音、图像、文字、视频等多种模态运用到教学中，调动学生积极性，让他们参与到课堂中。学生在学习汉字的过程中也调动感官参与，比如视觉、听觉、肢体行为、信息联想等行为。在教学设计中，可以增加交互性教学步骤，利用 PPT 设计更多的在线互动活动。比如学习了部首之后，可以利用思维导图的形式，将已经学过的这个部首的相关汉字都写出来。也可以利用 padlet 和 kahoot 等互动学习平台，及时分享学生书写汉字的成果，让教师及时反馈。

3.达成度的评价

在评价预期学习效果的达成度时，将采用 OBE 理念设计汉字教学前后的中国政府奖学金本科来华留学生预科教育结业模拟考试中书写部分的成绩形成量化分析，评价该教学设计对于提高学生汉字书写能力是否有实际的帮助。以山东大学来华预科部某班级 2020—2021 学年第二学期的 5 次模拟考试来看，第一次模拟考试中，因汉字书写错误扣分超过 10 分的学生占 33%，在最后一次考试中这个数值降到了 11%。

三、基于 OBE 理念的汉字教学设计

以《预科汉语强化教程系列》（第一册）第十课“课文二”为例，本课的

汉字包括加、跟、个、子、练、习、足球、比、赛、长、自、己等。

（一）预期学习产出

知识层面，通过汉字书写基础知识的学习，掌握本课汉字的结构、笔画组成关系，掌握汉字的书写方法。

技能层面，通过本课汉字的学习，学生能够举一反三，根据本课学习的汉字结构和笔画顺序，按正确笔顺写出没学过的汉字，掌握汉字的结构。在整体上，能够认读、书写汉字；在分解字上，能够掌握本节课出现的偏旁，并且联想到使用该偏旁的其他汉字。

心理层面，通过掌握本课汉字的书写，消除学生的畏难情绪，让学生理解汉字的学习是有规律可循的。

（二）预期产出的实现

1.以提问的方式引入将要学习的内容

教师首先展示加、跟、练、球、比等左右结构的汉字，询问学生是否学习过和以上汉字部件、结构相似的汉字，如“知”“跑”“红”“现”等。教师可引导学生多思考，调动学生的汉字储备，将学生想到的已经学过的汉字写在黑板上。

口：知、如、听、和、吗

足：跑、跳

纟：红、级

王：现

匕：北

2.用音义结合的方法讲解汉字

复习已经学过的汉字后，教师通过讲解本课生字的结构和写法，演示汉字书写的笔画顺序，帮助学生掌握汉字的音、义、形。

加：力＋口，加入，参加

跟：足＋艮，和，与

练：纟十 东，练习，训练

球：王十求，足球，篮球

比：⺊十匕，比较

3.游戏教学法练习汉字

游戏一："汉字大转盘"。本游戏从拆分字的角度出发，主要帮助学生练习不同部件的拼合。教师课前为学生准备一个长方形的纸板，在上面挖出两个并排的圆洞，纸板反面钉两个圆形的纸板，做成钟表的样子。一个转盘上写部首口、足、纟、王、匕，另一个圆盘上写部件力、艮、东、求、⺊，教师说一个汉字，由学生把转盘转到相应的部首和部件，组成汉字。如教师说"跟"，学生应将两个转盘分别转到"足"和"艮"。可把学生分成两组，接力转动转盘，率先完成所有字拼合的一组为胜。

游戏二："拍苍蝇"。本游戏从汉字整体认知的角度出发，主要帮助记住汉字字形、区分形近字。教师提前做好道具"苍蝇拍"，在黑板上写下若干汉字，然后请两位学生上台，由教师读音节，学生拿"苍蝇拍"拍打音节对应的汉字，拍到更多生词的获胜。

4.反复操练汉字

游戏环节结束后，教师可以带领学生反复书写汉字，让学生记忆汉字的结构和笔画顺序。

（三）学习产出达成度的评估

教学环节结束后，教师应布置后续的课后作业，让学生强化书写的肌肉记忆，熟悉并掌握汉字的结构和书写顺序。OBE 的教学理念要求教学的产出应有明确、详细的评估。对于短期的课堂教学，教师应在教学环节结束后采取听写、默写等手段，检测学生的汉字书写正确率，评估学生是否顺利掌握了本课汉字的书写。

四、反思与总结

基于成果导向教育(OBE)的教学理念近年来被一些学科广泛应用并取得了一定的成果,而在国际中文教育中应用 OBE 教学理念的研究相对较少,将 OBE 的教学理念应用到国际中文教学中,优化教学资源的配置,对我们的教学是有帮助的,可以提高教师的备课效率,减轻教师的负担,也能够让学生更加明确汉字的教学目标和教学进度。由于本文行文仓促、笔者笔力有限,本文对 2020—2021 学年第二学期中国政府奖学金本科来华留学生预科教育结业模拟考试中书写部分的成绩统计和量化分析过于简单,没有深入展开,对教学设计的评估也缺乏科学合理的对照试验和后续反馈。这些都是后续的研究中应进一步深入发掘的问题。本文中的教学设计可以在后续的汉字教学中进一步实践,并借鉴成熟量表,编制调查问卷发放给学生,开展量化研究,并对学生进行个案访谈,进行实证研究,了解学生对基于 OBE 教学理念的汉字教学课程设计的满意度,以及 OBE 教学理念在汉字教学中的适用性。

付瑶:山东大学国际教育学院教师

基于雨课堂的预科数学“多线程”教学模式研究①

【摘要】 预科数学不是零起点教学，学生存在较大个体和国别差异是教学设计中面临的突出问题。为解决这一问题，本文设计了一种基于雨课堂的“多线程”的教学模式。利用雨课堂的丰富灵活的测试功能，实现对学生学习状态的动态跟踪，根据即时测试结果为学生提供差异化的教学内容和不同层次的练习资源。这种方法能较好地适配学生在数学方面的个体差异，提高了教学效率，也增强了学生学习的积极性。

【关键词】 预科数学 雨课堂 教学模式 多线程

一、引言

数学是中国政府奖学金来华留学预科教育的一个重要科目，预科数学不是零起点教学，教学设计必须在掌握和适应学生既有数学知识和能力的基础上展开。与常规课程相比，其突出困难在于预科学生数学知识与能力结构差异较大。预科生遍布五大洲八十多个国家，各国中学阶段数学课程设置有很大差异，有些国家数学分为理论数学和计算数学，弱化计算能力；有些国家在中学一定阶段把数学当作选修课。这就导致学生在数学能力、知识结构以及学习习惯等方面有较大差异。数学能力的发展有很强的连贯性，这就需要预科数学教学设计向下适配多样化的学生

① 本文获 2021 年国际中文教育研究课题青年项目（项目批准号：21YH03D）资助。

基础，由基础的多样到目标的统一是预科教学设计特殊性的核心体现。

预科学生来源较为分散，很难通过分班解决基础参差不齐问题，本文介绍了一种以“多线程”为主要特色的预科数学教学设计。这种教学设计的核心在于在教学过程中进行即时评估，并根据评估结果因材施教。雨课堂平台是实现即时评估和因材施教的技术基础。

二、理论基础及雨课堂的适用性

（一）“多线程”数学教学模式的提出

在教学实践中，根据学生的发展水平确定教学内容层次和练习难度是一个基本原则。根据维果茨基（Lev Vygotsky）对儿童发展的研究，儿童发展有两种水平：一种是已经达到的发展水平；另一种是可能达到的发展水平，也就是最近发展区。教师的指导应该围绕学生的最近发展区，对其发展起到主导和促进作用。支架式教学等教学设计研究也以最近发展区理论为基础，实际上关注学生的最近发展区已经成为教学设计的基本原则之一。在基础数学教育方面，也有大量基于最近发展区的研究和实践。①

预科学生数学基础差异大，也就是同一班级中可能有多个数学最近发展区，如何在同一班级中有效兼顾和衔接不同学生的数学基础是预科数学面临的现实问题，为此我们设计并实践了“多线程”教学模式。

“多线程”是来自计算机科学的概念，指利用同一个中央处理器在同一时间段，利用一定的共享资源，同时处理多个任务。这里指在一个教学主题上，通过内容的差异化安排，让不同层次的学生可以共同进行同一主题的学习，并最终实现共同的培养目标。其设计原则主要有以下四个

① 参见楚伶：《支架式教学在对数函数解题教学中的应用研究》，《教育教学论坛》2021年第38期；程刘刚：《有效衔接循序变式——基于最近发展区教育理论的高中数学教学方法》，《数理化解题研究》2021年第27期。

方面：

首先，“多线程”教学建立在即时评估的基础上。即时评估是感知学生最近发展区的手段，也是安排差异化教学的基础。

其次，“多线程”教学通过技术手段，在同一时段内为不同学生提供差异化的学习材料。

再次，“多线程”教学遵循一致的教学目标，向下兼顾学生的发展水平差异。

最后，“多线程”教学是一种统筹线上、线下的混合式教学。线上、线下各个环节既是教学环节，也是评估环节，前一阶段的评估为后一阶段的教学提供指导。

(二)雨课堂及其适用性

传统课堂很难实现“多线程”教学，首先，很难动态评估学生情况。评估学生情况主要有作业和课上活动两个手段。传统作业有教师布置、学生提交、教师修改和成绩统计等多个环节，周期太长，即使最终了解到了学生情况，也很难及时用于指导教学设计。课上活动则往往需要学生逐一进行问题反馈，耗时太长，效率太低。其次，传统教学以教师课题讲解为主，无法做到同时进行多层次差异化教学。最后，传统课堂课上、课下活动往往是脱节的，教师也可以让学生进行提前学习，但是难以监督，也很难及时获取学习的效果，对课上教学的指导作用较小。

雨课堂是由清华大学和学堂在线共同推出的新型智慧教学平台。其技术基础仍是现代课堂最常用的 PowerPoint(PPT)，使其保留了传统课堂教学的底色，在此基础上有三方面功能可在预科数学“多线程”教学设计中起系统性作用。

首先，雨课堂的组织与微信捆绑。学生通过关注微信号加入雨课堂班级，通过微信接收信息并进行反馈。微信是当前师生联系的主要平台，雨课堂的这一功能实现了师生、班级的便捷性组合，实现了对课前、课中、课后各个环节的有效管理，学生的所有活动都可以留痕，归集到教师平台。这为老师全面实时掌握学生学习情况，对学习过程和效果进行系统性分析提供了有效数据支撑。

其次，雨课堂有丰富的测试功能，可以提供灵活的即时测试。测试功能分两大类，一类是单独的试卷形式，将试题集成到一个文件当中，可以发布到班级，可以根据需要规定时间作答，类似线上考试；另一类是随堂测试，试题嵌入课件当中，可以在教学过程中将单个题目发送给学生。这两类测试都包括单选、多选、投票、填空、问答等主要题型，除了问答都可以设置正确答案并由系统自动批改。丰富灵活的即时测试是"多线程"预科数学设计的最重要一环，是实现学生水平动态评估的主要手段。

最后，雨课堂有丰富的分组和讨论功能。雨课堂有多种学生分组方式，操作较为便捷，可以随时对学生进行分组，同时也提供了弹幕等多种交流功能，结合微信群的使用，为快速有效组织分组讨论提供了技术支持。

三、基于雨课堂的预科数学教学设计

（一）基本要素

1.教学内容

预科数学有两部分教学内容：一为数学专业汉语。专业汉语是预科生学习的重要内容之一，是在中国进行后续专业学习的基础。在进行数学学习之前，学生进行了约一个学期的汉语学习，其汉语水平约为 HSK 三级水平。进入数学学习后，会遇到大量数学方面的专业术语，例如"集合、函数、单调性"等，也会遇到陌生的表达方式，例如"设 A>B，B>C，那么 A>C"。二为数学专业内容。主要内容涵盖中国高中阶段的函数和解析几何，也包括一些与大学阶段数学衔接较为紧密的内容。从学习过程来看,数学专业汉语有先导性,但是数学语言的教学和讲解又无法完全脱离数学本身。因此,在教学设计上也要考虑到学生的语言基础问题。

2.教学过程与主要环节

预科数学一般从预科阶段的第二学期开始进行,持续约一学期,在期末时作为预科结业考试的科目之一。预科课程整体设置较为紧凑,以山东大学预科为例,在第二学期开设数学课的同时还有汉语、医学汉语、化学等课程,学生压力较大,课下自由探索时间较少,需要尽量利用课上时间完成教学。就单次课程来说,主要有课前准备,课上讲解、练习和讨论,课下作业和测试以及评估与强化等环节。

3.学生情况

学生来自80多个国家,国别上较为分散,学习背景复杂,学生大多数刚刚结束其国内中学阶段的学习。虽然大部分预科生在本国学过预科数学的主要内容,但是语言带来的陌生感以及各国数学教学内容和传统的差异,导致一些学生学习预科数学仍有相当的难度。

(二)基于雨课堂的教学设计

使教学与学生的最近发展区进行紧密衔接,更有效地激发学生学习兴趣,引导学生有序提高数学能力,是预科数学教学设计的核心原则。而与普通数学教学相比,实践这一原则的主要困难在于学生的多样性。因此在教学中需要解决两个核心问题:首先,在教学中能及时测定学生基础和发展水平;其次,能根据不同学生的个性状况,有区分地进行教学、练习和评价。

雨课堂的主要作用在于为学生的评估和针对学生最近发展区的差异进行“多线程”的教学提供了有效技术平台,下面通过课程组织的四个环节介绍教学设计。

1.课前环节

课前环节的任务有两项:数学词汇的初步学习与数学知识的诊断性

预习。

数学词汇的初步学习主要让学生掌握词的读音、翻译词以及写法，目标是可以在文本中认读并了解其基本意义。这一过程要在课前由学生自主完成，也只有完成这一目标，课中教学才能聚焦于数学问题，而这些词汇背后的数学原则和语言用法可以在课上解决。

数学词汇的初步学习以雨课堂试卷的形式预先发布，内容包括两个部分：第一部分为生词介绍，内容包括词项、拼音、英文翻译，一些词项还提供了简单例句，这些内容为学生初步掌握生词提供了基础支架；第二部分为诊断性练习，以选择题型为主，将词形、拼音和英文翻译作为基本要素，在题目中提供一到两个要素，要求学生选择第三个要素。雨课堂可以根据预先设定实时批改，学生根据批改结果进行再次学习和巩固，教师则根据统计信息了解难点和易错点，在课程前 5—10 分钟对易错词进行重点教学。

诊断性预习以数学测试题为主，主要目标为引导学生回顾在本国已经习得的知识，进行自我诊断，并且为教师进行“多线程”的课堂教学提供依据。

诊断性预习也以雨课堂试卷的形式预先发布，题目从内容上分为三类：第一类为基础性知识和能力，为进行本节课学习的前提性数学知识和能力；第二类为一般性知识和能力，是本节课将要学习的一般性题目；第三类为提高性知识和能力，是本节要学习的目标性题目，这类题目有一定难度，体现教学要实现的最终目标。

以一元二次不等式教学为例，基础性题目设置为解一元二次方程、解一元一次不等式等，这些为理解一元二次不等式的先导性内容；一般性题目设置为基本的解一元二次不等式题，这类题目可以直接运用最基本方法求解；目标性题目为非典型一元二次不等式，需要进行一定的形式变换才能求解。

教师根据诊断性预习的结果确立课程教学的两个维度:一方面,确定当堂课的基本难度层级,决定课堂讲授的重点、随堂练习的难度层级;另一方面,根据基础水平对学生进行分组,在课上并行安排个性化练习。

2.课中环节

课堂教学主要有三种形式:教师讲解、随堂练习、分组练习与讨论。一般这三种形式以知识点为单位依次进行。而雨课堂的作用主要体现在对内容的安排上,并与教学形式相结合,建构多线程的课题教学。

首先,根据课前诊断性预习结果确定内容框架。授课内容以基本知识和能力为主,原则上,基本知识和能力占60%—70%的课堂时间,基础性和提高性知识及能力根据诊断性预测的结果灵活安排。如果出现普遍性基础知识与能力缺失,则在课程讲解和随堂练习中适量进行讲解和练习;对于个体性基础知识与能力缺失,则通过雨课堂推送特定补充材料以及针对性练习的方式解决。

其次,根据雨课堂的即时统计功能灵活调整讲授重点和练习密度。在每个知识点的讲解之后,都会进行基于雨课堂的随堂练习,题目以初、中等难度为主,借助雨课堂的功能,可以在练习完成后,即时获得成绩和统计信息,可以以题目、学生为单位,获得答题正确率。

这种形式一方面实现了传统课题无法实现的即时批改,另一方面也对学生有监督和督促作用。教师可以根据反馈结果,及时调整授课难度和时间安排,即时评测也是教学安排精准对接学生最近发展区的关键。

最后,根据课堂反馈,设置分组练习和讨论。分组练习与讨论环节主要解决学生的疑惑和易错的问题。根据学生在随堂练习中的表现进行分组,分组采取水平相同、知识互补的原则。水平相同是同组同学进行平等交流的基础,可保护学生参与讨论的积极性;知识互补原则则是将有不同疑惑和错误的学生编在一组,这样学生可以互相诊断,互相帮助,在分享和探讨中解决问题,最后由代表分享本组讨论的主题、解决的问题以及遗留问题。

在预科数学课堂上，进行分组讨论有突出意义。一方面，有些国家在基础教育中数学计算训练较少，导致学生对数学有畏惧心理，课堂学习积极性不高，分组讨论则有利于调动学生的积极性。在小组讨论中学生顾忌较少，更倾向于积极思考和发言。另一方面，在多元化的课堂上，通过学生间的充分交流和探讨，可以发现和解决文化、基础教学差异导致的潜在问题。例如，我们一般认为数学是最为国际化的学科，但实际交流中发现，即使在乘法、除法这种基本计算和书写方式上也存在差异，这些差异仅是形式上的，但是有些学生会在心理上放大这种差异，产生“中国的数学跟我们的不一样”这样偏颇的认知，影响学习的积极性，也会对老师的知识传授产生逆反心理。而分组讨论过程中通过学生之间的探讨，可以更好地认识和适应这种差异。

分组讨论也是“多线程”课程设计的一个重要环节，雨课堂在这个过程中起到了关键性作用。分组讨论的关键在于基于学生的数学能力、知识结构和文化差异合理确定分组，雨课堂则在教学的各个环节实现了对学生的实时“检测”，这种检测结果是对学生进行科学分组的主要依据。

3.课后练习与检测

课后练习与检测是课堂的延续，是巩固加强课堂学习并对学生掌握情况进行全面评测的主要环节。与雨课堂相结合，将练习以雨课堂考试的方式发布，可以从三个方面体现出技术对“多线程”教学的支撑作用。

首先，基于雨课堂的学习过程监测，可以在每次作业前对作业难度和内容进行重新编排。50%的题目设置在学生最近发展区，20%设置为基础性题目，30%设置为有一定难度和扩展性的题目，在题目设置过程中编排进一定量课上发现的易错题。

其次，雨课堂改进了传统课后作业反馈流程。传统纸质作业有收集、批改、反馈周期，往往需要两节课后才能给学生反馈结果，与课堂教学严重脱节。雨课堂平台可以自动批改，教师也可以很快获得统计结果，可以及时有针对性地分别对学生展开指导。

最后，雨课堂的记录功能对学生课后练习起到督促作用，及时反馈也可以提高学生练习和完成作业的积极性。

4.阶段性评估与强化

数学学习特别强调跨课堂知识的综合。一方面，解决数学问题往往依靠多个知识点的综合运用而不是单一知识；另一方面，邻近问题也可以在相互参照比较中得到巩固和加强。这就需要进行科学的阶段性评估和强化。

利用雨课堂发放综合性试卷可以较为方便地进行测试，测试内容以大纲要求为导向，检查学生在一定阶段内的达标情况。雨课堂的优势在于可以提供综合统计功能，可以从学生和知识点两个维度清晰地反映掌握情况，反映薄弱环节，进一步指导强化教学。

四、资源建设

雨课堂采用了嵌入 PowerPoint 的技术路线，技术上可以由传统课件直接转换为雨课堂课件，但要进行“多线程”的教学，需要进行“碎片化”的资源建设，主要内容有三个方面：

1.丰富的难度分级试题库

对原成套试题进行拆分，拆分依据为知识点和难度层级。在教学和测试的各个阶段，可以根据学生情况灵活组合使用。

2.可伸缩的讲练课件

讲练课件是课堂教学的主要材料，在课件设计中，以知识点为单位，设计不同难度层次的讲练内容，涵盖基础知识、基本知识和扩展性知识三个层级，在教学中根据学生的反馈，采用控制课件页面显隐、讲解详略的方式，实现有针对性的教学。

3.模块化的多模态基础知识库

基础知识库主要解决学生在某些方面基础知识不足问题，这种不足往往是由数学教学的国别化差异导致的，并非所有预科生都有相关需求。因此，这一方面知识和能力的获得更侧重在课下分别解决。基础知识库建设中的“多模态”指其形式不拘一格，可以是直接的解释说明，也可以是试题或者视频讲解。模块化文件形式上按照主题、模态、难度等要素进行拆分，利于灵活组合，以便教师根据学生情况临时组合使用。

五、总结

基于雨课堂的“多线性”教学模式主要解决了在多元课堂中为学生提供差异化教学的问题，对预科数学教学有很强的针对性。通过教学实践我们发现，这种方法一方面对一些数学基础薄弱的学生起到了尤为明显的效果；另一方面保证了学生大部分时间接触到的都是难度合适的内容，既不太难也具有合适的挑战性，有效提高了学生的学习积极性。

李安：山东大学国际教育学院副教授

第二部分　预科教育教材研究

论《西医汉语读写教程》的编写特色[①]

【摘要】《西医汉语读写教程》是一套以医学预科生为教学对象的专门用途汉语教材，以实现预科生从通用汉语向医学专业汉语的过渡衔接为编写目标。课文主题紧扣医学专业内容，表现为隐性主题和显性话题的双重线索。生词类型以医学基础词汇为主，包括大众共知的医学科普词汇和小部分医学专业词汇。“专项学习”单元的设计是《西医汉语读写教程》编写的一大亮点，聚焦汉字、构词、书面表达及句式等语言知识点的总结及拓展。课堂活动的设计借鉴图式理论的交互阅读模型，包括读前的热身活动、学习准备和读后活动。《西医汉语读写教程》的编写体现了专门用途汉语教材针对性、衔接性、专业性的特点。

【关键词】 专门用途汉语教材　预科教学　衔接　编写特色

一、引言

我国对来华医学专业留学生的培养始于20世纪50年代。近年来，我国医学水平和教育水平不断提高，已逐渐成为国际学生获得医学学位的理想留学目的国。依据授课语言，来华医学留学生可分为以英文授课的MBBS (Bachelor of Medicine and Bachelor of Surgery)学生和以汉语授课的医学预科生两类。MBBS医学汉语教材体系建设已相对成熟，预科

① 本文受到教育部中外语言合作交流中心2021年度国际中文教育研究课题青年项目“基于需求分析和文本分析的来华预科生医学汉语教材建设研究”(21YH72D)资助。

医学汉语教材建设已经起步但亟待完善。

要编写出有针对性的专用汉语教材，就应该先对学习者的学习需求进行分析。医学预科生的学习需求随着学习进程的深入表现为四个层次。第一层次为对通用汉语的学习需求，实现途径为汉语强化教学，全面提高汉语听说读写技能。第二层次为学习科普汉语，熟知与医学专业有关的科普话题，形成科普文章的阅读能力。第三层次为通用汉语向医学专业汉语的过渡衔接，词汇和知识的难度逐步增加，由科普汉语向专业汉语迈进。第四层次为学习医学专业汉语，实现听懂专业课、读懂专业书的学习目标。

医学预科生在完成一学期的通用汉语强化学习后，已掌握的普通汉语词汇量在 1200 个左右，汉语水平达到或接近 HSK 四级水平。而医学专业汉语具有专业词汇数量庞大且难于理解、句式以科技文体的书面表达为主的特点。预科医学汉语课程设置和教材建设的主要目标是帮助预科生以通用汉语的 HSK 四级水平为语言起点，进行通用汉语向医学专业汉语的过渡衔接，满足预科生入系后听懂专业课、读懂专业书的学习需求。《西医汉语读写教程》（以下简称《教程》）就是在这一目标指导下编写的以医学预科生为教学对象的专门用途汉语教材。《教程》自出版使用以来，在拓展预科生医学科普与专业词汇、培养预科生进入专业学习所需的阅读技能等方面发挥了重要作用，为预科生实现由通用汉语向医学专业汉语的跨越打下了坚实的基础。一项针对《教程》使用的满意度调查显示，受访的 113 名学生、18 名教师对《教程》总体评价为“很满意”。[①] 本文拟从课文和生词的选编、“专项学习”单元和课堂活动的设计等方面对《教程》的编写特色进行考察和分析，并对《教程》的教学与修订提出建议。

① 参见毕丽娟：《来华留学生医学汉语教材对比研究——以〈实用医学汉语基础篇 I II〉与〈西医汉语教程〉为例》，山东大学硕士学位论文，2020 年。

二、课文的选编

(一)课文主题

《教程》的课文主题表现为隐性主题和显性话题的双重线索，如表1所示。每课安排一个隐性主题，作为该课选文的“骨架”。隐性主题与学习者入系学习的专业内容保持一致，保证教材编写的科学性与针对性。如血液系统、循环系统、免疫系统等隐性主题是医学专业基础课“组织胚胎学”的重要内容。在每一个隐性主题的结构下，每课安排两个显性话题。显性话题围绕隐性主题展开，注重与实际生活和当代社会医学热点话题的结合，保证教材编写的实用性与趣味性。

表1 《教程》的隐性主题和显性话题

	隐性主题	显性话题
第一课	血液系统	献血、血液“三高”
第二课	循环系统	经济舱综合征(血栓)、心脏病
第三课	免疫系统	吃鸡蛋过敏、免疫风湿病
第四课	皮肤	预防皮肤病、皱纹
第五课	骨组织	成骨不全症(“瓷娃娃”)、喝骨头汤补钙
第六课	呼吸系统	打哈欠、室内空气污染
第七课	消化系统	豆瓣的旅行、早餐吃粽子
第八课	神经系统(脑、神经)	老年痴呆症、脑血栓
第九课	视器(眼)	用眼疲劳、流泪的原因
第十课	前庭蜗器(耳朵)	突发性耳聋、耳朵的保护
第十一课	泌尿系统	兴奋剂尿检、肾脏的保健
第十二课	生殖系统	《小威向前冲》精子健康

续表

	隐性主题	显性话题
第十三课	生殖技术	黑白双胞胎、造成不孕不育的食物
第十四课	内分泌系统	青春期和更年期、青春痘
第十五课	精神卫生	老年人精神疾病、抑郁症

(二)课文内容

每一篇课文由围绕同一隐性主题的不同话题的三篇文章组成。三篇文章各有侧重,内容逐层深入。课文一和课文二选取日常生活中的医学科普知识文章,内容涉及常见病的介绍与预防、医学常识的接触和分析等方面。两篇课文侧重于医学科普词汇及通用文体书面表达方式的学习。课文三难度相对较大,主要介绍医学专业基础知识,如人体免疫系统(第三课)、人体神经系统(第八课)。该篇课文侧重于医学专业词汇及科技文体表达方式的学习,培养学生入系学习所需的专业阅读技能。以第七课的三篇课文具体说明如下:

例1:选自第七课课文一《一个豆瓣的旅行》第3段。

我顺着食道往下走,来到胃里。胃不停地蠕动,分泌出胃液,嚼碎了的同伴都变成了糊糊。

例2:选自第七课课文二《早餐能吃粽子吗》第3段。

早饭就吃粽子,停留在胃里的时间会更长,刺激胃酸分泌,可能导致患有慢性胃病、胃溃疡的人发病。

例3:选自第七课课文三《人体消化系统》第2段、第3段。

消化道是一条很长的肌性管道,包括口腔、咽、食道、胃、小肠、大肠及肛门等部分……胃腺分泌胃液,将蛋白质初步分解成多肽。

这三段课文内容都涉及与胃相关的内容,很明显地呈现出由普通词汇向科普词汇进而向医学专业词汇过渡的特征,试比较:糊糊—胃溃疡—

多肽。还呈现出由叙述语体向科技文体的过渡的特征，试比较："顺着……往下走"—"导致……发病"—"将……分解成……"三段课文由浅入深，为学习者搭建从生活、科普领域走入医学专业领域的通道，满足学习者循序渐进地掌握医学专业词汇以及提升医学文本阅读能力的学习需求。

（三）课文长度

因医学预科生所学课程多、课业压力大，《教程》的学习时限一般为每周 4 课时。在编写中我们既要控制课文长度，使每篇课文满足 2 课时的教学需求，便于教学活动的展开，又要保证学生基本的阅读量。除了少数几课外，《教程》的课文长度均保持在 360—530 字。《教程》每课的课文长度见表 2。

表 2 《教程》的课文长度①

课序	课文字数	课序	课文字数	课序	课文字数
一	349,426,397	六	357,448,452	十一	422,385,421
二	328,364,438	七	511,454,436	十二	399,473,511
三	313,381,281	八	462,398,530	十三	360,431,405
四	475,405,510	九	341,410,466	十四	464,526,529
五	503,433,482	十	472,425,497	十五	510,522,479

三、生词的选编

（一）生词的类型和数量

预科生对医学汉语词汇的学习需求包括掌握一定量的医学科普词汇以及与入系学习相衔接的医学专业词汇。医学科普词语表现为人体各部

① 《教程》的课文长度以课文字数呈现。表中的"课文字数"依次为该课课文一、课文二、课文三的字数。数据引用自毕丽娟硕士学位论文《来华留学生医学汉语教材对比研究——以〈实用医学汉语基础篇Ⅰ Ⅱ〉与〈西医汉语教程〉为例》。

位的名称、人体正常的生理及病理过程的汉语表述、常见疾病名称、临床上常用的检查与治疗方法名称、临床医学的不同课程的名称、医学技术术语等。医学专业词语涉及解剖学、组织胚胎学、生理学、生物化学、病理学、免疫学等课程。《教程》的生词类型以医学基础词语为主,包括中国大众共知的医学科普词语,如“输血”“血脂”“骨髓”“动脉硬化”等;还有小部分医学专业词语,如“溶菌酶”“中枢递质”“前庭蜗器”“半规管”等。

《教程》的医学基础词语是从国内主要医学科普报刊文章形成的200万字语料库中筛选出的高频医学词语。[①] 整部教材的专业词汇量为634个,每课的生词数量统计见表3。

表3 《教程》各课的生词数量 (单位:个)

课序	一	二	三	四	五	六	七	八
生词数量	62	39	34	65	47	38	47	38
课序	九	十	十一	十二	十三	十四	十五	
生词数量	57	37	46	40	37	22	25	

据表3可知,各课的生词总数最多为65个,最少为22个,且基本呈现出在波动中递减的趋势。这是因为《教程》编写注重生词的复现率,引导学生采取螺旋式上升的方式掌握医学基础词汇。随着学习的深入,学生所面对的生词逐渐减少,反映出学生阅读能力的稳步提升,有助于增强学生学习的成就感和获得感。

(二)生词的编排和呈现方式

《教程》依据词语在课文中的出现位置将生词表整体置于文章右侧,生词均以特殊颜色标注,有利于学生对生词的快速查找和准确定位。《教程》突出生词与课文的紧密结合,每个生词均给出拼音及其英文释义,在提高学习效率的同时,更关注学生对课文文意的准确理解和把握。

① 参见王尧美、张学广:《谈预科的教学性质以及专业汉语的教学目标和教学内容——以医学本科来华预科生为例》,《国际汉语教学研究》2016年第3期。

四、“专项学习”单元的设计

“专项学习”单元的设计是《教程》编写的一大亮点。在语言要素方面，“专项学习”单元聚焦汉字、构词、书面表达及句式等语言知识点的总结及拓展，以此达到构建、巩固学习者语言图式的目的和作用。在内容方面，始终保持与医学知识的联系和衔接，体现了教程兼具阅读教材与专门用途汉语教材的双重属性。

汉字部分突出部首的表义功能，学习医学文章中常出现的相同部首的一组字。例如，“页”作部首，义为“头部”；以“页”为部首的一组字“顶、颈、领、颅、颊、颌、额、颚、颧”均与人体部位有关。《教程》通过部首总结汉字，提纲挈领，抓住了汉字教学的关键环节。

构词部分充分发挥构词能力强的语素的作用，采用集合式词汇教学法，下大力气扩充学生的医学基础词汇。如以“疹”带出“湿疹、疱疹、麻疹、日光疹”，以“斑”带出“白斑、红斑、晒斑、黄褐斑”，以“溃疡”带出“胃溃疡、肠溃疡、口腔溃疡、小腿溃疡”。

书面表达及句式部分突出通用文体和科技文体的书面常用词语及句式的教学，如“A 与 B 有关”。采用难度较低的汉语及英文进行释义，举出例句并配有相关的练习，目的是使学生从语义和语用两个方面真正学懂句式并会正确使用。

五、课堂活动的设计

阅读图式理论指出，阅读是应用语言图式、内容图式和结构图式，理解文章内容、获取相关信息的心理过程。[①] 图式理论的交互阅读模型将

① 参见王尧美、张学广：《图式理论与对外汉语阅读教学》，《语言教学与研究》2009 年第 6 期。

阅读教学分为读前图式的激活、读中图式的监控和读后图式的完善重建三个环节。《教程》一改传统教材的练习编写模式，遵循阅读活动的自然流程，借鉴图式理论的交互阅读模型，将课堂活动分为读前的热身与学习准备和读后活动两个部分，分别对应阅读图式的激活和完善重建。

热身活动为正课主题的引入，设计学生感兴趣、难度低又与本课内容相关的话题，目的在于激活学生的背景知识和相关词汇，激发学生的学习兴趣，使学生进入阅读状态。读前语言图式、内容图式的激活对于阅读活动具有重要的意义，可以让学生产生预期，注意筛选有用的信息，集中注意力。例如第五课主题为骨组织，《教程》使用熟语“鸡蛋里挑骨头”引入，指导学生完成在句子中寻找目标词语及猜测熟语义的读前任务，活动设计难度低且新颖有趣。学习准备是通过各种形式，集合式展示本课出现频率高的专业词汇，让学生形成本领域专业词汇整体概念。例如第二课主题为循环系统，《教程》配合人体心脏器官图和人体血管分布图，为学生总结有关心脏、血管的专业词汇，并在图中指明部位与词汇的对应关系，一目了然，便于学生理解和识记。

读后活动突出《教程》专门用途汉语教材的功能性特点，大量采用任务教学模式和功能教学模式设计教学活动，一般采用小组完成的学习方式，活动设计大多为完成病例、完成表格、撰写建议、快速归类、制作药品说明书等，较少设计填空、选择等传统练习形式。《教程》的读后活动始终使学生保持对专业阅读技能和写作技能训练的关注。专业阅读技能的训练体现为提升学生查找关键信息、概括总结专业知识点的能力，专业写作技能的训练体现为增强学生记笔记、摘抄相关文本及运用专业词汇书写病历等基础能力。例如第八课主题为神经系统，课文一围绕预防老年痴呆症展开，读后活动为结合课文撰写文中老年女性的病历，训练学生的关键信息查找和重新组织能力。课文二来自报纸中一篇关于脑血栓病症的报道，读后活动引导学生完成文中关键信息的排序和“采访手记”的撰写，训练学生读后对文章大意的整体认知和把握。

六、教学建议

(一)按教材编排顺序组织教学活动

《教程》突出实用性特点,依据教学规律和教学过程确定教学编排顺序。教师以教材为纲,可依据“介绍学习目标、进行热身活动、完成学习准备、阅读课文、进行读后活动、讲解专项学习”的步骤来组织教学。《教程》对教学活动的要求进行细化,提供了练习活动所需的参与方式、表格样式和展示形式,全心全意为教师的教学活动作出指导和服务。由于预科教学属于强化教学,开设课程多,学习任务重,故医学汉语课时有限。在实际教学中,应以《教程》为依托,对各教学环节合理分配时间,以避免顾此失彼,缺失某个教学环节。

(二)以《教程》为根基,实现课程立体化发展

《教程》为各项教学环节和活动的开展提供了基础材料和指导要求。教师可以发挥主观能动性,积极适应中文线上教学和“中文+”课程理念的新形势,充分利用互联网科技,为课程发掘各种图片、短视频、影视资源,作为《教程》的有益补充,丰富课程材料。教师还可利用在线互动平台,实现教材辅助资源的共享和开发,以《教程》为根基,建设立体化医学汉语课程。

(三)千方百计减少学生的学习焦虑

在通用汉语向专业汉语的过渡衔接阶段,学生的课业压力和学习难度均逐步增大,很容易产生焦虑感。《教程》所设计的“眼到手到”“百闻不如一见”“我来当医生”等活动形式生动形象,意在减轻学生对医学专业内容的畏难情绪。教师应充分利用好这些活动,在教学中多采用激励性反馈与评价,优化学生学习的心理环境。

七、余论

《教程》的编写体现了专门用途汉语教材针对性、衔接性、专业性的特点。《教程》有助于预科生进一步提升汉语水平，从而为医学专业学习打下坚实的汉语基础。在今后的修订中，可以从以下三个方面进一步完善。一是《教程》的课文长度存在不平衡现象，应尽可能确保长度均衡。二是现有图例对学生理解课文起到了很好的辅助作用，还可以以增加图例的方式扩展学生的医学集合式词汇。三是生词的注释仅使用英文稍显单调，也可尝试使用简单的中文或简图进行注释。《教程》的编写与修订始终保持与一线教学紧密结合，《教程》初稿曾进行了一个学期的课堂试用，获得了许多第一手的教材使用感受和修改意见。以后的修订也一定会从教学中汲取经验和营养，使《教程》不断丰富和完善。

陈蒙：山东大学国际教育学院讲师

来华预科留学生汉语教材调查分析①

【摘要】 本文梳理了2005年以来中国政府奖学金预科院校编写的预科汉语教材，探讨了预科汉语教材的发展及特点，分析了在预科汉语教材建设方面的主要问题并提出了解决途径。预科汉语教材经历了以通用汉语教材为主、通用汉语教材和HSK教材并行、预科汉语教材为主的三个阶段。预科汉语教材吸收了第二语言习得教学和理论的研究成果，结合预科教学的特殊性，不断创新，具有适用性、创新性和立体化的特点。目前教材研发仍存在注释语种单一、教材立体化和数字化建设程度不高等问题，本文尝试为这些问题的解决提供参考方案。

【关键词】 来华预科留学生　汉语教材　教材特点　教材

一、引言

自2005年教育部试点预科教育以来，我国的来华留学生预科教育在教学模式、测试研发等方面均取得了显著的进步。② 第二语言教材作为教学的重要组成部分，不仅是教学大纲的载体，而且是教师组织教学、学生进行学习的依据，同时也是学生语言输入的重要来源之一。③ 来华留

① 基金项目：中国高等教育学会外国留学生教育管理分会项目“海内外预科教育大数据平台建设及研究”（项目编号：2018-2019Y014）。

② 参见李向农、万莹：《留学生预科汉语模块化教学模式的探索与实践》，《华中师范大学学报》（人文社会科学版）2013年第6期。

③ 参见周小兵、张哲、孙荣、伍占凤：《国际汉语教材四十年发展概述》，《国际汉语教育（中英文）》2018年第4期。

学生预科教育不仅为对外汉语教学界带来教学模式的创新，而且也产生了一批适合预科教学目标以及学习者需求的预科汉语教材。

二、预科汉语教材的历史发展

预科汉语教材经历了通用汉语教材为主阶段、通用汉语教材和HSK教材并行阶段、预科汉语教材为主阶段。

2005—2008年为通用汉语教材为主阶段。预科教育没有统一的教学和考核大纲，教学内容、教材选用和教学测试由各预科培养院校自行决定。这个时期的预科汉语教学与对外汉语教学相同，汉语教材选择以通用的对外汉语教材为主，其中使用率最高的教材是《汉语教程》和《博雅汉语》。2005年南京师范大学启动编写的《汉语初级强化教程》是第一套真正意义上针对预科教育编写的汉语教材。

2009—2012年为通用汉语教材和HSK教材并行阶段。语言测试作为语言教学的重要环节之一，能够为教师和学生提供及时有效的反馈信息。① 来华留学生预科教育经过3年的教学实践，急需一套考核标准测量预科教育培养质量，由于预科完整的考核体系尚未建立起来，因此，决定从2009年到2012年用HSK标准统一考核汉语教学质量。3所预科试点院校在教学实践的基础上相继编写出版了HSK模拟试题集，分别是天津大学的《轻松过关——新汉语水平考试HSK四级模拟试题集》(2010年)、南京师范大学的《新HSK四级过关一本通》(2011年)和山东大学的《新HSK(四级)全真模拟测试题集》(2012年)。

2013年以来为预科汉语教材为主阶段。经过2014年、2015年两年预科汉语教学大纲和考核体系的建设，2016年预科教育综合统一考试正式成为预科结业考试的唯一标准。预科汉语教学大纲与考核体系的确

① 参见赵琪凤:《来华留学预科生汉语口语考试的设计》,《语言教学与研究》2019年第5期。

立，促使预科院校研发针对性更强的汉语教材。2013—2015 年，华中师范大学相继编写出版《飞跃汉语》系列教材。2015—2016 年，天津大学编写出版《天天汉语》(读写和听说)。2019 年 4 月，东北师范大学编写出版《学在中国》。2019 年 8 月，山东大学编写出版《预科汉语强化教程系列》。与此同时，一些之前出版的预科汉语教材也根据预科考核大纲进行了新一轮的修订。如华中师范大学编写的《飞跃汉语》目前正在陆续出版修订版；南京师范大学编写的《汉语初级强化教程》已全部修订完毕，目前正陆续出版。

三、预科汉语教材的特点

预科汉语中的通用汉语教学应参照对外汉语教学的既有教学原则、教学经验和做法教学。[①] 但是预科的教学目标、教学大纲、教学对象与其他汉语进修生有所不同，预科院校编写出版的汉语教材反映出新特点。总体来说，预科汉语教材具有适用性、创新性、立体化的特点。

(一)适用性

所谓教材的适用性是指教材体现教学目标、大纲和测试目标；与学生的需求一致，体现学习目标；适合教与学的环境，如课时以及教师的教学方法。

1.体现教育目标

来华预科留学生汉语学习既面临交际的需要，也面临考核的需要。词汇的数量和覆盖面直接影响教学的效果。通用汉语教材由于培养目标和编写时间的限制，初中级教材中的词汇普遍存在大纲词覆盖不全的问题。预科教材体现了预科的汉语教学目标和测试目标。《飞跃汉语》参考《高等学校外国留学生汉语教学大纲》(长期进修)，紧扣《新汉语水平考试

① 参见李泉：《试论汉语预科教育若干问题》，《国际汉语教学研究》2016 年第 3 期。

大纲》(HSK 四级)、《中国政府奖学金本科来华留学生预科教育结业考试大纲》确定教学内容、教学难度与层级,使用对象为预科生、本科生或语言进修生,适用于所有准备通过 HSK 4 级的汉语学习者。《天天汉语》的使用对象为准备通过 HSK 4 级的汉语学习者,"语法点、词汇的选择以预科基础汉语教学大纲及新 HSK 考试大纲为主要依据"。《学在中国》的使用对象为来华接受预科教育的汉语零起点的留学生,追求高效学习并希望快速通过 HSK 4 级考试的普通语言生,目标是"半年内使学生顺利通过 HSK 4 级考试和中国政府奖学金本科来华留学生预科教育结业统一考试"。《预科汉语强化教程系列》的使用对象为汉语言专业本科生、进修生和汉语预科生的留学生,以"学、考、用"三位一体为核心编写理念,包括综合课本 6 册以及与之相配套的听说课本4 册。[①] 全面覆盖《HSK 考试大纲》一至五级的 2500 个词语和《中国政府奖学金本科来华留学生预科教育结业考试》大纲 3000 词,如表 1 所示。

表 1 《预科汉语强化教程系列》与 HSK 大纲对应情况

	词汇大纲	语言点大纲	话题、任务大纲
第 1—2 册	一至三级 600 词,涉及部分四级词	一至三级	一至三级
第 3—4 册	四级 1200 词	四级	四级
第 5—6 册	五级 2500 词	五级	五级

2.符合教学环境

预科教学上需要教学团队之间互相配合,教材编写上也充分体现了这一点。与一位作者单独编写一册的传统汉语教材不同,预科汉语教材大多采用团队合作方式。由于团队成员都是在教学一线工作的老师,对于教材的目标受众群体特点更加了解,能够同时从教师和学生的思维出

① 参见陈蒙:《〈预科汉语强化教程系列〉的编写理念、目标与特色》,《国际汉语教学研究》2020 年第2 期。

发，既能设计各个环节搭配为教师教学提供支持，又能在学生学习重难点的基础上加以调整，因此能够编写出针对性更强的教材。如南京师范大学的两套教材由7人编写，避免了两种教材众人分头编写、相互不配套、难以施教的现象。华中师范大学的《飞跃汉语》、东北师范大学的《学在中国》系列教材也都是多人合作的成果。山东大学正在陆续编写和出版的教材更是组成多达20人的编写团队。编写人员在教学中互相合作，形成教研共同体，教师之间从教学到教材编写互相协作，取长补短，教材的质量也得到了保障。此外，由于目前中国政府奖学金预科学生主要来自"一带一路"沿线国家和地区，与以往的汉语教材中的人物角色以日韩欧美为主不同，预科教材针对使用对象群体分别设置了针对"一带一路"沿线国家和地区的人物角色，如南非、土耳其、印度尼西亚等，增强了教材的贴近性。

3.体现教学过程

预科教学时间短，任务重，既需要提高教师的教学效率，也需要提高学生的学习效率。这需要教材编写体例合理科学，教材的呈现顺序能够体现教学过程。如《预科汉语强化教程系列》根据实际教学流程设计每课各环节，依次包括热身活动、课文一讲练、课文二讲练、复习与提升四大部分。其中，课文讲练对应生词、语言点、课文的学习与课堂练习；复习与提升对应核心句、任务活动、文化拓展与课外练习(练习册)，使学生完成从语言知识到言语技能的提升。《飞跃汉语》系列教材编写的顺序等于课堂教学各个环节的流程图。《学在中国》一改课文和练习题分开的传统做法，采用词汇—练习—课文—课文练习的安排，学习者接受一个新的知识点之后能立刻练习，即讲即练。教材编写的过程化便于新手教师切分课时，尽快熟悉教学流程。

(二)创新性

教材是实现教学目标的客观条件，是构建学习者认知结构的手段和工具，因此课堂教学理论和习得理论是评价语言教材的根本依据。[①] 预科汉语教材自觉吸收了第二语言教学和习得的研究成果。

1.体现了“多模态”话语分析理论的成果

模态是指人类通过不同的感官与外部环境（如人、机器、物件、动物等）之间的互动方式，用单个感官进行互动的叫单模态，用两个的叫双模态，三个或以上的叫多模态。“多模态化外语教材在此指集各种多模态材料（如文字、图画、表格、录音、录像、网络链接解释等）于一体的新型教材。”[②]预科汉语教材也体现了多模态化的特点。首先，教材封面多模态化。以往的汉语教材多以某代表性建筑为主，如《汉语教程》《发展汉语》《博雅汉语》等。预科汉语如《学在中国》和《预科汉语强化教程系列》教材封面选取了多肤色的外国学生的照片作为封面，颜色鲜艳，具有较强的视觉冲击力，符合现代大多数年轻人的审美。其次，版式设计多模态化。目前大部分对外汉语教材使用单色或者双色印刷，图片不仅数量不多，而且清晰度不够。《预科汉语强化教材系列》采用彩色印刷，重难点、标题等用不同颜色凸显，更能集中学生的注意力。教材内容配以手绘彩色漫画插图，不仅能再现本篇课文的主要情景，而且漫画中标注着本篇课文的核心句，能够让学生更好地理解文本内容。文字和图片多种模态能够吸引学生的注意力，当它不断被重复而且主题的多样化使得特征明显突出时，学生学得最快。此外，预科汉语教材在教材的页面布局上也有创新之处，如《学在中国》在页面的一侧留边，对主体知识进行补充说明，注释练习中出现的生词，解决学生的理解障碍。

2.预科汉语教材吸收了二语习得理论

第一，体现在教材类型上，出现了一些读写合一、听说合一的预科汉语教材。其中，最具代表性的南京师范大学编写的《初级强化汉语—听说

① 参见王尧美：《对外汉语教材的创新》，《语言教学与研究》2007 年第 4 期。
② 张德禄、张淑杰：《多模态性外语教材编写原则探索》，《外语界》2010 年第 5 期。

课本》、天津大学编写的《天天汉语》分为读写、听力、口语三套教材，将读写合为一体，涵盖四项语言技能。华中师范大学编写的《飞跃汉语》(读、写、听、说)共四本，通过读写复现听说课内容，降低学生认读、书写汉字的难度。同时，先认读，在认读的基础上，遵循汉字本身的规律，由易到难，有选择地要求学生掌握汉字的书写。教材语法的呈现模式也体现习得规律。《学在中国》和《预科汉语强化教程系列》在讲解语法项目时都采用"讲解—展示—练习—运用"模式，即先展示该语法，然后对这个语法进行解释说明，再列举几个例句，语法解释完后紧接着设置几道习题进行练习。这种呈现模式的最大好处是输入和输出能进行紧密、有效的结合，从而使学生打下坚实的语法知识基础，为运用语法进行交际做准备。[①]

(三)立体化

预科汉语新出版的教材不再仅仅是纸质教材的形式，而是书加光盘、课件、慕课和微课等形式。如《预科汉语强化教程系列》在推出纸质教材、PPT课件的同时，也制作了与综合课本1和2配套的慕课;慕课课程一共有64段视频，每段在10—15分钟，除语音和汉字以外，每段视频由导入板块、生词板块、语法板块、课文板块和小结板块构成。为了激发学习者的学习兴趣，导入板块以演员表演情景剧的形式表现中外朋友在中国学习和生活的情景。小结板块用学习者喜欢的说唱(rap)形式对课文的重点词汇、重点语法和核心句进行总结，学习者可以跟着rap轻松地复习所学内容。《飞跃汉语》《学在中国》系列教材也有制作与教材配套的慕课。随着互联网+教育逐渐变得常态化，与教材配套的慕课和微课为线上线下混合式预科教学模式的创新打下了基础。

① 参见杨德峰:《初级汉语综合教材语法教学模式初探》,《语言教学与研究》2019年第2期。

四、预科汉语教材建设的问题及解决途径

中国政府奖学金来华预科教育自 2005 年试点以来，不仅培养了大批优秀的预科生，而且随着理论的探讨和教学实践的不断深入，逐步形成了教学目标一致、教学对象一致、教学模式一致的预科教学共同体，预科汉语教材经过十几年的建设，在预科汉语教材研发方面取得了一定的成绩。但是仍然存在注释语种单一、立体化、数字化程度不高的问题，这些问题都需要加以解决。

(一)存在的问题

1.注释语种单一

对外汉语教材注释是教材的一个重要组成部分，其目的在于帮助学生理解教学内容，提高学生的学习效率。目前的预科汉语教材注释语种比较单一，只有英语注释。预科生来自世界上 100 多个国家，母语或者官方语言多样，有英语、法语、西班牙语、葡萄牙语、阿拉伯语等，而与教材配套的慕课却只有英语字幕，单一外语的注释不能满足全部预科生的学习需求。

2.立体化和数字化建设不够

第二语言教材的立体化建设已成为近年来的明显趋势，其优势在于贴近年轻学习者的认知习惯，通过调动不同感官来加深对所学内容的记忆。[①] 近几年，预科汉语教材从单一的纸质出版向立体化的方向发展。据调查，除了《预科汉语强化教程系列》《飞跃汉语》《学在中国》制作慕课外，其他教材还停留在纸质教材、PPT 课件和网站等浅层次上。数字化教学资源建设在“互联网＋”时代的重要性日益凸显，但是目前与教材配套

① 参见吴佳、吴中伟:《2004—2014 年对外汉语教材出版情况述评》,《云南师范大学学报》2016 年第 2 期。

的数字化教学资源的建设还存在数量不多、系统性不够以及重复建设等问题。

(二)解决途径

1.增加多语种注释

据调查,预科生来自100多个国家,主要母语为英语、法语、阿拉伯语等,预科汉语教材应选择预科生母语语种比较集中的几种外语,在词汇注释、语言点解释、练习题说明以及课文内容翻译等方面进行多语种注释,以提高预科生的学习效率。与教材配套的微课和慕课也应该增加多语种字幕或者解说。

2.加强教材的立体化和数字化建设

预科汉语教材应着力打造集纸质教材、数字教材、电子教案、慕课、题库等于一体的立体化教材。编写结合线上线下的数字教材,实现教材与学生的有机互动;编写服务于慕课、微课、SPOC(small private online course,小规模限制性在线课程)等数字化教学资源的集成性的教材[①],使课堂由传统的讲授式变为"课前学习,课中释疑,课后复习"相结合的自主式。此外,随着预科教育途径的拓宽,势必要建立健全在线预科教育制度,为更多的海外学生提供优质的网上预科课程,研发适合在线教育平台的预科汉语数字化教材也应该成为预科教育提质增效的重要组成部分。

王尧美:山东大学国际教育学院教授

崔鑫茹:青岛市市级机关直属事业单位职员

刘娜汝:济南日报全媒体传播有限公司编辑

① 参见姜丽萍:《汉语教材编写的继承、发展与创新》,《华文教学与研究》2018年第4期。

《预科汉语强化教程》系列教材的编写理念、目标与特色①

【摘要】《预科汉语强化教程》系列教材是一套为来华留学生预科教育汉语课程编写的主干教材。本套教材以"学、考、用"三位一体为核心编写理念，特色为练习体系完善、形式丰富多样，词汇教学注重字词关系的辩证和易混词的辨析，语法教学模式化、碎片化且注重吸收本体研究的成果，汉字教学以部首为主线贯穿始终，语音教学融入新科技元素。本套教材紧扣预科培养目标、强化教育模式和考核测试标准，努力扫清预科生的汉语学习障碍。

【关键词】 预科教学　强化教材　理念　目标　特色

一、引言

自 2005 年教育部和国家留学基金管理委员会试点预科教育以来，我国的来华留学生预科教育在教学模式、管理模式、培养质量、测试研发等方面均取得了长足的进步。就教材建设方面来看，专业语言类、知识类、文化类教材编写如火如荼，各培养高校先后编写了诸如科技汉语、西医汉语、中医汉语、大文科汉语系列教材及数学、物理、化学、中国概况等知识文化类教材，汇集为北京语言大学出版社的"来华留学生专业汉语学习丛书"。

预科教育以语言教学为主，语言类课时占 60%—70%，是预科教育

① 本文受到中国学位与研究生教育学会项目"汉语国际教育硕士课程设置与建设研究"(项目编号：HGJ201728)及中国高等教育学会外国留学生教育管理分会项目"海内外预科教育大数据平台建设及研究"(项目编号：2018-2019Y014)资助。

的重中之重。而预科普通语言类教材建设相对滞后，预科汉语课程急需一部紧扣预科培养目标和强化教育模式、贴合预科培养年限和考核测试标准的主干教材。为了满足这一需求，北京语言大学出版社与山东大学共同研发了《预科汉语强化教程》①（以下简称《教程》）系列教材，以"学、考、用"三位一体为核心编写理念，涵盖综合课本（6 册）以及与之配套的听说课本（4 册）。本文以综合课本为例，探讨《教程》的编写理念、内容特色与编写目标。

二、编写理念

（一）结构、功能、文化相结合，以任务型教学为导向

汉语教材的编写从 20 世纪 90 年代末开始进入"结构、功能、文化"相结合的时期，进入 21 世纪又融入了任务型教学理念。近几十年编写较成功的教材，均是采用的这一编写理念，并根据需求有所侧重。②《教程》的编写以语言结构为基础，由浅入深合理安排词汇和语言点的呈现，字、词、句、篇层层递进，全方位提升学习者听、说、读、写技能，并以此为依托完成各种交际功能。文化要素融通古今，着眼于学习者急需，不仅在课文中隐性呈现，在每一课后还有一篇文化的显性"读本"。最后，以任务为出口，促进学习者将所学融会贯通，体现了《教程》的真实性和参与性，给学习者以获得感。

（二）"学、考、用"三位一体，全面提升学生的汉语能力和成就感

来华留学预科生面临在学习、生活中顺利使用汉语和通过"汉语综合统一考试"两大任务。即使是普通汉语学习者，大多也有汉语交际应用与通过 HSK 考试的需求。这就要求我们摒弃"学考分离""学用分离"的教

① 该套教材总主编为王尧美、李安，2019 年开始由北京语言大学出版社陆续出版。
② 参见姜丽萍：《汉语教材编写的继承、发展与创新》，《华文教学与研究》2018 年第 4 期。

学与教材编写模式,将“学、考、用”三者有机统一起来,做到所学即所考,以用导学、即学即用,考用互促。

1.所学即所考:大纲、考试题型全覆盖

“学考结合”赋予学习者以层级递升的学习抓手,提升备考效率,使其获得有效的学习评估和汉语学习的成就感。《教程》全面覆盖《HSK 考试大纲》[①]一至五级的词汇、语言点大纲,课文编写、练习设计的话题和功能任务项从话题、任务大纲中选取,并全面覆盖《中国政府奖学金本科来华留学生预科教育结业考试》大纲 3000 词。课本练习及练习册全面覆盖 HSK 和预科教育结业考试题型。《教程》各分册与 HSK 大纲的对应关系见表 1。

表 1 《教程》与 HSK 大纲对应情况

	词汇大纲	语言点大纲	话题、任务大纲
第 1—2 册	一至三级 600 词,涉及部分四级词	一至三级	一至三级
第 3—4 册	四级 1200 词	四级	四级
第 5—6 册	五级 2500 词	五级	五级

2.以用导学、即学即用:多元化的任务设计

“学用结合”将汉语学习过程中的输入环节与输出环节贯通起来,以用导学,强调输入的真实有效,避免了学习的“高投入,低产出”;即学即用,有助于盘活和拓宽学习者的语言知识网络,培养学习者以交际为核心的汉语关键能力。《教程》在每个语言点及每篇课文后都设计有多个微型任务,使用某种语言形式来回答问题或完成会话。在每课后设计有一个综合任务,根据该课的主题要求学生组织对话、表演场景、调查访问、查找信息、制订计划、模拟主持、准备演讲稿等。综合任务的编写形式是先简

① 参见孔子学院总部/国家汉办编:《HSK 考试大纲》,人民教育出版社 2015 年版。

要介绍活动主题，后给出三至五个任务要点引导学习者完成。语言结构暗含在任务要点中，不明确给出，为的是尽量调动学习者所学，加深其记忆，并提供一个自由的任务环境，最大限度地发挥学习者的主观能动性。

（三）以学习为中心，全心全意为汉语学习服务

学习者和教师是教学活动中两个既对立又相互联系的矛盾体。在教的过程中，教师应起主导作用；在学的过程中，学习者应发挥主体作用。一切教学活动既不能只以教师为中心，也不能只以学习者为中心，而应是为了“学习”而发生。[①] “学习中心说”将教师主导与学生主体统合在学习过程之中，强调汉语教材应让教师好教、学生好学。《教程》的编写力求贯彻实用性原则，全心全意为汉语学习服务。

1.根据实际教学流程、教学量编写

预科汉语教学时间紧、任务重，适宜采取“主讲＋复练”的强化教学模式。《教程》根据实际教学流程设计每课各环节，依次包括热身活动、课文一讲练、课文二讲练、复习与提升四大部分。其中，课文讲练对应生词、语言点、课文的学习与课堂练习；复习与提升对应核心句、任务活动、文化拓展与课外练习（练习册）。每篇课文的讲练设计都以恰好满足 4 课时的教学量为标准，学生每天集中学习一篇课文，学懂练会后再过渡到下一篇课文。以《教程》为蓝本进行教学活动，教与学均可以做到按部就班、步调齐整、目标明确。

2.语言讲解精细化，使用双语书写

语言讲解包括语言点详解、词语辨析、课文难点注释三部分。《教程》的语言讲解走精细化的路子，在吸收语言本体研究成果的基础上，以第二语言教学为着眼点，努力呈现适合学习者水平的语言知识全貌，力求切中学习者的难点和痛点。双语书写不仅使学生明白易懂，保证了讲解的有效传达，而且也有利于教师减轻备课压力，开展有针对性的指导。《教程》

① 参见文秋芳：《“产出导向法”与对外汉语教学》，《世界汉语教学》2018 年第 3 期。

中课文及任务活动指导语也附有英文释义，便于学习者精确理解，提升教师的教学效率。

3.教材实现内与外立体化发展

如今的教学活动不再只是一个课堂教学的平面，随着多媒体与互联网的介入，线上与线下交织，单点与多点并存[①]，这就需要教材为教学活动提供丰富的配套资源，进行立体化建设。《教程》为顺应这一趋势，不仅在系列教材内设计了大量形式丰富多样、融知识巩固与技能提升为一体的课堂与课外练习，还不断向外拓展，积极借助出版社的网上资源平台，提供电子课件与教学示范课，并计划定期组织教学研讨、以教材为核心申请教研项目、开发教学微课与慕课等。通过《教程》的立体化发展，我们希望为学习者搭建一个多元、方便、实用的学习平台，也帮助教师稳步提升教学与科研能力，促进教师成长。

三、编写目标

（一）实现预科语言培养目标

预科教育的培养目标是使学生在汉语言知识和能力、相关专业知识以及跨文化交际能力等方面达到进入我国高等学校专业阶段学习的基本标准。[②] 就语言能力而言，“达到基本标准”的衡量指标是通过预科“汉语综合统一考试”和达到各本科高校要求的 HSK 标准（通常为四级或更高）。而这两个考试都重点测查学习者的语言交际能力和综合运用能力。《教程》将学、考、用三者有机统一于汉语学习之中，帮助学习者学习汉语知识与掌握交际运用能力，使其顺利通过考试并快速适应本科阶段的学

① “单点”是指利用教材进行课堂教学这一种教学手段；“多点”是指依托教材进行课堂教学，利用教材提供的拓展资源进行课下自学，并借助以教材为基础研发的微课、慕课进行线上自学等多种学习方式。

② 参见《教育部关于对中国政府奖学金本科来华留学生开展预科教育的通知》，http://old.moe.gov.cn/publicfiles/business/htmlfiles/moe/moe_850/201006/xxgk_89013.html。

习与生活，实现预科语言培养目标。

(二)实现汉语强化教学目标

汉语强化教学具有学习内容系统、教学时间集中、操练强度大的特点。《教程》系统涵盖了以语音、汉字、词汇、语法教学为主体的汉语教学全方面内容，配套练习体系完善、内容充实、形式丰富多样，完全可以支持每周30课时、学制为1—2学年的预科汉语强化教学，保证了语言输入与输出的"量"。《教程》的编写严格以两个大纲为准绳，语言结构的设计努力做到科学而准确，练习场景的建构尽可能真实而鲜活，保证了讲解与操练的"质"。《教程》在与实际教学的对接落地中，延展为一整套的预科强化教学解决方案，以期达到在一个相对较短的教学周期内快速提高学习者汉语水平的目标。

(三)扫清预科生汉语学习障碍

预科生的汉语学习障碍主要表现为师资障碍、二语障碍、信心障碍和时间障碍四个维度。[①] 面对这些思维障碍，《教程》进行了有益的、有针对性的探索和实践。师资障碍指的是教师的教学理念和方法不能很好地适应教学的需要，对语言知识点的讲解不够清晰全面，较少与学生互动等。《教程》贯彻"以学习为中心"的编写理念，通过教材、练习册、课件、示范课向新手教师"手把手"地传授教学理念与策略。语言讲解实现精细化并使用双语书写，既是教师课堂教学的参考与指导，又是学习者课前课后自学的有力帮手。二语障碍指的是汉语语言要素尤其是声调、汉字和形态对学习者构成的障碍。《教程》在语言要素的教学上，既注重汉语自身特点的介绍，又从中外语言对比的角度，讲清异同、澄清偏误，使学习者少走弯路。信心障碍指的是预科生由于语言与文化差异而不能有效解决问题，进而产生紧张焦虑的情绪与挫败感。《教程》设置的练习以任务为出口，

① 参见范伟、李贤卓:《高校来华预科生汉语学习障碍影响因素实证研究》,《语言文字应用》2018年第4期。

很多练习的主题都直接来源于在华学习、生活所要面对的问题，引导学习者使用所学语言要素来完成交际任务。学习者课上的语言练习就是对课外生活中交际任务的演练，这有助于构建学习者的跨文化交际能力，增强其信心。时间障碍指的是预科生课时紧张，学习强度大、压力大。《教程》在适应预科学制的基础上实现所学即所考，有利于缓解学习者的备考压力，提升其学习效率。

四、内容与特色

（一）练习体系完善，形式丰富多样

练习是学习者从“懂”到“会”转化的关键环节，练习的质量是一部教材成败的关键因素。《教程》构建了完善的练习体系，由语言点微型练习、词语辨析练习、课堂练习和课外练习（练习册）四部分组成，确保讲练结合、边讲边练，逐步将学习者的语言知识内化为交际能力。《教程》的练习形式丰富多样，从结构来看，练习聚焦字（音）、词、句、篇四个层次；依功能来分，练习有知识巩固、综合运用和技能提升三个类别。各种练习编排有序、彼此配合，努力达到“复习强化、归纳总结、拓展提高”①的目的。下面以《教程》1—2册为例，总结练习类型和形式如表2所示。

表2 《教程》1—2册的练习类型和形式

练习类型		练习形式
语言点微型练习	词语聚焦	朗读词组、给词语选择位置、选词填空、词语语法性质归类
	句型聚焦	连词组句、连线搭配组句、改写句子、对画线部分提问、判断句子正误、使用语言点造句、完成句子、使用语言点回答问题、完成对话

① 刘颂浩：《对外汉语教学中练习的目的、方法和编写原则》，《世界汉语教学》2019年第1期。

续表

<table>
<tr><th colspan="2">练习类型</th><th>练习形式</th></tr>
<tr><td>词语</td><td>辨析练习</td><td>选词填空</td></tr>
<tr><td rowspan="5">课堂练习</td><td>汉字练习</td><td>根据部首和拼音写汉字、根据部首和部件组成汉字、根据部首与汉字并组词、辨(选)字组词</td></tr>
<tr><td>词语练习</td><td>朗读词组、回答问题</td></tr>
<tr><td>句型练习</td><td>替换练习、完成对话</td></tr>
<tr><td>篇章(课文)练习</td><td>根据课文回答问题、完形填空</td></tr>
<tr><td>交际、任务练习</td><td>组织对话、表演场景、调查访问、查找信息、制订计划、模拟主持、准备演讲稿</td></tr>
<tr><td rowspan="6">课外练习
(练习册)</td><td>语音练习</td><td>模拟打字、标注声调</td></tr>
<tr><td>汉字练习</td><td>句中看拼音写汉字、汉字书写</td></tr>
<tr><td>词语练习</td><td>选词填空</td></tr>
<tr><td>词语/
语言点练习</td><td>给词语选择位置、词汇或语法多项选择</td></tr>
<tr><td>句型/
语言点练习</td><td>对画线部分提问、连词组句、完成会话、会话配对、看图写句子</td></tr>
<tr><td>篇章练习</td><td>阅读理解</td></tr>
</table>

(二)词汇教学注重字词关系的辨证和易混词的辨析

汉语字与词的关系密切,汉字作为语素是词的构成单位,而字与字的组合规则主要表现为汉语的构词规则和词组成短语、小句的规则。基于这一认识,《教程》倡导融合“字本位”思想的汉语词汇教学观,在理念上注重字词关系的辩证,在实践上加强汉字作为语素的教学。这种教学观念重在汉字作为语素的构词规律和构词能力的教学,意在打好、打牢学习者的汉语词法知识基础,使其具备感知汉语组合规律的能力。[①]《教程》的生词表对词语整体释义的同时,也对适应学习者水平的

① 参见李泉:《汉语教学:本位观与“字本位”》,《国际汉语教学研究》2017年第3期。

构词能力强的成词语素进一步释义，尤其关注对离合词的语素分别释义。比如并列式复合词的释义，如“变化—变”[①]“节日—节”“害怕—怕”，定中式复合词的释义，如“皮鞋—鞋”“钱包—包”“铅笔—笔”。又如离合词（动宾式）的释义，如“打针—针”“请假—假”“照相—照”，“开药—开、药”“跳舞—跳、舞”“唱歌—唱、歌”等。

在《教程》初稿的试用过程中，我们发现易混词是学习者词汇学习的痛点与难点。从教学实际出发，我们增设了词语辨析这一教学单元，这在一般初级汉语教材中是不具备的。词语辨析讲解以实用性为着眼点，以词性、词义、用法比较为纲，随文出现，帮助学习者精确掌握所学词汇。以《教程》第二册为例，33 组词语辨析分别为最/更、多（么）/太、快乐/高兴、给/对、上网/网上、能/要、平时/一般、合适/适合、也/还、可以/能、了/过、的/得/地、想/要/得/会/能/可以、其他/别的、帮/帮忙、认识/知道/了解/懂、上班/工作、儿童/孩子/小朋友、刚/刚才、怎么/为什么、货/东西、总/一般/经常、美/漂亮/好看、觉得/认为、照看/照顾、真/真的、照相/照片、明白/懂/清楚、又/再、国/国家、应该/得/必须、选择/选、向/往。

（三）语法教学模式化、碎片化，并注重吸收本体研究成果

《教程》的语法教学以语言结构为纲并兼顾功能，突出交际法、任务法在教学中的重要作用，采用“讲解—展示—练习、运用”的教学模式。这一模式能够使学生打下坚实的语法知识基础，为运用语法进行交际做储备。[②] 其中，讲解环节的主体是语言点意义、功能、基本用法与搭配的介绍。依不同语法项目的特点，讲解还注重指出扩展用法，说明常见偏误，比较辨析，将用法形式化、结构化等。展示环节的例句给学习者创设了语言点的使用情境，只使用熟词，不出现生词。练习、运用环节

① “变化—变”意为《教程》对复合词“变化”先进行整体释义，然后对可以独立成词的常用语素“变”进行释义。下同。

② 参见杨德峰：《初级汉语综合教材语法教学模式初探》，《语言教学与研究》2019 年第 2 期。

聚焦词语与句型两个层面的操练，贯彻“精讲多练、边讲边练”的原则，兼具机械性练习与交际任务型练习，且以后者为主。

《教程》语法项目的编排紧扣大纲，循序渐进，采取“碎片化”的语法教学策略。语法“碎片化”指的是将系统完整的语法体系拆分为多个碎片化的语法知识点，亦即将系统知识分割为较小的单位，以便于学习领会。[①]《教程》将助词“了”“着”、副词“再”、趋向补语、比较句、把字句等语法学习的重难点拆分为二至三个“碎片”，分别出现在几课里。每次集中火力攻克一个“碎片”，实现语法学习的“小步快走”。《教程》在将语法项目“打碎”的同时也注重整合，如对副词“还”、结果补语、连动句等语法项目的综合说明，又将各个“碎片”拼接为整体，使学习者可一窥全貌。

《教程》的语法教学还注重吸收语言本体研究成果。如借鉴语用学的成果，在讲解感叹句“多么……啊”的用法时，指明说话人使用“多么……啊”是希望听话人认同自己的观点，或反驳听话人的观点。“多么……啊”也常用来表达说话人期待、羡慕的感情。[②] 又如借鉴构式语法的思想，设立“动词＋起来”“否定强调构式”等语法项目。

(四)汉字教学以部首为主线贯穿始终

部首是从繁多的汉字形体中分析归纳出的相同的笔画或部件。这些部件可以是成字的，也可以是不成字的，它们大多为汉字的义符，标示着汉字意义的类别和范畴。部首的学习可以使学习者从形体和意义两方面来掌握汉字，有利于完成汉字作为文字符号和语素的教学任务，并具有以简御繁、事半功倍的教学效果。《教程》在现代规范汉字 201 个部首中，选取了 81 个构字能力强、意义明确的部首作为教学线索贯穿 1—2 册的始终。第 1 册每课学习 4 个随文出现的部首，讲解其名称

① 参见赵金铭：《汉语作为第二语言教学语法：格局＋碎片化》，《语言教学与研究》2018 年第 2 期。

② 参见王军：《什么语境下才说“多(多么)＋A/V(＋啊)”？》，《国际汉语教学研究》2014 年第 2 期。

和意义，配之以“根据部首写汉字组词”为练习，并根据所学适时使用旧部首归纳汉字。第 2 册除随文所学新部首外，从第 5 课开始每课复习 8 个旧部首，配之以“根据部首、拼音写汉字”“根据部首写汉字组词”“选择部首与部件搭配组字”等练习，并在最后 1 课整理复习全部所学部首。《教程》1—2 册 81 个部首归纳如下：

2 画：亻 人 又 讠 阝(左、右) 冖 刂 冫 亠 力 厂

3 画：口 女 子 辶 宀 氵 饣 囗 艹 纟 忄 ⺌ 土 广 夕 彡 扌 夂 彳 巾 士 弓 马 尸 犭

4 画：灬 月 日 心 王 木 户 方 贝 火 见 牜 礻 车 手 攵 父 水

5 画：目 钅 禾 穴 疒 立 石 衤 田 鸟 皿 矢

6 画：⺮ 覀 米 虫 页 耳 ⺷ 舟 糸

7 画：走 ⻊ 角

8 画：雨

9 画：革

现阶段初级汉语教材中汉字教学还存在着汉字基本知识教学不够、缺乏汉字储备知识、汉字量不够等问题。[①] 为此《教程》在正课前增设了 4 课汉字预备课，其内容包括：(1)汉字形音义总说；(2)学写汉字 6 个基本笔画(点、横、竖、撇、捺、提)和 8 个常用复合笔画(横钩、横折、横折钩、竖折、竖提、竖钩、竖弯钩、斜弯钩)；(3)基本笔顺教学；(4)学写常用独体字(10 个象形字、2 个指示字、10 个数目字)；(5)合体字及其基本结构介绍；(6)形声字基本原理说明；(7)学写 24 个基本形旁(部首)。预备课以汉字结构为明线，以六书为暗线，帮助学习者形成汉字的总体概念，明确汉字的结构规律和书写规则，储备一定数量的汉字符号，为进一步学习打下坚实基础。

① 参见宫雪：《初级综合教材编写：新理念与新模式——基于汉语汉字特点和教学实践的思考》，《语言文字应用》2018 年第 4 期。

（五）语音教学融入新科技元素

随着科技水平日益发达，电脑、手机等新科技元素不断占据人们的工作、生活，语音也逐渐从人际交往的介质拓展为人机交际的介质，表现为汉字输入、语音识别等多种功能。汉字输入以拼音为主要手段，是汉语学习者必备技能之一，亟须补充到语音（与汉字）教学之中。《教程》在采用“预备课＋练习”的语音教学模式的基础上，在每课的语音练习中设置两个环节。一是模拟打字练习。以给朋友发送短信为情境，根据所给交际常用句，写出要输入手机的拼音字母。因为在实际的打字操作中基本是不需要声调的，故学习者所要书写的是与汉字对应的去除声调的音节。二是为生词标注声调。两个环节将声、韵母与声调分开练习，分散难点；在传统的语音练习上增加了新的人机交际语境因素，贴近学习者生活，容易激发其练习的动机和兴趣。

五、结语

教材编写是否能紧扣教学目标，是否能与教学模式互动并互相促进，是否能兼顾教学考核标准，是否具有真实性、实用性、趣味性，都对教学的效果乃至成败起着至关重要的作用。基于上述认识，《教程》的编写融结构、功能、文化为一体，以任务型教学为导向，以“学、考、用”三位一体为核心编写理念，强调树立“学习”的中心地位。《教程》练习体系完善、形式丰富多样，词汇教学注重字词关系的辨证和易混词的辨析，语法教学模式化、碎片化且注重吸收本体研究的成果，汉字教学以部首为主线贯穿始终，语音教学融入新科技元素，努力为预科生的汉语学习扫清障碍并实现预科语言培养目标、汉语强化教学目标。

《教程》在编写过程中特别重视对预科教学规律的研究，在组建编写团队、确定编写理念、设计教材框架、对接考核测试、搭建词汇与课文网上编写平台、试用修订等各环节都深深根植于预科汉语教学之中。以《教程》为核心，我们还提供预科汉语教学的一整套解决方案，包括课程设置、课时分配、课堂教学步骤、平时测验、教学评估等内容，力求使预科汉语教学系统化、模式化、科学化，具有拓展意义和推广价值。

（原载《国际汉语教学研究》2020 年第 2 期）

陈蒙：山东大学国际教育学院讲师

中德第二语言教材文本题材对比研究

——以《预科汉语强化教程系列》(综合课本 2)与 *Schritte international neu B1.1-B1.2* 为例

【摘要】 本文以《预科汉语强化教程系列》(综合课本 2)和 *Schritte international neu B1.1-B1.2* 为对象,对教材中涉及的文本题材进行对比分析,得出以下结论:《预科汉语强化教程系列》(综合课本 2)重展示、重人伦美德、重宣扬认可,*Schritte international neu B1.1-B1.2* 重实用、重自我发展、重探索分析。在此基础上参考《HSK 大纲》和《欧洲语言共同参考框架》,为对外汉语教材的编写提出两点建议:一是注重学习者自身发展,加强实用性;二是注重文化多元性,保持自信平和的态度。

【关键词】 中德对比　二语教材　题材

一、引言

语言教材是语言教学活动的核心依托,是连接教与学的重要媒介。教学文本作为语言教材的主体,直接体现教学内容,而文本题材是表现内容的核心因素之一,它是对文本所表现的内容作出的分类,体现了编者选择文本题材时注重的功能取向、价值导向和文化态度。本文通过对比分析《预科汉语强化教程系列》(综合课本 2)和 *Schritte international neu B 1.1-B 1.2* 文本题材的差异及其成因,为对外汉语综合教材文本题材选择提供借鉴。

二、两部教材的题材分类

(一)题材在教材文本中的价值与分类

在参考相关研究的基础上,本文对题材作出如下界定:题材是教材文本内容分类的范畴,体现文本内容的诸多因素均可纳入这一范畴,比如内容的领域、内容的思想等,它也可以分别表述为语言材料、教材内容、课文内容、话题等。

1.题材价值

文本的题材决定了文本内容的基本范围和思想指向,是研究、评价文本内容的核心指标。赵金铭将"课文题材涵盖面广,体裁多样"视为评估汉语教材的重要标准之一。[①] 通过对教材题材的研究,可较清晰地看出编者在教材文本功能、价值、文化态度方面的基本取向与特征,因此本文将题材在教材文本中的价值分解为以下三项。第一,题材体现编者的功能取向,即通过文本的题材,我们可以了解编者希望通过教材向学习者提供什么以及学习者通过教材能收获什么。第二,题材体现编者的价值导向,通过文本的题材,可以看出编者侧重什么样的价值观,偏向什么样的理念,以及在一个价值观体系里面所重点选取的价值观念。第三,题材体现编者的文化态度,即通过文本题材我们可以看出编者对本国文化和教学对象国文化所持的态度,以及编者在跨文化交际中的态度是包容、平等,还是居高临下,抑或自惭形秽。

2.题材分类

题材的分类是极为复杂的,依据不同的角度、不同的标准以及划分者自身的偏好等,划分出的结果往往不尽相同,依据不同标准划分出来的题材类型也不可避免地存在交叉、重复,甚至还会出现互相矛盾的现象。因

① 参见赵金铭:《论对外汉语教材评估》,《语言教学与研究》1998年第3期。

此，严格意义上讲，不存在一个精确的、十全十美的题材分类。而在研究中到底应选择哪一种分类方法，应基于研究目的，针对研究对象的特征，尽量选择一个与目标基本一致的分类方法。本文在参考相关研究的基础上，针对两部教材的特点，对题材作出如下分类（见表1）。

表1 题材分类

	题材类型	举例
1	情感品德	人生哲理、公共美德、思想精神等
2	政治经济	政治活动、经济政策等
3	历史文化	历史事件、风俗习惯、传统文化、现当代文化等
4	社会	社会热点问题、社会现象等
5	生活	经历、学习、工作、衣食住行、生活常识等
6	人际关系	亲人之间、情侣之间、朋友之间、同事之间、与他人之间
7	科学技术	科技产品、科技故事等
8	其他	祝福语等

当两部教材中的文本涉及多个题材类别时，笔者根据其所表达的最核心的内容将其分类，若在分类框架下处于边界模糊的状态，则归入“其他”。

（二）两部教材简介

两部教材是针对汉语、德语作为第二语言的学习者的综合性学习教材，分别由两国权威出版社出版，出版时间相近，且均为近两年新出版的教材，学习周期和使用对象的语言程度大体相仿，具有可比性。

《预科汉语强化教程系列》是一套围绕《HSK考试大纲》和《中国政府奖学金本科来华留学生预科结业考试大纲》编写的汉语综合性教材，由山东大学编写、北京语言大学出版社出版，包括综合课本6册、综合练习6册，覆盖HSK一至五级。本文选取的研究对象是《预科汉语强化教程系列》（综合课本2），由王尧美等人编写，2019年出版，适用对象是汉语达到HSK二级水平的学习者。本教材以留学生在中国的学习生活为主线，展示了其日常学习生活中常见的场景。全书共16课,每课一个主题,由六个部分组成:第一部分为热身活动,即通过主题相关的图片、讨论等激活学生背景知识;第二部分为词汇与课文,每课两篇课文,除一篇日记外,其他均为对话体文本;第三部分为语言点讲解和操练,即给出语言点格式和讲解,并配有练习;第四部分为课堂练习,包括汉字、词语、句型、课文四部分;第五部分为任务活动,即给出真实场景,引导学生运用所学语言要素完成交际任务;第六部分为中国文化,选取与本课主题相关的文化点,涉及政治、经济、历史、地理、教育、艺术、民俗、现代生活等,均以英语呈现。本文选取的对比分析文本为每课的课文部分。本教材共收录32篇文本(每课2篇文本),其主要特点是:对话体为主(除一篇日记外,另外31篇均为对话文本),篇幅中等(多为120—200字)。

Schritte international neu 是一套围绕欧洲语言共同参考框架,针对德语第二语言学习者的德语综合性教材,由西尔克·希尔伯特(Silke Hilpert)等人编写,惠伯(Hueber)出版社出版,包括A1(1、2册)、A2(1、2册)、B1(1、2册)综合课本6册、综合练习6册。本文选取的研究对象是 *Schritte international neu B1.1-B1.2*,2018年出版,适用对象是达到A2水平的学习者。本教材分1、2两册,共14课,每课一个主题,由四部分组成:第一部分为导入环节,由相关图片、听力故事以及故事人物相关的电影情节构成;第二部分为"A、B、C、D、E"5个学习步骤:A到C为主题一致又各自独立且逐步深入的素材,D和E是在A到C素材的基础上对听说读写四项技能的训练,选取的均为日常生活中真实的情景和科学系统的拓展材料,且素材大多以活动练习的形式呈现;第三部分为"Grammatik und Kommunikation",即相关语法和交际知识点概览,帮助学习者进一步巩固和自主学习,以及通过音频对学过的内容进行测验以达到学习目标;第四部分是"Zwischendurch mal…",即选修拓展部分,包括电影、游戏、歌曲等。本文选取的对比分析文本主要为以书面文章形式呈现的文本。本

教材共收录86篇文本，其主要特点是：每课收录的文本数量相对灵活，有的多达12篇，有的只有3篇，大多为4—7篇，文本篇幅长短不一，长的多达600词（多为记叙文本），短的只有几十词（多为应用文本），且有些文本以练习（如根据给出的情境文本写应用文等）、条目（如学习外语的方法等）等形式呈现。另外，教材所收录的文本不仅有关于德国本身的，还涉及其他德语区国家，以及德国人、德裔、德国混血等在德国或其他国家的生活工作等相关内容。

（三）两部教材文本题材梳理

《预科汉语强化教程系列》（综合课本2）中，对情感品德、政治经济、社会、科学技术类文本无涉及，历史文化和人际关系各收录一篇，生活类文本30篇，占94%。

Schritte international neu B1.1-B1.2 中，情感品德类13篇，政治经济和历史文化类各6篇，社会和人际关系类各11篇，生活类34篇，科学技术类3篇，另有2篇学习内容为总结类文本，本文将其归入“其他”类。

三、两部教材文本题材的分类对比分析

（一）题材分布对比分析

从题材类型比例看，《预科汉语强化教程系列》（综合课本2）（以下简称《强化》）以“生活”为主，另涉及“历史文化”和“人际关系”，未涉及“情感品德”“政治经济”“社会”“科学技术”类题材。*Schritte international neu B1.1-B1.2*（以下简称 *Schritte*）对所有题材均有涉及，排在前四位的是“生活”“情感品德”“社会”“人际关系”，“政治经济”和“历史文化”“科学技术”次之。由此可以看出，两部教材都将“生活”视为重点题材。

(二)题材类型对比分析

1.情感品德

《强化》对此类题材无涉及。*Schritte* 涉及 13 篇,重点宣扬了个人应具备的精神品质,如"勤奋""创新""付出""责任感""做大于说"等。由此可以看出,*Schritte* 在价值导向方面重视个人的成长和发展。

2.政治经济

《强化》对此类题材无涉及。*Schritte* 涉及 6 篇,其中经济类1篇,介绍了商业广告海报在德国的出现;政治类 5 篇,均以实际的事例展示了政治民主、种族平等、反对战争的思想。由此可见,*Schritte* 在政治民主和平方面有明显的追求。

3.历史文化

《强化》涉及1篇,简单介绍了中秋节的习俗。*Schritte* 涉及 6 篇,主要与当代比较流行且普遍性较高的文化有关,如介绍"幸运物"、十二星座、"多样性"庆典、嘻哈(Hip-Hop)文化等。由此可以看出,*Schritte* 在追求时代感方面有较高的要求。

4.社会

《强化》对此类话题未涉及。*Schritte* 涉及了 11 篇,展示了德国当代社会中普遍存在的现象,如德语区国家未来发展趋势、德语区国家对媒体使用情况的调查报告、德语区国家的各种协会组织、素食主义和非素食主义的争论、混血儿童多语言环境下的语言学习、亲子教育、异地恋、夫妻间经济问题、消费者维权等。由此可以看出,*Schritte* 比较关注当代社会发展中与时俱进的新现象。

5.生活

此类题材是两部教材着力最多的板块。

《强化》涉及 30 篇文本,占 94%,集中展现了外国人在中国学习生活的情景,如去饭店吃饭、去 KTV 唱歌、送生日礼物、视频聊天、商场购物、网购、约会、旅行、写作业、考试、毕业打算等。

Schritte 涉及 34 篇文本，占 40%，展示了德语区国家日常生活中的点滴。按照文本题材来分，有记叙文，讲述生活中点点滴滴的经历，如中彩票、看电视剧、意外惊喜等；另有说明文，介绍了当前比较新潮的生活方式，如成年人出国做“互惠生”、在“明星市场”购物等；还有议论文，讨论分析当前社会生活中常见的问题，如如何找房子、如何为就业做准备、如何创业、如何面对工作中的难题等；还涉及一些实用性较强的应用文，如投诉信、求职信、招聘启事等。

由此体现出两部教材在功能取向上的异同，二者都关注到了生活中的日常行为，区别在于《强化》倾向于展示说明生活中最常见的情景，*Schritte* 倾向于表现生活中新奇的情景。另外，*Schritte* 更注重培养学习者在目的语国家面对问题、解决问题的能力，因此更多地涉及实用性较强的文本。

6.人际关系

《强化》涉及 1 篇，展现邻里之间互帮互助的关系。*Schritte* 涉及 11 篇，集中展示了不同关系中的问题，如邻里之间的矛盾、同事之间的冲突、情侣之间的分歧等以及如何处理这些问题，还涉及人与人相处时对语言的使用，如委婉的表达、尊敬的表达等。

由此可见两部教材在价值导向上有明显的差异，《强化》强调的是基于中国传统文化的一种对情感的重视，选择的是情节感人的故事，以体现邻里之间和谐相处的关系。*Schritte* 侧重的是人际交往中存在的问题以及如何解决这些问题，以促进人们之间共处与合作。从而可以看出，在价值观方面，《强化》重人伦美德，*Schritte* 重人际交往规则。

7.科学技术

《强化》对此类题材无涉及。*Schritte* 涉及 3 篇，集中体现了科技的负面影响，如机器复杂的使用说明让人抓狂、电子设备麻烦的安装程序令人费解等。由此可以看出 *Schritte* 在人与机器的关系中强调人的主导地位，这也是在当代科技革命趋势下对人自身的审视。

8.其他

《强化》对此类题材无涉及。*Schritte* 涉及 2 篇，均在最后一课，是对本阶段学习的总结和对学习者的期望，体现了编者对教材使用者的关怀。

四、两部教材文本题材的主要差异

本文对两部教材题材的功能取向、价值导向、文化态度三方面作了对比分析，总结出以下差异。

（一）功能取向差异

《强化》重展示说明，*Schritte* 重实际应用。

《强化》重展示说明，指的是在功能取向方面更侧重向学习者展示说明留学生在当代中国学习和生活的方方面面；*Schritte* 重实用，指的是在功能取向方面更注重培养学习者在目的语国家面对问题、解决问题的能力。

《强化》中几乎所有文本都体现了其展示说明功能，如《什么菜做得最好》《你打算唱什么歌》《我想给她一个惊喜》展示说明了留学生在中国过生日的情景，《我在网上买衣服呢》《你买到皮鞋了吗》展示说明了留学生在中国购物的情景，《这个计划听起来真不错》《这儿比我想象的还大》展示说明了留学生在中国旅行的情景等。

Schritte 中较明显体现其实际应用功能的文本约为 38 篇，占总文本数量的 44.2%。其中具有代表性的如 *Komm, entspann dich!*（《来放松一下吧！》）介绍了减压的方法，*Man holt sich den Rat eines Fachmanns*（《专家对保持健康的建议》）列举了专家对身体健康的建议，

Fremdsprachen lernen-aber wie?（《学习外语—怎么学?》）给出了学习外语建议等。另外，还涉及投诉信、求职信、求助帖等诸多实用性较强的文本。

（二）价值导向差异

《强化》重人伦美德，*Schritte* 重自我发展。

《强化》重人伦美德，指的是侧重以“和谐”为核心的价值观；*Schritte* 重自我发展，指的是强调自我素质的养成和品德的提升。

《强化》中最直接体现“和谐”价值观的文本，如人际关系题材下的《远亲不如近邻》，通过描述自己受伤时邻居帮忙送自己去医院、帮自己照顾孩子等，表现了邻里之间互帮互助、和谐相处的美德；另有给朋友过生日，提供购物的建议，夫妻聊孩子健康问题、旅行计划，幼儿园老师向家长汇报孩子的表现，跟出租车司机、售货员等陌生人交谈等文本，都或多或少地体现了人与人之间和谐相处的关系。

Schritte 中体现自我发展的文本约为 36 篇，占总文本数量的 41.9%。较有代表性的如 *Ich wäre gern kreativer*（《我想变得更有创造力》）、*Etwas tun, statt nur zu träumen*（《去做，而不只是去做梦》）鼓励人们培养创新精神并付诸行动；*Als Aupair im Ausland*（《在国外做互惠生》）通过介绍成年人如何以“互惠生”的身份生活在国外当地人的家庭里，为成年人在国外的发展提供思路；*Komm, entspann dich*!（《来放松一下吧！》）、*Man holt sich den Rat eines Fachmanns*（《专家建议》）、*Fremdsprachen lernen-aber wie*?（《外语学习—怎么学?》）、*Berufsberatung*（《就业指导》）等直接为个人在保持健康、学习外语、就业等方面提供建议等。

重和谐的人伦美德和重自我发展的素养品德体现的是文本题材的价值导向，受两国不同文化价值观的影响，其侧重点也有所不同。

（三）文化态度差异

《强化》重宣扬、重认同，*Schritte* 重探索、重分析。

《强化》重宣扬、重认同，指的是以一种自信的态度来呈现文本内容，使学习者对其有所理解并赞同；*Schritte* 重探索、重分析，指的是从发现问题的角度呈现内容，并引导学习者对其进行分析。

《强化》中体现“宣扬、认同”的文本约为 10 篇，占总文本数量的 31.3%。在“宣扬”方面，如《远亲不如近邻》（课文一）通过叙述邻居送受伤的“我”去医院，来展现人与人之间的关爱；《欢迎你们来到泉城小学》（课文二）通过描述参加校园开放日以及校长对学校的宣传，来呈现中国当前小学教育的发展状况。在“认可”方面，如《你买到皮鞋了吗》《你把护照放在哪儿了》展示了使用微信交流、通过打车软件打车等中国民众当下的生活方式，带有一种寻求认同的心态。另外，教材以外国人在中国的学习生活为主线，借外国人之口，通过讲述其在中国留学期间的种种经历，向学习者展现中国的正面形象，体现出寻求世界认可的心态，这也是我国诸多涉外宣传文本的一个共同特点。

Schritte 中体现“探索、分析”的文本约为 22 篇，占总文本数量的 25.6%。就“探索”来说，如 *Was ist Glück*？（《什么是幸运》）通过两则小故事告诉人们幸福是相互的，你对别人付出什么，别人也会回报什么，只有付出才会获得更多幸福；*Wo und wie werden wir leben*？（《我们将要在哪里以怎样的方式生活？》）探究了德国将来发展的趋势；*Was soll ich bloß tun*？（《我到底该怎么办？》）以论坛帖子的形式提出亲子教育问题、夫妻之间的经济问题等。就“分析”来说，如 *Herzlich willkommen*！（《衷心地欢迎！》）分析了说同样的话时不同的声调、表情、动作，所表达的意思也有所不同；*Freundschaften im Job*（《工作中的友情》）分析了友情在工作中的作用；*Sind Maschinen besser als wir*？（《机器比我们好吗？》）分析了机器的好处和坏处等。此类文本并没有

展现当今社会普遍认可的流行且先进的生活方式，相反，以呈现德国当前社会生活中所存在的问题为主，客观中立地对问题进行了描述，并针对问题提出建议，或以互动的形式让学习者给出“如何解决此类问题”的方案。

（四）小结

通过对两部教材文本题材的分类梳理和对比分析，笔者认为，两部教材在题材选择上各具特色，并不存在孰优孰劣问题。二者作为第二语言教学的教材，均关注当代社会中鲜活的生活事例，但由于历史文化传统和社会发展阶段的差异，其不可避免地存在诸多区别。

五、思考与建议

通过上文对两部教材文本题材差异的梳理和分析，本文在此基础上对我国对外汉语教材的编写提出以下两点建议。

（一）在题材选择上，更注重学习者自身发展，加强实用性

随着我国日益走近世界舞台的中央，对外汉语教材肩负着的不仅仅是教授汉语、传播中国文化的功能，还应具备指导学习者适应中国文化下的生活方式和生活状态的功能，因此，我们要强化对外汉语教材的实用性，体现语言教材的“工具性”。在这一方面，德国 *Schritte* 这部教材为我们提供了比较好的借鉴，如涉及求职信、投诉信等实用文体，还列举了从个人成长到社会进步再到国家发展中所遇到的问题以及处理问题的方式、规则、技巧等。

（二）在题材处理上，更注重文化多元性，保持自信平和的态度

在当今世界文化多元化特征越来越显著、跨文化交流越来越频繁的时代，我国作为一个国际地位越来越高、国际影响力越来越大的发展中国家，特别需要以自信平和的态度来展示本国文化、对待他国文化。

德国 *Schritte* 这部教材在这方面给予我们很好的启示，一是更客观中立地呈现文化现象，如在展示先进的生活方式的同时，不刻意回避社会发展中存在的问题；二是更自然平和地进行文化交流，选择更多元的学习对象，如德国人、德语区国家的人、德裔以及生活在非德语区国家的德国人等，以语言本身为主线，展现文化多元化以及多元化背景下自信平和的大国风度。

董雪：山东大学国际教育学院教师

第三部分　预科生习得研究

来华预科留学生汉语写作策略探索

【摘要】 鉴于来华预科留学生汉语写作水平普遍较低的现状，对留学生写作策略的使用情况进行实证性研究是很有必要的。本文通过调查发现：留学生在写作前阶段使用最多的是识别策略，在写作阶段使用较多的是补偿策略中的近义词替代、母语替代和简化意义策略，在修改阶段使用较多的是积极接受反馈策略。写作策略使用与新 HSK 四级写作成绩呈正相关，与新 HSK 五级写作成绩呈负相关；不当的作文修改步骤和方法能有效预测汉语写作成绩；低水平的写作者往往倾向于选择计划性差、耗时量大、对写作策略使用熟练程度要求高的具体写作策略，结果往往适得其反。

【关键词】 汉语预科　留学生　写作策略　写作水平

一、引言

汉语写作能力作为汉语言能力的一个重要组成部分，现在越来越多地受到广大对外汉语教师和来华留学生的重视。但就很多来华预科留学生而言，汉语写作仍然是一个弱项。来华预科项目旨在用一年时间，通过汉语强化培训，使留学生的汉语言能力尤其是写作能力达到我国高等学校专业阶段学习的基本要求。因此，预科班学生接受的是高强度的语言训练，时间紧、目标高、任务重，学生的学习压力大，对策略的要求更为紧迫。

鉴于此，我们认为需要对来华预科留学生汉语写作策略作较为深入的考察和探索。

(一)研究对象

本文研究对象为山东大学2010级的100名来华预科留学生,最终回收有效问卷97份。正式问卷调查时间为2011年5月12日。此前在4月28日做了30人的预调查,显示问卷的信度良好。在所有有效问卷的答题者中,调查对象性别分布为男性47人(占被试总数的48.5%)、女性50人(占被试总数的51.5%)。调查对象年龄分布在16—30岁这个区间。所有调查对象汉语水平均为零起点,在山东大学国际教育学院经过一年高强度集中学习后,参加了2011年6月26日的新HSK(四级和五级)考试,考试结束后均取得了总成绩和写作单项成绩。此次研究的对象是短期速成二语写作者的策略使用情况,这是与国外学者研究的重要不同点。

(二)研究目标

本文的研究主要试图回答以下问题:

(1)来华预科留学生在汉语写作中最经常使用的策略是什么?

(2)汉语写作策略的使用和新HSK写作成绩有无相关性?

(3)写作策略的运用是否可以提前预测写作质量?如果可以,如何预测?

(4)高水平写作者和低水平写作者在写作策略使用上是否存在不同?

(三)研究工具

本文的研究采用的是佩特里奇和沙尔写作策略调查问卷,我们将其制作成中英文双语问卷。该问卷经由两位学者的试验与修改,已经具备比较高的结构效度。问卷分为背景信息和策略调查两部分,背景信息主要包括调查对象的姓名、性别、年龄、班级、母语、所在国家官方语言和所在学校的授课语言等七项内容;策略调查分为写作前、写作时、修改时三个阶段,分别有8个、14个、16个题项,一共38个题项。所有问题的答案采用李克特五点量表法(Likert-type Scale),即每个问题有五个选项:1=这种做法完全或几乎完全不适合我的情况,2=这种做法通常不适合我的情况(低于50%),3=这种做法有时适合我的情况(约50%),4=这种做法通常适合我的情况(高于50%),5=这种做法完全或几乎完全适合我的情况。这五个选项分别代表了调查对象的五种态度。

笔者根据语言学习策略分类标准与方法去考察调查问卷的每一个题项，并将其归纳如下(见表 1)。

表 1　写作三阶段策略、组策略、具体策略与题项的对应关系

<table>
<tr><th>各阶段策略</th><th>组策略</th><th>具体策略(题项)</th></tr>
<tr><td rowspan="2">写作前策略</td><td>元认知</td><td>计划(题项 A1) 识别(题项 A2)
回顾(题项 A3) 组织(题项 A4、A5)</td></tr>
<tr><td>认知</td><td>心理词典(题项 A6)
概念框架(题项 A7) 翻译(题项 A8)</td></tr>
<tr><td rowspan="5">写作时策略</td><td>元认知</td><td>组织(题项 B1)
回顾(题项 B2、B3)
目标设定(题项 B4)
自我监控(题项 B5)</td></tr>
<tr><td>认知</td><td>翻译(题项 B6)
心理词典(题项 B7)</td></tr>
<tr><td>补偿</td><td>简化意义(题项 B8)
母语替代(题项 B9)
近义词替代(题项 B10)</td></tr>
<tr><td>记忆</td><td>利用词典(题项 B11、B12、B13)</td></tr>
<tr><td>社交</td><td>求助他人(题项 B14)</td></tr>
<tr><td rowspan="5">修改时策略</td><td>元认知</td><td>识别(题项 C1)
计划(题项 C2)
自我监控(题项 C3)</td></tr>
<tr><td>记忆</td><td>利用词典(题项 C4)</td></tr>
<tr><td>认知</td><td>分析、修改(题项 C5、C6、C7、C8)
步骤与方法(题项 C9、C10)
新旧信息检验(题项 C11、C12)</td></tr>
<tr><td>社交</td><td>求助他人(题项 C13、C14)</td></tr>
<tr><td>情感</td><td>自我奖励(题项 C15)
积极反馈(题项 C16)</td></tr>
</table>

二、研究结果

我们把调查问卷所得数据输入 SPSS 19.0 软件进行描述性统计、相关性统计、多元回归分析与独立样本 T 检验。

(一)写作策略使用的描述性统计

根据表 1 所做的归纳，写作各阶段策略、组策略与含两个以上题项的具体策略总的均值和标准差反映了各自所辖题项的均值和标准差情况。均值越高，说明调查对象对该策略的使用越频繁；标准差越低，说明调查对象对该策略的使用差别越小。而表 2 所示，写作时策略使用的均值为 3.58，为三阶段中最高；使用频率较高的是写作前策略，其均值为3.28；使用频率相对较低的是修改时策略，其均值为 3.15，但仍高于 3，说明调查对象在写作三阶段使用策略的普遍性。同时，三个阶段总的策略使用差异均未超过 1 个标准差。

表 2　写作三阶段策略、组策略、具体策略使用的均值和标准差(N=97)

各阶段策略（均值，标准差）	组策略（均值，标准差）	具体策略（均值，标准差）
写作前策略(3.28,0.75)	元认知(3.24,0.76)	计划(3.18,1.25) 识别(3.90,1.20) 回顾(3.08,1.29) 组织(3.04,0.98)
	认知(3.27,1.01)	心理词典(3.61,1.25) 概念框架(3.27,1.30) 翻译(2.91,1.59)

续表

各阶段策略（均值,标准差）	组策略（均值,标准差）	具体策略（均值,标准差）
写作时策略(3.58,0.65)	元认知（3.75,0.72）	组织(4.12,1.08) 回顾(3.44, 0.90) 目标设定(4.19,1.01) 自我监控(3.40,1.17)
	认知(3.24,0.98)	翻译(2.54,1.52) 心理词典(3.93, 0.95)
	补偿(3.80,1.29)	简化意义(3.38,1.55) 母语替代(3.65,1.71) 近义词替代(4.3, 3.18)
	记忆(3.25, 0.93)	利用词典(3.25,0.93)
	社交(3.21, 1.40)	求助他人(3.21,1.40)
修改时策略（3.15,0.67）	元认知（2.59,1.02）	识别(2.58,1.40) 计划(3.19,1.24) 自我监控(2.0, 1.29)
	记忆(3.15,1.42)	利用词典(3.15,1.42)
	认知(3.34,0.78)	分析、修改(3.35, 0.92) 步骤与方法(3.12,1.00) 新旧信息检验(3.44,1.01)
	社交(3.05,1.18)	求助他人(3.05,1.18)
	情感(3.77,0.83)	自我奖励(3.15,1.36) 积极反馈(4.40, 0.84)

1. 写作前阶段策略使用情况

从表 2 中可以看出，写作前阶段的元认知策略均值为 3.24，认知策略的均值为 3.27。在元认知策略内部，共有四项具体策略——计划策略（均值＝3.18）、识别策略（均值＝3.90）、回顾策略（均值＝3.08）和组织策略（均值＝3.04）得到运用。同时，这四项策略的标准差均高于 1.00，说明调查对象在使用具体策略上均有差异。

在认知策略内部也有三项具体策略：心理词典策略（均值＝3.61）、概念框架策略（均值＝3.27）和翻译策略（均值＝2.91）。其中翻译策略的标准差为1.59，高于1.00，这意味着有的调查对象经常使用该策略，而有的调查对象很少使用或者基本不用该策略。

写作前阶段策略中各题项的均值和标准差如表3所示。

表3　写作前阶段策略中各题项的均值和标准差情况

题项	均值	标准差
A1.我自觉为自己的写作计划过程制订计划（即规定自己到什么时间完成什么任务）。	3.19	1.257
A2.在开始写作之前，我重新审视题目要求。	3.90	1.205
A3. 我会看一下本族语者的写作样本。	3.09	1.297
A4. 我在没有任何写作提纲或构思的情况下开始写作。	2.44	1.471
A5. 我会在脑子里形成一个写作计划，但是不把它写下来。	3.64	1.328
A6.开始写作前，我写下与题目有关的一些单词或做些零星的笔记。	3.61	1.252
A7.我为自己的作文写一提纲。	3.27	1.308
A8.做与题目有关的笔记或写提纲时，我用自己的母语。	2.91	1.563

A2"在开始写作之前，我重新审视题目要求"使用频率最高。A4"我在没有任何写作提纲或构思的情况下开始写作"使用频率最低。这说明调查对象非常关注写作的题目要求和写作计划、框架，很少在没有任何准备的情况下动笔。

2.写作阶段策略使用情况

在写作阶段，一共有 5 个组策略参与其中，分别是元认知策略、认知策略、补偿策略、记忆策略和社交策略。统计数据显示，社交策略的使用频率最低（均值＝3.21），而补偿策略的使用频率最高（均值＝3.80），元认知策略紧随其后（均值＝3.75）。这意味着在写作阶段，调查对象经常由于语法、句法知识的匮乏特别是词汇量不足而把所要表达的意思简单化（均值＝3.38）、使用母语替代（均值＝3.65）和近义词替代（均值＝4.3）。认知策略（均值＝3.24）和记忆策略（均值＝3.25）使用频率中等。

在元认知策略内部一共有四项具体策略：组织策略（均值＝4.12）、回顾策略（3.44）、目标设定策略（均值＝4.19）和自我监控策略（均值＝3.40）。在认知策略内部一共有两项策略：翻译策略（均值＝2.54）和心理词典策略（均值＝3.93）。记忆策略中的利用词典策略（均值＝3.25）和社交策略中的寻求他人帮助策略（均值＝3.21）使用频率也是中等。

写作阶段策略中各题项的均值和标准差如表 4 所示。

表 4　写作阶段策略中各题项的均值和标准差情况

	均值	标准差
B1. 我先从介绍部分写起。	4.13	1.084
B2. 我每写完一句停下来看一遍再写。	3.22	1.213
B3. 我写完几句话或一个段落后停下来，在脑子里凸显一个文章的大意。	3.69	1.046
B4. 我重新阅读已写完的内容，目的是获得继续写作的灵感。	4.20	1.012
B5. 我会重新回到我的提纲，对它做些修改。	3.41	1.175

续表

	均值	标准差
B6. 有些地方我先用母语写出来，再翻译成汉语。	2.55	1.521
B7. 我只使用自己有把握的单词和语法。	3.94	.954
B8. 当我不知道如何用汉语表达自己的思想时，我把要写的内容或思想简单化。	3.59	1.554
B9. 当我碰到不会的汉语词语时，我先用母语把它的意思写出来，过后再努力想一个合适的汉语词语。	3.66	1.713
B10. 当我碰到不会的汉语词语时，我会用我会的、词义相近的词语。	4.30	3.183
B11. 当我碰到不会的汉语词语时，我就停下来去查词典。	3.48	1.328
B12. 我使用双语词典。	4.11	1.318
B13. 我使用单语词典。	2.27	1.420
B14. 写作时遇到内容或语言方面的问题时，我会请别人帮忙。	3.22	1.401

从表4中可以看出，B10(均值＝4.30)补偿策略中的近义词替代策略“当我碰到不会的汉语词汇时，我会用我会的、词义相近的词汇”是使用得最多的策略。记忆策略中利用词典的B13(均值＝2.27)“我使用单语词典”是使用得最少的策略，说明写作者一般不会单纯依赖母语或只依赖目的语。

3. 修改阶段写作策略使用情况

在修改阶段使用的组策略一共有五组：元认知策略、记忆策略、认知策略、社交策略和情感策略。情感策略的使用频率最高(均值＝3.77)，元认知策略的使用频率最低(均值＝2.59)，其他三个组策略使用频率中等：记忆策略的均值为 3.15，认知策略的均值为 3.34，社交策略的均值为 3.05。

使用最多的情感策略内部，有自我奖励策略（均值＝3.15）和积极反馈策略（均值＝4.40），说明调查对象在修改阶段非常愿意接受别人的意见。使用得最少的元认知策略内部有三项具体策略：识别策略（均值＝2.58）、计划策略（均值＝3.19）和自我监控策略（均值＝2.0）。记忆策略中的利用词典策略均值为 3.15。社交策略中的寻求别人帮助策略均值为 3.05。认知策略内部也有三项具体策略：分析、修改策略（均值＝3.35），步骤与方法策略（均值＝3.12），新旧信息检验（均值＝3.44）。

修改阶段策略中各题项的均值和标准差如表 5 所示。

表 5　修改阶段策略中各题项的均值和标准差情况

	均值	标准差
C1. 我会大声朗读我写的作文。	2.59	1.410
C2. 我只在作文全部写完时才去看我写过的内容。	3.20	1.247
C3. 当我完成了我的作文，我不会阅读它，而是马上提交。	2.00	1.298
C4. 我在修改时使用词典。	3.16	1.424
C5. 我会对某些汉语词汇进行修改。	3.29	1.020
C6. 我会对句子结构进行修改。	3.52	0.985
C7. 我会对作文结构进行修改。	3.43	1.164
C8. 我会对作文内容和思想进行修改。	3.14	1.327
C9. 修改时，我一次只注重修改作文的一个方面（如内容和结构）。	3.38	1.178
C10. 我会舍弃我的第一份作文草稿，重新写。	2.87	1.362
C11. 我要检查我的作文，看它是否符合题目要求。	4.00	1.123
C12. 我先把我写的作文放几天，然后再看能不能从新的角度理解它。	2.90	1.476

续表

	均值	标准差
C13. 我把作文给别人看,征求别人的意见。	3.35	1.323
C14. 我把我的作文和同学写的相同题目的作文作比较。	2.74	1.347
C15. 完成作文后,我会奖励自己。	3.16	1.363
C16. 作文发下来后,我仔细阅读老师的反馈信息(如修改或评语),并努力从中学习。	4.41	0.842

从表5中可以看出C16(均值=4.41)补偿策略“作文发下来后,我仔细阅读老师的反馈信息(如修改或评语),并努力从中学习”是使用得最多的写作策略,而且其标准差0.842<1.00,说明调查对象使用该策略的内部差异不大。紧随其后的是认知策略中新旧信息检验的C11(均值=4.00)“我要检查我的作文,看它是否符合题目要求”。

(二)相关性统计

为了了解新HSK写作成绩与写作三阶段策略使用情况,我们对这两者进行了相关性分析,结果如表6和表7所示。

表6　新HSK四级写作成绩与写作阶段策略的相关性分析(N=35)

	写作前策略	写作时策略	修改时策略
相关系数 r	0.172	0.193	0.132
Pearson 相关性	0.392	0.356	0.557

表7　新HSK五级写作成绩与写作阶段策略的相关性分析(N=62)

	写作前策略	写作时策略	修改时策略
相关系数 r	−0.158	−0.296*	−0.224
Pearson 相关性	0.254	0.030	0.104

注:*表示在0.05水平(双侧)上显著相关,**表示在0.01水平(双侧)上显著相关。

表 6 显示，新 HSK 四级写作成绩与写作三阶段策略均呈现出一定程度的正相关：写作前的相关性系数 $r=0.172(P=0.392)$，写作时的相关性系数 $r=0.193(P=0.356)$，修改时的相关系数 $r=0.132(P=0.557)$，但都不具有显著性。参加新 IISK 四级考试的调查对象人数偏少（35 人）可能是相关性不显著的一个重要原因。

表 7 显示新 HSK 五级写作成绩与写作三阶段策略均呈现出一定程度的负相关，特别是与写作时策略呈现出显著的负相关，相关系数 $r=-0.296(P=0.030)$。这表明写作时调查对象使用的策略越多，他的写作成绩反而越容易受到负面的影响。写作策略的这种反作用要引起我们高度的重视。

（三）多元回归分析

相关性分析只能说明在多大程度上写作策略与新 HSK 写作成绩相关，但是不能说明这些写作策略对新 HSK 写作成绩是否有显著的预测作用，其预测力是多少。为了进一步探索具体写作策略对新 HSK 写作成绩的预测力，下面我们对两者进行多元回归分析。我们把 38 个反映具体写作策略的题项分别与新 HSK 四级、五级写作成绩用逐步多元回归分析法进行分析。表格中“A”“B”“C”分别是写作前阶段、写作阶段和修改阶段的策略标志，如“步骤与方法 C”表示修改阶段的步骤与方法策略；“R”是多元相关系数；“R^2”是多元决定系数（见表 8）。

表 8　具体写作策略预测新 HSK 四级写作成绩之多元回归分析摘要

	多元相关系数 R	决定系数 R^2	增加解释变异量 ΔR	F 值	净 F 值	标准化回归系数
1. 步骤与方法 C	0.628	0.344	0.394	7.705	7.805	−0.628
2. 新旧信息检验 C	0.827	0.685	0.291	11.943	10.137	0.550

续表

	多元相关系数 R	决定系数 R^2	增加解释变异量 ΔR	F 值	净 F 值	标准化回归系数
3. 母语替代 B	0.902	0.814	0.129	14.593	6.957	−0.370
4. 简化意义 B	0.954	0.910	0.096	22.802	9.633	−0.350
5. 翻译 A	0.973	0.947	0.037	28.422	5.482	0.214

从表 8 中可以看出，38 个题项预测新 HSK 四级写作成绩时，进入回归方程式的显著变量共有 5 个，多元相关系数为 0.973，其联合解释变异量为 0.947，即表 8 中 5 个变量能联合说明 HSK 四级写作成绩94.7%的变异量。就个别变量的解释量来说，以修改阶段的“步骤与方法”策略的预测力最佳，其解释量为 34.4%，其余依次为修改阶段的“新旧信息检验”策略，写作阶段的“母语替代”策略、“简化意义”策略和写作前阶段的“翻译”策略。最后可得出回归方程式：

新 HSK 四级成绩＝−0.628×步骤与方法 C＋0.550×新旧信息检验 C−0.370×母语替代 B−0.350×简化意义 B＋0.214×翻译 A

从表 9 中可以看出，38 个题项预测新 HSK 五级写作成绩时，进入回归方程式的显著变量只有 1 个，即写作阶段的“利用词典”策略，其多元相关系数为 0.359，解释变异量为 0.129，即该变量能预测 HSK 五级写作成绩的 12.9%。最后的回归方程式为：

新 HSK 五级成绩＝−0.359×利用词典 B

表 9　具体写作策略预测新 HSK 五级写作成绩之多元回归分析摘要

	多元相关系数 R	决定系数 R^2	增加解释变异量 ΔR	F 值	净 F 值	标准化回归系数
利用词典 B	0.359	0.129	0.129	6.361	6.361	−0.359

（四）独立样本 T 检验

我们将参加新 HSK 四级、五级考试的写作成绩作为衡量调查对象写作水平的标准。方法是分别取两种考试中写作成绩的前 27%和后 27%作为高分组和低分组；根据统计分析，五级考试中 73 分以上为高分组，65 分以下为低分组；四级考试中 77 分以上为高分组，57 分以下为低分组。

表 10 显示，新 HSK 四级高分者在写作阶段和修改阶段的策略使用频率均高于低分者；在写作前阶段策略的使用上，低分者略高于高分者。这在一定程度上印证了关于新 HSK 四级写作成绩与写作阶段策略使用存在正相关的论断。

表 10　新 HSK 四级写作高、低分者与写作策略使用情况

	均值	标准差	均值的标准误差	T 值	P 值
写作前阶段策略 低分组 高分组	 3.7321 3.7143	 0.70130 0.73143	 0.26506 0.27645	0.047	0.964
写作阶段策略 低分组 高分组	 3.8095 3.8286	 0.94185 0.32756	 0.77282 0.56912	−0.043	0.967
修改阶段策略 低分组 高分组	 3.7321 4.2031	 0.77284 0.56912	 0.29211 0.28456	−1.056	0.318

表 11 显示，在新 HSK 五级考试中，低分者在写作三阶段策略使用上均高于高分者，特别是写作阶段低分者的均值高达 3.8。而此时高分者反而较少地使用策略，在写作前阶段和修改阶段其策略使用均值都在 3.0 以下。

表 11　新 HSK 五级写作高、低分者与写作策略使用情况

	均值	标准差	均值的标准误差	T 值	P 值
写作前阶段策略					
低分组	3.3516	0.58313	0.14578	2.739	0.010
高分组	2.7574	0.65769	0.15951		
写作阶段策略					
低分组	3.8095	0.66988	0.17296	2.262	0.013
高分组	3.2479	0.53934	0.13081		
修改阶段策略					
低分组	3.0430	0.64498	0.16125	1.814	0.079
高分组	2.7105	0.43362	0.09948		

三、主要结论

根据上述分析，下面我们来回答前面的研究目标中提出的问题。

第一，来华预科留学生在汉语写作中最经常使用的是写作阶段策略。这给我们的启示是：在以后的写作教学中，要在巩固写作中策略教学的基础上，侧重于写作前与修改时策略教学。

第二，汉语写作策略的使用与新 HSK 四级考试写作成绩呈现一定程度的正相关，与新 HSK 五级考试写作成绩呈现一定程度的负相关。出现这种结果的原因是复杂的，本文认为与调查对象写作策略掌握的熟练程度和新 HSK 五级写作的难度系数有关。二语写作难度系数与写作策略教学的阶段性问题值得继续研究，本文暂不深入探讨。

第三，写作策略的运用可以提前预测写作质量。在新 HSK 四级考试中有五种写作策略可以有效预测写作成绩，其中修改阶段的步骤与方法策略（预测系数＝－0.628）最佳，不良的修改方式（如舍弃初稿、重起炉灶）将严重限制写作水平的提高。同时，新 HSK 五级考试中，写作

阶段的利用词典策略(预测系数＝－0.359)也可以在一定程度上预测其写作成绩。

第四,针对难度系数稍低的新HSK四级写作考试,高水平和低水平写作者在策略的选择上无明显差异,但是针对难度系数较高的新HSK五级考试,低水平的写作者往往倾向于选择计划性差、耗时、对写作策略使用熟练程度要求高的具体写作策略,结果往往适得其反。

(原载《华文教学与研究》2012年第2期)

吴剑:浙江大学国际教育学院助理研究员

来华预科留学生语法学习策略调查研究

【摘要】 本文以来华预科留学生为研究对象，采用问卷调查的方法，对其语法学习策略进行分析和探讨。一方面希望填补这方面的研究空白，另一方面也希望能对对外汉语教学实践有所启发和借鉴。

【关键词】 来华预科留学生　语法　学习策略

一、文献综述

第二语言学习策略研究的关注点更多地集中于听力策略、口语策略、阅读策略、写作策略和词汇习得策略，很少有将学习策略应用于语法学习的研究。关于英语语法学习策略的实证研究，笔者找到了两篇，未发现关于留学生汉语语言学习策略的实证研究。

赵明采用实验研究的方法，分析了大学生在学习英语语法的过程中使用复述策略、精加工策略和归纳策略的情况。她发现，归纳策略在英语语言学习中的作用最大，其次是精加工策略。[①] 陈兆军采用问卷法，对英语专业学生的英语语法学习策略进行了调查和分析，研究发现：(1)英语专业学生语法学习策略使用频率中等；(2)认知策略、元认知策略、情感策略以及社交策略均与英语语法学习成绩呈显著的正相关；(3)整体语法学习策略对英语语法成绩有预测能力，但预测能力有限；(4)高分组学生使

① 参见赵明：《有关大学生英语语法学习策略的实验研究》，《南京邮电学院学报》1999 年第 4 期。

用语法学习策略的频率比低分组学生高。[①]

二、研究设计

（一）研究目的

语言学习策略的研究也在某种程度上有意无意地回避“语法”学习策略，有关语法学习策略的实证研究很少，而关于留学生汉语语法学习策略的实证研究，几乎是一片空白。为了填补这一空白，本文试图用问卷调查的方法了解和分析留学生学习汉语语法时学习策略的使用情况。

（二）研究问题

笔者试图用问卷调查的方法，了解和分析留学生学习汉语语法时学习策略的使用情况。具体的研究问题包括：

1.学习者在学习汉语语法时各种学习策略的使用频率如何。

2.不同性别、地域、年龄的学习者在学习策略的使用上是否存在差异。

3.汉语水平考试成绩高的学习者与成绩低的学习者在学习策略的使用上是否存在差异。

4.各种学习策略的使用情况与学习者的语法成绩之间是否存在相关性。

（三）研究对象

本文以山东大学2009级来华预科留学生为研究对象，共104名学生。其中男生56名，女生48名，年龄为17—28岁，分别来自39个国家和地区。所有的学生都是零起点学习汉语，在山东大学经过一年的高强度集中学习后，统一参加了2010年6月的HSK（初中等）考试。

① 参见陈兆军：《中国英语专业学生英语语法学习策略的实证研究》，南昌大学硕士学位论文，2007年。

选择预科留学生作为研究对象，为研究提供了很大的便利性，这是因为所有的预科留学生都需要参加 HSK(初中等)考试，而 HSK(初中等)考试中有单独的语法测试，可以更客观地了解研究对象的语法能力和汉语水平。

(四)问卷设计

为避免预科留学生理解有误，问卷采用中英文对照的方式设计，分三部分。

第一部分为个人信息，包括姓名、性别、国籍、出生日期、母语背景等。

第二部分为"汉语语法学习策略量表"，在陈兆军的"英语语法学习策略量表"的基础上，根据预科留学生学习汉语语法的具体情况进行了适当的删改。

量表共 36 题，涉及四类学习策略：认知策略、元认知策略、情感策略、社交策略。其中 1—14 题为认知策略，15—23 题为元认知策略，24—31 题为情感策略，32—36 题为社交策略。

每道题都是对某一具体学习策略的陈述，采用李克特五级记分制(5 point Likert Scale)，要求受试对象评价陈述符合自己的程度，在每道题后面的方框中选择 1、2、3、4 或 5。其中

1＝我从来没有或几乎没有(Never or almost never true of me)；

2＝我通常没有(Usually not true of me)；

3＝有点像我(Sometimes true of me)；

4＝我通常如此(Usually true of me)；

5＝我一直如此或几乎如此(Always or almost always true of me)。

第三部分为学生的 HSK(初中等)考试成绩，包括听力成绩、语法成绩、阅读成绩、综合成绩、总成绩、证书等级六项内容。

(五)信度和效度检验

本次调查共发放和收回问卷 114 份，剔除无效问卷后，收到的有效问

卷为 104 份。所得数据都输入计算机，使用 SPSS 16.0 进行统计、分析和处理。

使用 SPSS 16.0 统计软件，对问卷第二部分的数据进行可靠性分析，得出的 Alpha 信度系数为 0.921，在 0.8 以上，说明问卷的信度比较高。使用 SPSS 16.0 统计软件，对问卷第二部分的数据进行因子分析，得出的 KMO 值为 0.880，大于 0.7，说明问卷的结构效度良好。

通过信度和效度检验，可以得出结论：本次调查所得的数据具有较高的信度和效度，是可以采用的，数据分析所得结果是可信的。

三、数据分析

（一）语法学习策略使用的总体情况分析

本研究所使用的调查问卷，将学习者的语法学习策略分为四大类（认知策略、元认知策略、情感策略和社交策略），共 36 个子项目。在这一部分，本文将对调查对象各类型语法学习策略及其子项目的总体使用情况进行统计分析。

1.调查对象各类型语法学习策略使用情况分析

本文对调查对象各类型语法学习策略的使用情况进行了描述性统计，按照均值由高到低进行排序，结果如表 1 所示。

表 1　调查对象各类型语法学习策略均值及排序

	平均值	排序	标准差
社交策略	3.93	1	0.65513
元认知策略	3.91	2	0.68943
情感策略	3.88	3	0.70698
认知策略	3.87	4	0.66851
全部策略	3.91		0.60761

从总体上看，预科留学生在汉语语法学习策略的使用上呈现出趋同性，各类策略的均值相差不大，说明预科留学生对各项策略的使用相对比较平均；各项学习策略的均值都在 3.8—4，没有达到理想的程度。这说明学生会使用各种学习策略帮助自己学习汉语语法，但是还没有普遍使用，在语法教学中应加强对有关习得策略的培训。

策略排序的情况是社交策略>元认知策略>情感策略>认知策略。社交策略的均值最高，为 3.93；其次为元认知策略，为 3.91；再次为情感策略，为 3.88；均值最低的为认知策略，为 3.87。笔者认为，出现这样的排序情况，与来华预科留学生汉语学习的特点有关。

来华预科留学生一般年龄较小，与老师、同学的交流、互动比较多；他们以班为单位学习汉语，集体感更强；他们有共同且互不冲突的学习目标，即在不到一年的时间里通过 HSK 考试、顺利进入专业学习；出于学习和生活的需要，他们要把所学的汉语用于交际，并在交际中提高自己的汉语水平。这些特点决定了他们把同学当作学习伙伴，把老师当作重要的学习资源，在相互合作和交流中提高汉语水平，社交策略使用频率比较高。

元认知策略主要用于确定学习目标、制订学习计划、获得反馈信息、调整学习方法、利用各种学习机会和资源等。来华预科留学生要在一年内通过 HSK 考试，才能顺利拿到中国政府奖学金继续进行专业学习。他们的学习目标更明确、学习动力更强。在这一年里，他们以学习汉语为核心任务，所以需要更多地使用元认知策略来督促自己学习、提高学习效率。另外，每周一次的考试也为他们的学习提供了反馈，促使他们对自己的学习进行总结、反思和调整。

预科汉语教学采用的是强化教学模式，要在一年的时间内，迅速提高学生的汉语水平，内容多、进度快、学习压力大。在这样的教学模式下，学生心理压力比较大，在学习遇到困难、障碍时，容易出现失望、沮丧等负面情绪，需要运用一些情感策略进行调整，以鼓励自我或其他同学，所以情感策略使用频率也比较高。

语法不同于口语、听力、阅读、书写等语言技能，主要表现为语言知识和语言规则，需要学生理解和记忆，对认知策略的要求更高。但是调查结果发现，来华预科留学生在学习汉语语法时，认知策略的使用频率是最低的。笔者认为，这与预科汉语教学的特点有关。首先，学生以通过 HSK 考试为目标，对汉语语法本身可能缺少兴趣，不愿意主动学习；其次，由于时间紧、任务重，教师在教授语法时更多地采用灌输式的方法，很少花时间进行认知策略方面的训练，也没有给学生自己思考、总结的时间。

总之，来华预科留学生的汉语学习特点决定了他们学习的难度更大、压力更大，需要更多地使用社交策略互帮互助、使用情感策略调控情绪、使用元认知策略督促自己学习和提高学习效率，同时也使他们对考试而不是对汉语本身(特别是语法知识)感兴趣，使用认知策略主动学习汉语语法的意愿比较低。

在教学过程中，教师一方面要鼓励预科留学生使用社交策略、情感策略和元认知策略，解决语法习得过程中遇到的困难和障碍，另一方面也应通过认知策略的培训提高学生语法学习能力和技巧，达到举一反三、事半功倍的效果，并激发学生对汉语及汉语语法的兴趣。

2.调查对象认知策略各子项目使用情况分析

笔者对调查对象认知策略各子项目的使用情况进行了描述性统计，按照均值由高到低进行排序，结果如表 2 所示。

表 2　调查对象语法习得认知策略使用情况汇总

子项目	均值	排序	子项目	均值	排序
C2	4.09	1	C12	3.88	8
C3	4.07	2	C13	3.85	9

续表

子项目	均值	排序	子项目	均值	排序
C8	4.04	3	C6	3.84	10
C9	4.01	4	C11	3.84	11
C14	3.94	5	C1	3.66	12
C4	3.93	6	C7	3.64	13
C10	3.92	7	C5	3.18	14
总体	3.87				

在认知策略的14个子项目中，有4个子项目均值超过4，分别为C2(在学习汉语语法时我集中注意力)、C3(在学习汉语语法中我积极思考)、C8(在使用汉语时我注意发现和纠正语法错误，从错误中学习)和C9(我注意利用记忆规律提高记忆语法知识的效果)。

有4个子项目的均值超过认知策略的总体均值，分别为C14(我注意借助简写、关键词、符号等对语法知识做笔记)、C4(在学习汉语语法时我善于记要点)、C10(我注意利用汉语语法知识去辅助汉语阅读理解、写作等)和C12(我注意把新学的语法知识和学过的语法知识联系起来)。

均值较低的子项目主要有C1(我总是根据需要去预习汉语语法知识)、C7(我注意归纳总结学过的语法规则，并运用规则举一反三)，均值最低的子项目为C5(在学习语法中我善于利用图表、图画等去理解语法规则)。

3.调查对象元认知策略各子项目使用情况分析

笔者对调查对象元认知策略各子项目的使用情况进行了描述性统计，按照均值由高到低进行排序，结果如表3所示。

表3 调查对象语法习得元认知策略使用情况汇总

子项目	均值	排序	子项目	均值	排序
M4	4.03	1	M3	3.91	6

续表

子项目	均值	排序	子项目	均值	排序
M9	4.02	2	M2	3.89	7
M8	3.98	3	M7	3.80	8
M6	3.96	4	M5	3.68	9
M1	3.93	5	总体	3.91	

在元认知策略的 9 个子项目中,有两个子项目均值超过 4,分别为 M4(我积极探索适合自己的汉语语法学习方法)和 M9(我经常评价自己学的效果,总结学习语法的方法)。

有 4 个子项目的均值大于或等于元认知策略的总体均值,分别为 M8(我在语法学习中遇到疑难时积极寻求帮助)、M6(我尽量通过多种渠道学习汉语语法)、M1(我有明确的汉语语法学习目标)和 M3(我注意了解自己在学习语法中的进步与不足)。

均值较低的子项目为 M2(我经常制订汉语语法学习计划)、M7(我善于把握和创造学习汉语语法的机会),均值最低的子项目为 M5(我经常与老师和同学交流学习汉语语法的体会)。

4.调查对象情感策略各子项目使用情况分析

本文对调查对象情感策略各子项目的使用情况进行了描述性统计,按照均值由高到低进行排序,结果如表 4 所示。

表 4　调查对象语法习得情感策略使用情况汇总

子项目	均值	排序	子项目	均值	排序
A2	4.05	1	A8	3.89	5
A3	3.93	2	A4	3.84	6
A5	3.93	3	A7	3.83	7
A6	3.92	4	A1	3.69	8
总体	3.88				

在情感策略方面，均值最高的子项目为 A2(我对学习语法有积极的态度)，均值超过情感策略总体均值的子项目有 A3(我逐步树立学习语法的信心)、A5(在学习语法中我经常鼓励别人)、A6(我注意理解和照顾他人的情感)和 A8(在语法学习中，我乐于向同学提供帮助)。

均值相对较低的子项目有 A4(我在学习语法中努力克服焦虑心理)和 A7(我注意调整自己在语法学习中的情绪)，均值最低的子项目为 A1(我有意识地培养学习语法的兴趣)。

5.调查对象社交策略各子项目使用情况分析

笔者对调查对象社交策略各子项目的使用情况进行了描述性统计，按照均值由高到低进行排序，结果如表 5 所示。

表 5 调查对象语法习得社交策略使用情况汇总

子项目	均值	排序	子项目	均值	排序
S2	4.1	1	S4	3.85	4
S1	3.98	2	S3	3.79	5
S5	3.87	3	总体	3.93	

在社交策略方面，均值最高的子项目为 S2(我会要求老师和同学对某个语法知识再解释，举例说明)，其次为 S1(我积极将所学的语法知识运用于交际中)，均值较低的子项目有 S5(在汉语交际中我适度监控语言表达的语法准确性)和 S4(我经常和别人合作，共同解决某些语法难点)，均值最低的子项目为 S3(我经常和同学交流讨论所学的语法知识)。

6. 总结

预科留学生在汉语语法学习策略的使用上呈现出趋同性，各项策略的使用相对比较平均；各项学习策略的均值都在 4 以下，没有达到理想的程度。

四类学习策略使用频率排序为社交策略＞元认知策略＞情感策略＞认知策略。这样的排序情况与来华预科留学生汉语学习的特点有关。

从语法学习策略各子项目的使用频率来看，预科留学生汉语语法学习有以下四个方面的优点：

(1)态度积极认真，努力追求进步，有明确的汉语语法学习目标，能通过多种渠道学习汉语语法。

(2)自觉注意学习情况，总结和探索学习方法。

(3)能调控自己的情绪，照顾他人情感并鼓励别人，相互合作，相互帮助。

(4)能够将语法知识用于其他方面的学习和实际交际。

预科留学生汉语语法学习方面，有以下三个方面的不足：

(1)主动性差，很少预习，缺少语法学习计划，不善于把握和创造学习机会。

(2)偏重记忆，以被动接受为主，缺少自己的归纳总结。

(3)对语法学习的兴趣度较低，不经常交流学习汉语语法的体会。

(二)语法学习策略使用中的性别差异分析

性别是学习者因素的一个重要方面，在这一部分，笔者分析性别对预科留学生语法成绩以及语法学习策略选择与运用的影响。除了比较均值，还通过独立样本 T 检验进行差异分析。如果独立样本 T 检验所得的 Sig.$\leqslant$0.05，说明在这一变量上存在显著的性别差异，反之则没有显著的性别差异。

1.语法成绩的性别差异分析

本次问卷调查的对象共 104 人，其中男生 56 人，占样本数的 53.8%；女生 48 人，占样本数的 46.2%。表 6 是男生和女生的语法成绩比较，除了比较平均值和标准差之外，还进行了独立样本 T 检验。

表 6 男生和女生语法成绩的均值比较和独立样本 T 检验

	人数	均值	标准差	独立样本 T 检验	
				T 值	Sig.
男	56	60.41	19.456	0.066	0.798
女	48	60.79	21.191		

由表 6 可以发现，女生的语法成绩均值略高于男生，但两者没有显著差异，说明性别对语法成绩的影响不大。

2.语法学习策略使用情况的性别差异分析

笔者对男生和女生语法学习策略各类型及总体的使用频率进行了均值比较和 T 检验，结果如表 7 所示。

表 7 男生和女生语法学习策略的均值比较和 T 检验

	男生均值	女生均值	独立样本 T 检验	
			T 值	Sig.
认知策略	3.8530	3.8895	1.189	0.278
元认知策略	3.9455	3.8636	0.593	0.443
情感策略	3.9260	3.8267	0.609	0.437
社交策略	3.9370	3.9156	0.069	0.793
全部策略	3.9012	3.9181	0.029	0.866

根据独立样本 T 检验的结果，男生和女生在各类策略及全部策略的使用上没有显著差异，说明在语法学习策略的选择和使用上没有性别差异。

从均值来看，男生的情感策略和元认知策略的使用频率高于女生，社交策略的使用频率也高于女生；女生认知策略的使用频率高于男生，全部策略的均值略高于男生。

男生四类策略的使用频率由高到低依次为元认知策略、社交策略、情感策略、认知策略,女生四类策略的使用频率由高到低依次为社交策略、认知策略、元认知策略、情感策略。

3.语法学习策略各子项目的性别差异分析

笔者对男生和女生语法学习策略各了项目的使用频率进行了均值比较和 T 检验,结果发现,在各类型语法学习策略子项目的使用频率上,男生和女生均没有显著差异。在认知策略、元认知策略和情感策略的部分子项目上,男生和女生有一定的差异,但不显著;在社交策略子项目上,男生和女生几乎没有差异。表 8 中列出的是男生、女生均值差异大于 0.1 的部分子项目。

表 8　男生和女生语法学习策略部分子项目均值比较

	子项目	男生均值	女生均值	均值差异	独立样本 T 检验	
					T 值	Sig.
认知策略	C1	3.71	3.60	0.11	0.288	0.593
	C5	3.24	3.11	0.13	0.260	0.611
	C7	3.58	3.71	−0.13	0.411	0.523
	C8	3.93	4.18	−0.25	1.980	0.163
	C9	3.96	4.07	−0.10	0.354	0.553
	C11	3.78	3.91	−0.13	0.550	0.460
	C13	3.78	3.93	−0.15	0.804	0.372
	C14	3.89	4.00	−0.11	0.355	0.553
元认知策略	M1	3.98	3.87	0.11	0.410	0.523
	M3	4.02	3.78	0.24	2.100	0.151
	M5	3.94	3.37	0.57	9.865	0.002
	M7	3.91	3.67	0.23	1.879	0.174
	M8	4.05	3.89	0.16	0.740	0.392
	M9	3.67	4.43	−0.76	1.450	0.231

续表

	子项目	男生均值	女生均值	均值差异	独立样本 T 检验	
					T 值	Sig.
情感策略	A1	3.91	3.76	0.15	0.563	0.455
	A4	3.78	3.57	0.21	1.317	0.254
	A7	3.92	3.71	0.21	1.348	0.249
	A8	3.98	3.78	0.20	0.957	0.330

在认知策略方面，女生大部分子项目的均值都高于男生，其中 C8（在使用汉语时我注意发现和纠正语法错误，从错误中学习）的均值差异较大，C7（我注意归纳总结学过的语法规则，并运用规则举一反三）、C9（我注意利用记忆规律提高记忆语法知识的效果）、C11（我注意观察分析汉语文章中出现的语法现象并对其总结）、C13（我经常借助情景和上下文去理解和运用语法知识）、C14（我注意借助简写、关键词、符号等对语法知识做笔记）的均值也高于男生。男生 C1（我总是根据需要去预习汉语语法知识）、C5（在学习语法中我善于利用图表、图画等去理解语法规则）的均值略高于女生。

在元认知策略方面，女生 M9（我经常评价自己学的效果，总结学习语法的方法）的均值高于男生，男生 M5（我经常与老师和同学交流学习汉语语法的体会）的均值高于女生，M1（我有明确的汉语语法学习目标）、M3（我注意了解自己在学习语法中的进步与不足）、M7（我善于把握和创造学习汉语语法的机会）、M8（我在语法学习中遇到疑难时积极寻求帮助）的均值也略高于女生。

在情感策略方面，男生 A1（我有意识地培养学习语法的兴趣）、A4（我在学习语法时努力克服焦虑心理）、A7（我注意调整自己在语法学习中的情绪）、A8（在语法学习中，我乐于向同学提供帮助）的均值略高于女生。

总体来看，女生均值高的子项目，集中于个人学习、记忆两个方面；男生均值较高的项目，集中于自主学习、调控情绪、互帮互助三个方面。

4.总结

在语法成绩、语法学习策略类型及各子项目的使用频率上，没有显著的性别差异。从均值来看，男生情感策略、元认知策略和社交策略的使用频率高于女生，女生认知策略的使用频率高于男生。

男生四类策略的使用频率由高到低依次为元认知策略、社交策略、情感策略、认知策略，女生四类策略的使用频率由高到低依次为社交策略、认知策略、元认知策略、情感策略。

从各子项目的均值来看，女生在学习语法时更偏向个人学习，更多地使用有助于理解和记忆的策略；男生学习的自主性更强，更注意调控情绪，更愿意互帮互助。

（三）不同年龄组学生之间语法学习策略使用情况差异

随着年龄的增加，学生的学习经验和其他经验也在增加，其对各种学习策略的掌握和使用也可能更为熟练。为了确定不同年龄组学生在语法成绩、语法学习策略的使用上是否存在显著差异，本文使用SPSS中的单因素方差分析（Oneway-ANOVA）进行了统计分析。其原理为：通过组内差距、组间差距等数据，确定不同组在某一项目上的均值是否存在显著差异。

1.分组标准及各年龄组的人数和比例

本文将调查对象按照年龄分为低、中、高三组，其中低年龄组为18岁及以下，高年龄组为19—20岁，高年龄组为21岁及以上。除去未填年龄的3人外，各年龄组的人数及比例如表9所示。

表9　不同年龄组的人数和比例

	人数	比例
低年龄组	18	17.8

续表

	人数	比例
中年龄组	58	57.4
高年龄组	25	24.8

从比例来看,中年龄组占多数,低年龄组和高年龄组的比例相差不大,比较符合正态分布,所以这样的分组是比较合适的。

2.年龄组之间语法成绩及各类型语法学习策略差异分析

笔者首先对各年龄组的语法成绩进行了均值比较和单因素方差分析,结果如表10所示。

表10　不同年龄组语法成绩均值比较和方差分析

低年龄组	中年龄组	高年龄组	单因素方差分析	
			F	Sig.
51.39	62.66	62.88	1.308	0.275

从均值情况来看,语法成绩随着年龄增加而递增,中年龄组和高年龄组的成绩差别不大,根据单因素方差分析结果,各年龄组的语法成绩没有显著差异。

笔者又对各年龄组不同类型以及全部语法学习策略的使用频率进行了均值比较和单因素方差分析,结果如表11所示。

表11　不同年龄组语法学习策略均值比较和方差分析

	低年龄组	中年龄组	高年龄组	单因素方差分析	
				F	Sig.
认知策略	3.4687	3.9259	4.0093	3.912	0.023
元认知策略	3.8562	3.8968	4.0152	0.314	0.731
情感策略	3.3958	3.9700	4.0795	6.036	0.004
社交策略	3.5000	4.0036	4.1273	5.672	0.005
全部策略	3.5630	3.9332	4.0860	3.537	0.034

除元认知策略以外，不同年龄组在认知策略、情感策略、社交策略和全部策略上的使用频率均存在显著差异，习得策略的使用频率随年龄增长呈递增趋势。由此可知，年龄对语法学习策略的使用有较大影响。随着年龄的增加，学习者可以不断总结、归纳学习经验，对一些学习策略的使用也会更加熟练。

3.年龄组之间认知策略各子项目差异分析

笔者对不同年龄组认知策略各子项目进行了均值比较和单因素方差分析，结果如表 12 所示。

表 12　各年龄组认知策略子项目均值比较和方差分析

	不同年龄组均值			单因素方差分析	
	低年龄组	中年龄组	高年龄组	F	Sig.
C1	3.22	3.82	3.70	2.558	0.083
C2	3.67	4.12	4.35	3.035	0.053
C3	3.71	4.09	4.39	3.508	0.034
C4	3.50	3.98	4.13	2.752	0.069
C5	3.00	3.26	3.17	0.316	0.730
C6	3.56	3.88	4.00	1.263	0.288
C7	3.39	3.79	3.57	1.263	0.287
C8	3.67	4.11	4.13	1.869	0.160
C9	3.78	4.04	4.09	0.759	0.471
C10	3.33	4.02	4.13	5.146	0.008
C11	3.47	3.81	4.13	2.817	0.065
C12	3.56	3.88	4.13	2.227	0.114
C13	3.44	3.93	4.09	3.371	0.039
C14	3.50	3.98	4.13	2.794	0.066

不同年龄组在认知策略的大部分子项目上不存在显著差异，在 C3

(在学习汉语语法中我积极思考)、C10(我注意利用汉语语法知识去辅助汉语阅读理解、写作等)、C13(我经常借助情景和上下文去理解和运用语法知识)三个子项目上存在显著差异。

大部分子项目的均值都呈随年龄增加而递增的趋势,只有 C1(我总是根据需要去预习汉语语法知识)、C5(在学习语法中我善于利用图表、图画等去理解语法规则)两个子项目中年龄组的均值高于高年龄组。

4.年龄组之间元认知策略各子项目差异分析

笔者对不同年龄组元认知策略各子项目进行了均值比较和单因素方差分析,结果如表 13 所示。

表 13　各年龄组元认知策略均值比较和方差分析

	不同年龄组均值			单因素方差分析	
	低年龄组	中年龄组	高年龄组	*F*	Sig.
M1	3.78	3.95	4.00	0.351	0.351
M2	3.67	3.95	3.96	0.686	0.686
M3	3.72	3.86	4.22	2.316	2.316
M4	3.94	4.00	4.17	0.500	0.500
M5	3.50	3.66	3.87	0.785	0.785
M6	3.67	4.04	4.09	1.500	1.500
M7	3.50	3.84	3.91	1.370	1.370
M8	3.89	4.02	4.13	0.336	0.336
M9	5.06	3.84	3.70	1.138	1.138

在元认知策略方面,各子项目的均值都没有显著差异,大部分子项目的均值呈随年龄增加而递增的趋势,只有 M9(我经常评价自己学的效果,总结学习语法的方法)呈递减趋势。

这说明低年龄组的学生还处在逐渐掌握学习经验的过程之中。

5.年龄组之间情感策略各子项目差异分析

笔者对不同年龄组情感策略各子项目进行了均值比较和单因素方差分析，结果如表 14 所示。

表 14　各年龄组情感策略均值比较和方差分析

	不同年龄组均值			单因素方差分析	
	低年龄组	中年龄组	高年龄组	*F*	Sig.
A1	3.56	3.89	4.04	1.324	0.271
A2	3.72	4.04	4.35	2.892	0.060
A3	3.50	3.91	4.30	4.733	0.011
A4	3.06	3.78	4.00	6.373	0.003
A5	3.28	4.05	4.04	4.604	0.012
A6	3.44	4.02	3.96	2.463	0.091
A7	3.33	3.98	3.95	3.947	0.023
A8	3.28	4.02	4.09	4.497	0.014

在情感策略方面，A3（我逐步树立学习语法的信心）、A4（我在学习语法时努力克服焦虑心理）、A5（在学习语法时我经常鼓励别人）、A7（我注意调整自己在语法学习中的情绪）、A8（在语法学习中，我乐于向同学提供帮助）三个子项目的均值存在显著的年龄差异。A5（在学习语法时我经常鼓励别人）、A6（我注意理解和照顾他人的情感）、A7（我注意调整自己在语法学习中的情绪）三个子项目中年龄组的均值略高于高年龄组，其他子项目的均值都呈随年龄增加而递增的趋势。

6.年龄组之间社交策略各子项目差异分析

笔者对不同年龄组社交策略各子项目进行了均值比较和单因素方差分析，结果如表 15 所示。

表 15　各年龄组社交策略均值比较和方差分析

	不同年龄组均值			单因素方差分析	
	低年龄组	中年龄组	高年龄组	F	Sig.
S1	3.33	4.09	4.26	7.017	0.001
S2	3.67	4.21	4.22	3.173	0.046
S3	3.28	3.89	3.95	4.236	0.017
S4	3.56	3.96	3.95	1.473	2.234
S5	3.67	3.81	4.14	1.449	0.240

在社交策略方面，S1（我积极将所学的语法知识运用于交际中）、S2（我会要求老师和同学对某个语法知识再解释，举例说明）、S3（我经常和同学交流讨论所学的语法知识）三个子项目的均值存在显著差异。S4（我经常和别人合作，共同解决某些语法难点）的均值，中年龄组和高年龄组相差不大，其他子项目的均值均呈随年龄增加而递增的趋势。

7.总结

不同年龄组的语法成绩没有显著差异，在认知策略、情感策略、社交策略的使用频率上存在显著差异。语法学习策略大部分子项目的均值都呈随年龄增加而递增的趋势，个别子项目中年龄组和高年龄组的均值差别不大。总的来说，随着年龄的增长，学生对学习策略的使用更为熟练，学习的目的性、针对性更强，低年龄组的学生更注意评价学习效果、总结学习方法。

（四）不同成绩组学生之间语法学习策略使用情况差异

学习策略是为了提高学习效果而采用的方法和策略，那么语法成绩高的学生是否比成绩低的学生更多地使用语法学习策略呢？为了验证这一假设，笔者将调查对象按其语法成绩分为低分组、中分组、高分组，使用SPSS中的单因素方差分析（Oneway-ANOVA），检验不同组之间是否存在显著差异。

1.分组标准及各成绩组的人数和比例

调查对象语法成绩的均值为60.59，HSK语法成绩是一个以50为平均数、15为标准差、最高分为100分的量表分，再结合调查对象语法成绩的分布情况，笔者将语法成绩50分及以下的调查对象归为低分组，51—75分的归为中分组，76—100分的归为高分组。各成绩组的人数及比例如表16所示。

表16　不同成绩组的人数及比例

	人数	比例
低分组	34	32.7%
中分组	41	39.4%
高分组	29	27.9%

从比例来看，中分组比例最高，低分组和高分组比例相差不大，较为符合正态分布规律，所以这样分组是比较合适的。

2.成绩组之间各类型语法学习策略差异分析

高分组、中分组和低分组的学生在各类型语法学习策略的使用频率上是否存在差异？本文对其进行了均值比较和单因素方差分析，结果如表17所示。

表17　不同成绩组语法学习策略均值比较和方差分析

	低分组	中分组	高分组	单因素方差分析	
				F	Sig.
认知策略	3.7011	3.8703	4.0246	1.732	0.183
元认知策略	3.9042	3.8750	3.9603	0.125	0.883
情感策略	3.7284	3.8487	4.0913	1.902	0.155
社交策略	3.7677	3.9385	4.0828	1.696	0.189
全部策略	3.8261	3.9012	3.9967	0.471	0.626

根据单因素方差分析结果，不同成绩组之间在语法学习策略各类型及总体的使用频率上不存在显著差异。

在认知策略、情感策略、社交策略及全部策略的使用频率上，高分组>中分组>低分组；在元认知策略的使用频率上，高分组>低分组>中分组。

3.成绩组之间认知策略各子项目差异分析

笔者对不同成绩组认知策略各子项目的使用频率进行了均值比较和单因素方差分析，结果如表 18 所示。

表 18　不同成绩组之间认知策略子项目均值比较和方差分析

	不同成绩组均值			单因素方差分析	
	低分组	中分组	高分组	*F*	Sig.
C1	3.29	3.80	3.86	3.193	0.045
C2	3.84	4.05	4.41	3.268	0.042
C3	3.87	4.08	4.28	1.734	0.182
C4	3.80	3.90	4.10	0.859	0.427
C5	3.19	3.23	3.10	0.085	0.919
C6	3.70	3.90	3.90	0.491	0.613
C7	3.42	3.75	3.72	1.101	0.337
C8	3.90	4.08	4.14	0.571	0.567
C9	3.97	3.95	4.14	0.452	0.638
C10	3.84	3.85	4.10	0.835	0.437
C11	3.55	3.92	4.03	2.617	0.078
C12	3.68	3.85	4.14	2.142	0.123
C13	3.56	3.85	4.17	4.132	0.019
C14	3.81	3.83	4.24	2.313	0.104

在认知策略方面，不同成绩组之间在 C1（我总是根据需要去预习汉语语法知识）、C2（在学习汉语语法时我集中注意力）、C13（我经常借助情景和上下文去理解和运用语法知识）三个子项目上存在显著差异。

C5（在学习语法中我善于利用图表、图画等去理解语法规则）、C7（我注意归纳总结学过的语法规则，并运用规则举一反三）两个子项目中，中分组的均值略高于等于高分组；子项目 C6（我注意在理解基础上学习和记忆语法规则）中，中分组和高分组的均值相同；子项目 C9（我注意利用记忆规律提高记忆语法知识的效果）中，低分组的均值略高于中分组。

其他九个子项目的均值均为高分组＞中分组＞低分组。

4.成绩组之间元认知策略各子项目差异分析

笔者对不同成绩组元认知策略各子项目的使用频率进行了均值比较和单因素方差分析，结果如表 19 所示。

表 19　不同成绩组之间元认知策略子项目均值比较和方差分析

	不同成绩组均值			单因素方差分析	
	低分组	中分组	高分组	*F*	Sig.
M1	3.78	3.90	4.14	1.314	0.274
M2	3.72	3.95	4.00	0.832	0.438
M3	3.77	3.85	4.14	1.634	0.200
M4	4.13	3.95	4.03	0.398	0.673
M5	3.69	3.75	3.57	0.287	0.751
M6	3.91	3.93	4.07	0.324	0.724
M7	3.65	3.75	4.03	1.700	0.188
M8	3.94	4.00	4.00	0.047	0.955
M9	4.50	3.80	3.79	0.531	0.590

不同成绩组之间在元认知策略的各子项目上均没有显著差异。

子项目 M4(我积极探索适合自己的汉语语法学习方法)、M9(我经常评价自己学的效果,总结学习语法的方法)的均值均为低分组＞中分组＞高分组。

子项目 M5(我经常与老师和同学交流学习汉语语法的体会)的均值为中分组＞低分组＞高分组。

子项目 M8(我在语法学习中遇到疑难时积极寻求帮助)的均值,中分组和高分组相同。

其他五个子项目的均值均为高分组＞中分组＞低分组。

5.成绩组之间情感策略各子项目差异分析

笔者对不同成绩组情感策略各子项目的使用频率进行了均值比较和单因素方差分析,结果如表 20 所示。

表 20　不同成绩组之间情感策略子项目均值比较和方差分析

	不同年龄组均值			单因素方差分析	
	低分组	中分组	高分组	*F*	Sig.
A1	3.77	3.78	4.00	0.549	0.579
A2	3.88	4.00	4.32	2.255	0.110
A3	3.78	3.88	4.17	1.724	0.184
A4	3.69	3.54	3.89	1.209	0.303
A5	3.74	3.95	4.10	0.977	0.380
A6	3.90	3.88	4.00	0.139	0.871
A7	3.77	3.77	3.96	0.446	0.642
A8	3.59	3.93	4.17	2.569	0.082

不同成绩组之间在情感策略的各子项目上均没有显著差异。

子项目 A4(我在学习语法时努力克服焦虑心理)、A6(我注意理解和照顾他人的情感)的均值,低分组略高于中分组;子项目 A7(我注意调整自己在语法学习中的情绪)的均值，低分组和中分组相同；其他五个子项目的均值，均为高分组>中分组>低分组。

6.成绩组之间社交策略各子项目差异分析

笔者对不同成绩组社交策略各子项目的使用频率进行了均值比较和单因素方差分析，结果如表21所示。

表21　不同成绩组之间社交策略子项目均值比较和方差分析

	不同成绩组均值			单因素方差分析	
	低分组	中分组	高分组	*F*	Sig.
S1	3.69	3.97	4.31	3.866	0.024
S2	3.81	4.13	4.38	3.419	0.037
S3	3.71	3.78	3.90	0.343	0.710
S4	3.68	3.90	3.97	0.801	0.452
S5	3.90	3.85	3.86	0.029	0.971

在社交策略方面，不同成绩组之间在S1(我积极将所学的语法知识运用于交际中)、S2(我会要求老师和同学对某个语法知识再解释，举例说明)两个子项目上存在显著差异。

子项目S5(在汉语交际中我适度监控语言表达的语法准确性)的均值，低分组>高分组>中分组；其他四个子项目的均值，均为高分组>中分组>低分组。

7.总结

根据单因素方差分析结果，不同成绩组之间在语法学习策略各类型及总体的使用频率上不存在显著差异，在认知策略的三个子项目和社交策略的两个子项目上存在显著差异，分别为C1(我总是根据需要去预习汉语语法知识)、C2(在学习汉语语法时我集中注意力)、C13(我经常借助情景和上下文去理解和运用语法知识)、S1(我积极将所学的语法知识运用于交际中)、S2(我会要求老师和同学对某个语法知识再解释,举例说明)。

从均值来看,在认知策略、情感策略、社交策略及全部策略的使用频率上,高分组>中分组>低分组;在元认知策略的使用频率上,高分组>低分组>中分组。语法学习策略的大部分子项目的使用频率,都为高分组>中分组>低分组。这说明高分组的学生学习策略的使用更为频繁。

个别子项目上,如认知策略的 M4(我积极探索适合自己的汉语语法学习方法)和 M9(我经常评价自己学的效果,总结学习语法的方法)的均值,低分组高于中分组和高分组;情感策略的 A4(我在学习语法时努力克服焦虑心理)和 A6(我注意理解和照顾他人的情感)的均值,低分组略高于中分组。这说明低分组的学生更注意探索和总结学习方法,更多地需要处理自己学习过程中的情绪问题。

(五)语法成绩与语法学习策略相关分析

为了确定调查对象的语法学习策略使用频率与其语法成绩是否相关,笔者使用 SPSS 16.0 中的 Correlate-Bivariate 指令进行相关分析。相关分析后得出两个数值:Pearson 相关系数和 Sig.(2－tailed)。如果 Sig.(2－tailed)≤0.05,说明两个变量之间存在显著的相关性,如果 Sig.(2－tailed)≤0.01,说明两个变量之间存在非常显著的相关性。Pearson 相关系数说明两个变量之间的相关程度。

1.调查对象语法成绩与各类型学习策略相关分析

笔者首先对调查对象语法成绩和各类型及全部学习策略的使用频率进行了相关分析,结果如表 22 所示。

表 22 调查对象语法成绩与各类型学习策略相关情况

	Pearson 相关系数	Sig.(2－tailed)
认知策略	0.224	0.030

续表

	Pearson 相关系数	Sig.（2－tailed）
元认知策略	0.064	0.532
情感策略	0.250	0.016
社交策略	0.193	0.056
全部策略	0.154	0.162

根据相关分析结果，调查对象的语法成绩与认知策略和情感策略的使用频率存在显著相关，与社交策略的使用频率不存在显著的相关性，与元认知策略的使用频率相关性最不显著。

调查对象的语法成绩与认知策略和情感策略显著相关，这主要与语法学习的特点有关。语法不同于听力、阅读等语言技能，更多地表现为语法规则、语法知识，需要更多的记忆和理解的技巧策略；而语法学习相对枯燥，学习者需要更多地调控自己的情绪，对情感策略的要求也比较高。

2.调查对象语法成绩与认知策略各子项目相关分析

笔者对语法成绩和认知策略的 14 个子项目分别进行了相关分析，结果如表 23 所示。

表 23　调查对象语法成绩与认知策略各子项目之间相关情况

	Pearson 相关系数	Sig.（2－tailed）	子项目	Pearson 相关系数	Sig.（2－tailed）
C1	0.226	0.024	C8	0.130	0.198
C2	0.284	0.004	C9	0.118	0.242
C3	0.241	0.016	C10	0.171	0.089
C4	0.137	0.178	C11	0.235	0.019
C5	－0.037	0.715	C12	0.203	0.043
C6	0.068	0.506	C13	0.300	0.002
C7	0.142	0.158	C14	0.218	0.029

调查对象的语法成绩与认知策略的 C2(在学习汉语语法时我集中注意力)、C13(我经常借助情景和上下文去理解和运用语法知识)两个子项目呈特别显著相关;与 C1(我总是根据需要去预习汉语语法知识)、C3(在学习汉语语法时我积极思考)、C11(我注意观察分析汉语文章中出现的语法现象并对其总结)、C12(我注意把新学的语法知识和学过的语法知识联系起来)、C14(我注意借助简写、关键词、符号等对语法知识做笔记)5 个子项目呈显著相关。

这 7 个子项目主要集中在以下几个方面:学习态度和主动性,包括集中注意力、根据需要预习、积极思考;理解和归纳能力,包括借助情景和上下文、观察分析并总结语法现象;记忆方法和技巧,包括把新旧知识相互联系起来,借助简写等做笔记。

3.调查对象语法成绩与元认知策略各子项目相关分析

笔者对语法成绩和元认知策略的 9 个子项目进行相关分析,结果如表 24 所示。

表 24 调查对象语法成绩与元认知策略各子项目之间相关情况分析

	Pearson 相关系数	Sig. (2—tailed)	子项目	Pearson 相关系数	Sig. (2—tailed)
M1	0.172	0.086	M6	0.139	0.166
M2	0.166	0.098	M7	0.176	0.080
M3	0.133	0.186	M8	0.062	0.540
M4	—0.095	0.346	M9	—0.065	0.518
M5	0.012	0.906			

调查对象的语法成绩与元认知策略各子项目均没有显著相关性。

4.调查对象语法成绩与情感策略各子项目相关分析

笔者对语法成绩和情感策略的 8 个子项目进行了相关分析,结果如

表 25 所示。

表 25　调查对象语法成绩与情感策略各子项目之间相关情况分析

	Pearson 相关系数	Sig. (2－tailed)
A1	0.146	0.148
A2	0.249	0.013
A3	0.220	0.027
A4	0.116	0.251
A5	0.163	0.104
A6	0.088	0.385
A7	0.136	0.181
A8	0.222	0.026

调查对象的语法成绩与情感策略的子项目 A2(我对学习语法有积极的态度)、A3(我逐步树立学习语法的信心)、A8(在语法学习中,我乐于向同学提供帮助)呈显著相关,与其他子项目没有显著相关性。

由此可见,学习者学习语法的态度和信心对其语法成绩有较大的影响;而成绩好的同学,可能更乐于向同学提供帮助。

5.调查对象语法成绩与社交策略各子项目相关分析

笔者对语法成绩和社交策略的 5 个子项目进行了相关分析,结果如表 26 所示。

表 26　调查对象语法成绩与社交策略各子项目之间相关情况分析

	Pearson 相关系数	Sig. (2－tailed)
S1	0.314	0.001
S2	0.244	0.015
S3	0.070	0.488
S4	0.182	0.071
S5	－0.065	0.521

调查对象的语法成绩，与社交策略的子项目 S1（我积极将所学的语法知识运用于交际中）呈特别显著相关，与 S2（我会要求老师和同学对某个语法知识再解释，举例说明）、S4（我经常和别人合作，共同解决某些语法难点）呈显著相关，与 S3（我经常和同学交流讨论所学的语法知识）、S5（在汉语交际中我适度监控语言表达的语法准确性）没有显著相关性。

由此可见，学习者对语法知识的实际运用、在学习过程中的主动求助和相互合作，对语法成绩的提高非常有帮助。

6.总结

学习者的语法成绩与认知策略和情感策略的使用频率存在显著相关性，与社交策略的使用频率不存在显著相关性，与元认知策略的使用频率相关性最不显著。这与汉语语法学习的特点有关。

学习者的语法成绩与认知策略、情感策略和社交策略中的部分子项目存在显著相关性。总体来看，影响学习者语法成绩的因素主要包括以下几个方面：

（1）学习的积极性和主动性。

（2）理解和归纳能力。

（3）记忆方法和技巧。

（4）学习语法的态度和信心。

（5）对语法知识的实际运用。

（6）学习过程中的主动求助和相互合作。

四、结论和建议

（一）主要结论

1.预科留学生在汉语语法学习策略的使用上呈现趋同性，各项策略的使用相对比较平均；各项学习策略的均值都在 4 以下，没有达到理想的程度。四类学习策略使用频率排序为社交策略＞元认知策略＞情感策略＞认知策略。

2.从语法学习策略各子项目的使用情况来看，预科留学生学习语法时态度积极认真，注意探索和总结学习方法，积极运用所学语法知识，能调控自己情绪，同学之间经常互帮互助，但是学习的主动性不够，偏重记忆和理解，缺少自己的归纳和总结，对语法学习的兴趣较低。

3.在语法成绩、语法学习策略类型及各子项目的使用频率上，没有显著的性别差异。从均值来看，男生情感策略、元认知策略和社交策略的使用频率高于女生，女生认知策略的使用频率高于男生，男生和女生的学习风格不太相同。

4.不同年龄组的语法成绩没有显著差异，在认知策略、情感策略、社交策略的使用频率上存在显著差异。总的来说，随着年龄的增长，学生对学习策略的使用更为熟练，但是低年龄组的学生更注意评价学习效果、总结学习方法。

5.不同成绩组之间在语法学习策略各类型及总体的使用频率上不存在显著差异，从均值来看，语法学习策略的大部分子项目的使用频率都为高分组＞中分组＞低分组。这说明高分组的学生学习策略的使用更为频繁。低分组的学生更注意探索和总结学习方法，更多地需要处理自己学习过程中的情绪问题。

6.学习者的语法成绩与认知策略和情感策略的使用频率存在显著相关，与社交策略的使用频率不存在显著相关性，与元认知策略的使用频率相关性最不显著。影响学习者语法成绩的因素，主要包括学习的积极性和主动性、理解和归纳能力、记忆方法和技巧、学习语法的态度和信心、对语法知识的实际运用、学习过程中的主动求助和相互合作。

（二）教学建议

1.预科留学生对语法学习策略的使用并没有达到理想的程度，所以在教学中应重视和加强有关语法学习策略的训练。

2.在语法教学中，应提高学生的主动性，鼓励学生自己归纳和总结语法知识，提高学生学习语法的兴趣。

3.学生对学习策略的使用，需要经过了解、掌握、熟练等不同阶段，教师应了解学生对某一学习策略的掌握和使用情况，并有针对性地提供帮助。

4.对不同的学生，应该区别对待。年龄小、成绩差的学生，要重点帮助他们探索和总结学习方法，调控自己在语法学习过程中的情绪。

5.要提高学生的语法成绩，教师应重点使学生在以下方面得到改进和提高，如学习的积极性和主动性、理解和归纳能力、记忆方法和技巧、学习语法的态度和信心、对语法知识的实际运用、学习过程中的主动求助和相互合作。

(三)研究的局限性

本文在以下几个方面存在局限性和不足之处。

1.研究对象具有特殊性。本文以来华预科留学生为调查对象，他们接受的是高强度的预科汉语教育，与一般的留学生不同。

2.调查问卷不完善。有关语法学习策略的研究较少，本文使用的调查问卷是在借鉴英语语法学习策略调查问卷的基础上进行了适当的删改和补充，将其用于汉语语法习得研究，还存在一些缺陷和不足。

3.统计和分析方法不完备。由于经验和能力的限制，本文在数据统计和分析方法上可能存在一些不足之处。

张学广：山东大学国际教育学院讲师

医学汉语预科生数学学能分析报告

【摘要】 数学是来华留学生学习医学的必修学科，而且对其今后专业学习有很大影响。依靠学生入学前数学成绩了解学生学能，由此可判断其是否有能力达到医学预科数学教学要求及学习医学专业起点水平。本文以山东大学国际教育学院预科部为例，用数据分析预科生高中毕业成绩、入学能力测试成绩及最终 HSK 考试成绩，依靠三者联系推论出拥有学习医学专业学能的学生应有的高中毕业成绩，从而提高医学专业准入的数学门槛。

【关键词】 医学汉语 预科生 数学 学能

一、引言

根据《教育部关于对中国政府奖学金本科来华留学生开展预科教育的通知》，医学类预科学生应掌握专业学习所需的数学、物理、化学、生物、计算机等知识，医学预科教育课程必须包括语言类、文化类、专业知识类和语言实践类。来华医学预科生必须通过国家留学基金委(下文简称 CSC)汉语、数学和化学考试才能进入本科院校学习医学。数学作为一门理科工具类课程，对其在预科教育阶段其他专业类学科的学习和本科阶段专业课程学习都具有重要影响。当前国内普遍的预科培养模式为一年制，在第一学期开设基础汉语课程，在第二学期开设医学汉语和数学、化学课程，这要求学生在一学期的学习之后达到进入本科医学专业学习所要求的数学水平，所以学生必须在进入预科学习前拥有一定的数学学能。

山东大学国际教育学院2018级预科生中，46人未能通过CSC数学结业考试，占19.1%，这46人入学数学能力测试成绩平均分为30.8分，标准差为17.7，可见这46人在入学前数学学能普遍较低。为更好筛选适合预科数学教学和进入医学专业学习的学生，同时避免数学学能相对较差的学生选择不适合他们的专业，本文以山东大学国际教育学院预科部为例，根据2018级预科生数学入学能力测试成绩和CSC数学结业考试成绩及2019级预科生高中毕业成绩和入学数学能力测试成绩，多维度数据分析、把握学生CSC数学结业考试成绩与其入学时学能的联系，同时依靠学生入学时学能和高中毕业成绩的联系将学生数学学能数据化，为来华留学医学预科生选拔机构数学选拔提供相应参考。

二、研究背景

学能是对学习能力的衡量，经过一段时间的学习之后表现为一定的学习效果。数学学能可以反映学生在数学学科中的能力和水平。分析学能、数学学能的内涵可以发现，这两个概念与能力、素养、水平等均有密切联系。通过梳理来华留学生数学相关的文献，我们可从整体上把握来华留学生数学教育的背景及其数学学能的测量方法、研究路线、实际现状，为开展本次面向医学专业的来华预科生数学学能研究提供借鉴。以下对来华留学生数学相关代表性文献进行简要综述。

高雪芬通过对高校与留学生教育相关的各主体（教学管理者、班主任、任课教师、留学生）进行半结构化访谈以及课堂观察实录，从课程开设、教材选择、教学方式、教学效果等方面对高校留学生数学基础课程展开调查。[①] 研究表明，来华预科数学教育课程以单独开设为主，但起步较

① 参见高雪芬：《中国与新加坡高中数学教材微积分内容比较研究》，《数学通报》2012年第12期。

晚；以面向经管类学生高等数学教材为主，较少考虑留学生的专业差异；教学语言以中文为主，偶有借助英文的情况，各校对留学生数学成绩的要求存在不同；教学存在不少挑战，与留学生自身的努力程度、薄弱的汉语水平和数学基础均有关系。该研究反映出来华留学生数学基础课程问题的复杂性，建议部分着重强调数学基础课程的教师应根据留学生心理特点，充分考虑到学习者在教学过程中的核心地位。

赵礼娜以国际评估项目(PISA)测评框架为依托，参考来华预科留学生数学学习的特点，形成数学素养试卷和调查问卷两种工具，对在国内九所高校学习的近两千名来华预科留学生的数学素养进行了调查分析，从性别、专业、学校、国别、洲别、生源类型等维度分别分析了其与学生数学成绩之间的关系。[①] 另外，通过设计调查问卷考查了留学生数学学习时涉及的心理因素和教师教学等的影响。该研究样本量充足，维度多样，综合运用定性和定量方法对数学素养进行研究，而且将各维度概念予以现实化，为来华预科留学生数学素养研究提供了研究思路和方法上的启发。

杜修平等学者在总结来华预科留学生数学素养的同时，也关注到数学符号在数学学习中的重要性，这一点正是数学学习内在要求的重要组成部分。[②] 同时，根据数据得到的建议是符合来华预科留学生教育实际的。

但是，这两项研究都是在参考国际评估项目(PISA)中数学测试题目的前提下进行的，这些题目更倾向于应用数学(即将数学概念用于解决实际问题)，对数学概念本身较少设置不同难度的题目进行详尽考查，因此开发出一套更为科学严谨的来华预科留学生数学素养测评工具体系显得更为迫切。

此外，学界对来华预科留学生数学素养测评研究的不足还表现在缺少入学前的学能测试研究，而这一项研究对于掌握留学生的数学学情、预

① 参见赵礼娜：《基于PISA的来华留学预科生数学素养测评研究》，天津大学硕士学位论文，2018年。

② 参见杜修平、赵礼娜、李晶、李莉：《基于PISA的来华留学预科生数学素养测评》，《数学教育学报》2020年第4期。

测留学生的数学表现均有重要作用。

三、2018 级、2019 级预科生入学时学能数据描述

山东大学国际教育学院预科部每年为新入学医学预科生组织入学数学能力测试，其成绩可视作新生入学时数学学能的数据化体现，因此本文首先对 2018 级和 2019 级预科生的入学数学能力测试情况进行数据解析，2018 级情况如图 1 所示。

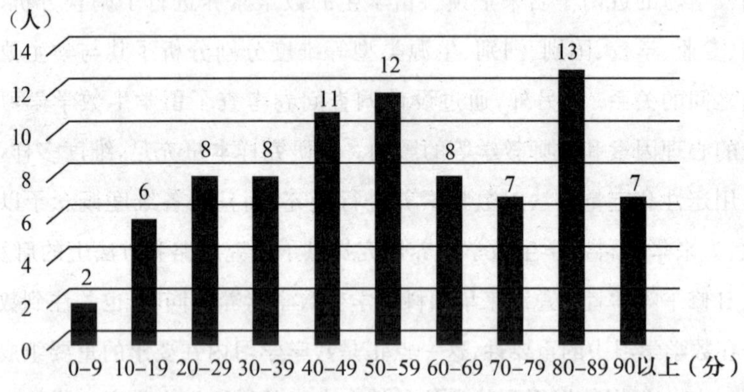

图 1　2018 级预科生入学能力测试成绩分布

如图 1 所示，2018 级参加数学能力测试的人数共 82 人，平均分为 54.5 分，中位数为 53，极大值为 96，极小值为 2，极差为 94，方差为 610.5，标准差为 24.6。可见，2018 级入学新生成绩分布零散，参差不齐；平均分和中位数均处在不及格位置，可以推论整体基础差，而方差和标准差数值巨大，可以推论新生整体学能方面存在巨大差异，有很大一部分数学能力不足的学生。整体可见，各分段分布较为平均，但 80—89 分数段、40—59 分数段存在两个突出段，可以初步假设为生源地区数学教育水平差距所致。为印证这一假设，本文将 2018 级能力测试成绩按洲际差异进行二次

分类，在数据分析中发现，亚洲生源内部呈现巨大差异，因此亚洲再次细分为东亚(包括东南亚)、中亚(包括南亚)和西亚，东亚(包括东南亚)具体国家包括老挝、东帝汶、印度尼西亚、柬埔寨、越南、菲律宾、蒙古等，中亚(包括南亚)主要有阿富汗、尼泊尔、塔吉克斯坦、土库曼斯坦、白俄罗斯、斯里兰卡、马尔代夫等，西亚包括巴勒斯坦、也门、叙利亚、黎巴嫩、伊朗等。因2018级欧洲籍预科生仅有一人，故不参与此次分析，具体数据结果如图2所示。

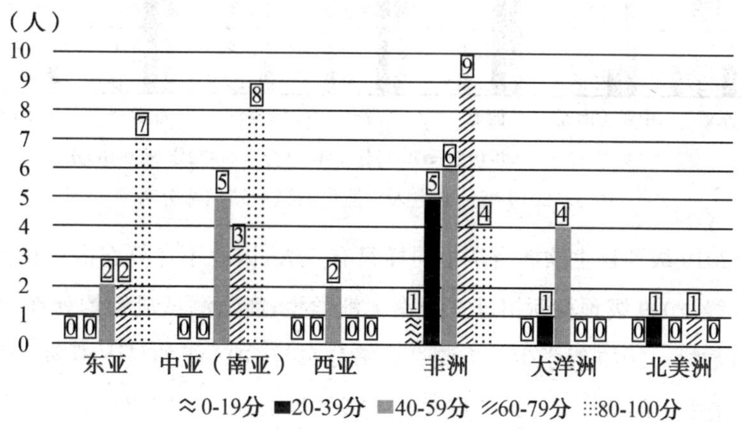

图2　2018级预科生入学能力测试成绩洲际分布

由图2可知，来自东亚和中亚的学生在入学时拥有较其他地区更强的数学水平和学能，东亚学生中80—100分数段人数占总人数的63.6%，中亚学生中80—100分数段人数比例为50%；非洲籍学生各分数段相对平衡，近似符合正态分布；西亚、大洋洲和北美洲学生人数虽然少，但是整体来看普遍水平不如东亚和中亚。

由于2018级预科生与2019级预科生入学能力测验为同一套试卷，因此可以认定两级学生考试难度一致，但2019级学生入学能力测试成绩呈现出与2018级学生较大的差异，如图3所示。

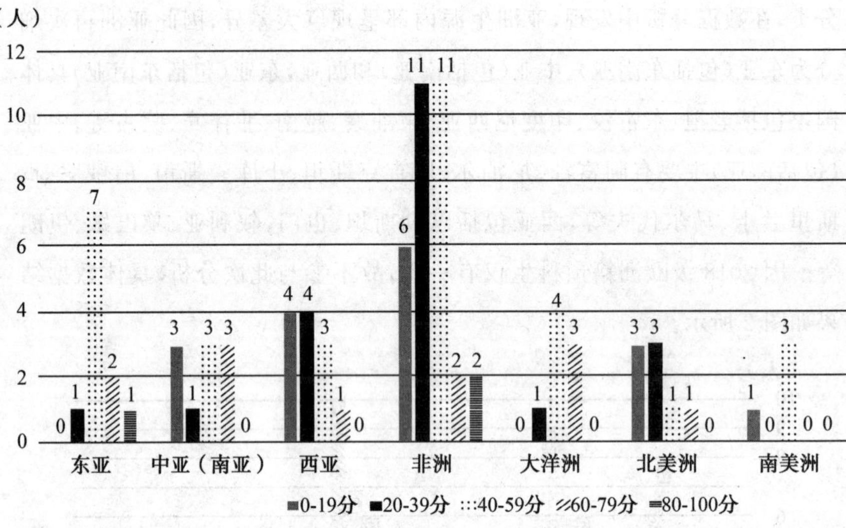

图 3　2019 级预科生入学能力测试成绩洲际分布

2019 级预科生欧洲籍学生同样只有一人，因此不计算在内。相比于 2018 级，2019 级预科新招进 3 名南美洲学生，能力测试成绩均处在 40—59 分数段。2019 级学生能力测试成绩分布与 2018 级的最大不同为学生成绩集中中部阶段，与 2018 级总体上零散均衡的分布图谱迥异。洲与洲之间，东亚学生入学时学能依然领先于其他地区学生；大洋洲学生学能相比于 2018 级大洋洲学生有所提高，在 2019 级中相比于其他地区也处在领先位置。从整体上看，2019 级对比 2018 级在入学能力测试时高分学生少，但是由于预科数学结业考试为合格制，判断是否拥有符合预科数学和医学专业要求的数学学能的关注点并不在高分部分学生，而是中低段学生，所以 2019 级高分段学生人数虽少于 2018 级，但是其近似正态的分布意味着 2019 级不符合学能要求的学生人数未必较 2018 级多。因此，需要结合 2018 级预科生 CSC 结业数学考试成绩，分析入学能力测试成绩与结业考试成绩之间的联系，寻找判断学生是否适合预科数学教育和进入医学专业学习的“学能合格线”。

四、“学能合格线”的数据化

为方便优化来华留学医学预科生选拔标准，本文设立“学能合格线”，旨在帮助学生在预科学习后成功通过 CSC 数学结业考试的最低学能要求，在线上视为大概率可以通过预科教学、掌握符合医学专业要求的数学能力，在线下则视为不适合接受预科数学教学和进入医学本科专业学习。

“学能合格线”的划分方法是将学能和学生最终结业考试成绩联系起来，即找出学生入学能力测试成绩和 CSC 结业考试成绩的相关性，因此需要对预科生 CSC 结业考试成绩进行数据分析。2018 级预科生结业考试成绩分析结果如图 4 所示。

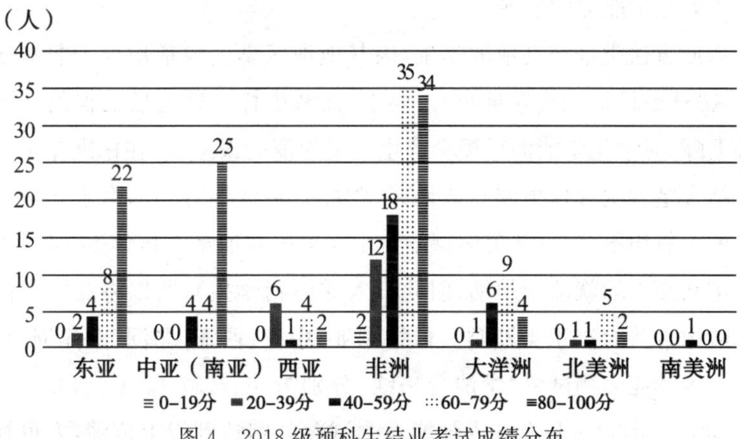

图 4　2018 级预科生结业考试成绩分布

宏观观察图 4，东亚、中亚学生大部分均能获得 80 分以上的分数，这和该地区学生入学能力测试成绩相符；非洲学生成绩多数集中在 60—79 分数段，此外非洲学生在 40—59 分数段的学生也较多，以此判断非洲地区学生“学能合格线”准确性会较高。上文已述，2018 级预科生未通过结业数学考试的人在入学能力测试中平均分为 30.8 分，标准差为17.7，可知未通过最终考试的学生普遍学能较差，学能与最终考试成绩呈近似正相关关系，因此提取结业考试中接近及格线学生的能力测试成绩加以平均，即可推算出达到数学结业考试及格水平学生所需的最低学能要求。取非洲学生中结业考试接近及格线的 10 人,成绩分别为 56 分、56 分、57 分、58 分、59 分、60 分、60 分、61 分、63 分、63 分,平均分为 59.3 分,方差为 6.68,标准差为 2.45,相对集中;这 10 名学生入学能力测试成绩分别为 50 分、46 分、21 分、缺考、33 分、58 分、52 分、31 分、61 分、缺考,平均分为 44.0,标准差为 13.3。考虑到标准差对于划定合格线仍偏大,将筛选出的 10 名学生的 8 个能力测试成绩进行向下调整,以寻找标准差较低的下限合格线,当调整为 48 分、46 分、21 分、缺考、33 分、48 分、48 分、31 分、48 分、缺考时,标准差降为 9.88,此时平均分为 40.4 分。因此,非洲学生入学能力测试的"学能合格线"为 40.4,即在入学能力测试中达到 40.4 分的非洲籍学生,视作拥有能够通过预科教学掌握通过结业考试进入医学专业学习所需数学能力的学能。

以此方法类推至其他洲学生,因其他地区学生数量均少于非洲地区学生,筛选数量均无法满足 10 人要求,而减少样本数之后数据的精准度势必下降,对学生学能的反馈会产生一定程度的误差,故在标准差较大时需要结合笔者主观权衡调整该地区"学能合格线"。此外,由于北美洲和南美洲人数均不多,且北美洲籍学生中无美国和加拿大籍学生(唯一美国籍学生初高中均就读于加纳,因此归入非洲籍学生),所以将北美和南美学生数据合并为拉丁美洲类。最终东亚、中亚、西亚、非洲、大洋洲、拉丁美洲在入学能力测试的"学能合格线"分别为 35.7、37.1、41.5、40.4、41.4、41.0,即各大洲学生只有在入学能力测试时分别达到以上成绩,方可视为经过预科数学教学可大概率通过 CSC 结业数学考试。

五、"学能合格线"的高中毕业成绩对应

入学能力测试可以大致反映出新生入学时的数学学能,但是受条件限制,国内多数高校在招生时无法对学生进行入学能力测试,只能获取学生在高中阶段的成绩单,以此为依据进行招生。为此,将入学能力测试的

"学能合格线"与不同地区高中毕业成绩对应起来也是必要的。由于不同国家之间评分标准不一致,而招收学生名额分摊到具体国家之后每个国家学生数都达不到足够数量进行分析,因此只有忽略同一大洲内部不同国家间评分标准的差异,视作人洲内部相对统一;亚洲因生源数量多、内部差异大,同样分为东亚(包括东南亚)、中亚(包括南亚)和西亚进行研究。

2018 级预科生和 2019 级预科生接受的入学数学能力测试卷为同一套,难度一致,2018 级学生入学能力测试的"学能合格线"可以适用于 2019 级预科生,2019 级预科生参加数学能力测试者共 86 人,现收集到其中 65 名预科生高中毕业数学成绩,数据分析结果如图 5 所示。

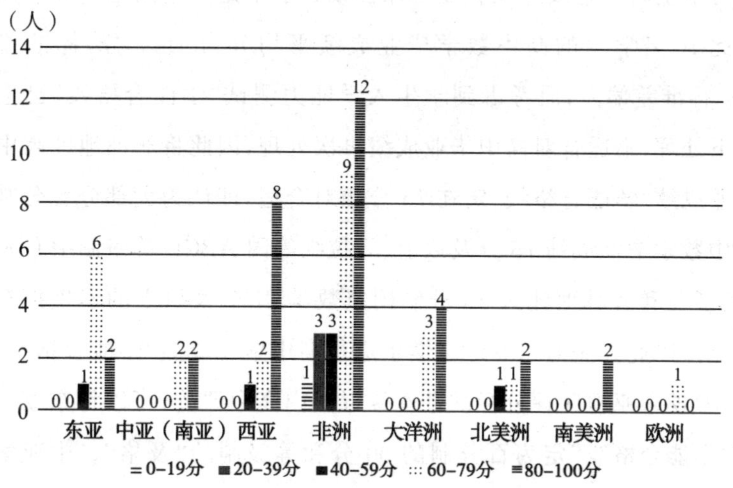

图 5　2019 级预科生高中毕业数学成绩分布

不同国家评分制不同,除以百分制评分的国家为主体外,ABCD 等级评分制国家也占有一定比重,其余还有 15 分制、60 分制、150 分制和多等级评分制。为统一数据录入标准,分数制国家的学生成绩一律折算为百分制,非分数制国家的学生成绩均询问其等级所代表分数段,取其分数段的中位数纳入统计,最终得到图 5 所示结果。根据图 5,中亚、西亚、非洲、大洋洲和拉丁美洲的学生成绩主要集中在 80—100 分数段，东亚学生的成绩主要集中在60—79分数段，可见地区之间成绩差距明显，预科结业考试中成绩最高的东亚学生的高中成绩为各地区最低，入学能力测试“学能合格线”最高的西亚学生在高中成绩评定中获得80分以上的占比达72.7%。

以人数最多的非洲学生为例，取非洲学生中最接近非洲能力测试“学能合格线”的10名学生，成绩分别为36.5分、37分、38分、40分、40分、40分、41分、43分、44分、44分。这10名学生的高中毕业数学成绩分别为无、85分、无、75分、95分、40分、83.3分、66.3分、95分、50分；“无”为学生高中阶段并没有数学课程或数学不是学生高中毕业考试科目。此10名学生的高中数学毕业成绩平均分为78.7分，标准差为18.98，标准差偏大，但考虑到学生入学能力测试“学能合格线”已进行过向下处理，不适合对高中毕业成绩再次处理，因此将非洲地区高中数学毕业成绩“学能合格线”定在75分相对合适，即认为大部分百分制国家高中数学毕业成绩75分及以上、马拉维等国ABCD等级制中C及以上、圣多美和普林西比等15分制国家数学11分及以上的学生拥有达标学能。以此方法对东亚地区学生进行高中毕业成绩“学能合格线”的探查，发现东亚地区评分标准基本接近国内高中评分，可以将东亚学生数学“学能合格线”定为百分制的60分和等级制的“及格”。中亚学生高中毕业数学成绩分数较高，有必要适当提高对该地区学生的数学门槛，可以将中亚学生数学“学能合格线”定为百分制的85分，即等级制中的B。西亚、大洋洲和拉丁美洲呈现与入学能力测试差距较大的情况，这些地区2019级学生高中毕业成绩达80分以上的比重分别为72.7%、57.1%、66.7%，但在入学能力测试中均没有80分以上的学生，且及格学生占比分别为8.3%、42.9%、9.1%，可以推论这三个地区国家对于高中数学要求较之国内低，大部分学生在母国完成高中数学课程之后并不能达到中国医学本科预科数学的要求。

六、建议

前文通过寻求学生高中数学毕业成绩、入学能力测试成绩和CSC结业考试成绩之间的相关性，由2018级预科生能力测试成绩和CSC结业考试成绩推算出学生在入学能力测试中的“学能合格线”，再由2019级预科生能力测试成绩和高中毕业成绩推算出学生在高中毕业成绩的“学能合格线”，虽然经过两层推演得出的“学能合格线”受国家间评分制度差异、样本量少、标准差大等因素影响而存在一定程度的误差，但是可以为国内医学专业预科培养学校提供基本的参考价值。根据推演数据，本文为国内医学专业招收留学生标准和预科培养学校的数学培养方式提出如下建议。

1.推荐数学学能严重不足的学生优先报考其他人文学科。数学是攻读医学专业的必备学科、研习医学的重要工具，数学学能较低会给学生本科学习带来极大的困难。因此，在招生时可以根据本文所得三项考试的相关性从学生高中阶段数学成绩中初步评估学生数学学能是否足够应对医学专业的需要。在调查过程中发现，部分中东国家学生毕业于宗教学校，因此在高中阶段并未接受过系统的数学教育，也没有高中数学成绩。这类学生数学基础薄弱，在入学测试中通常表现不佳，接受预科数学教学时相对困难，最终通过CSC结业考试中数学这门课程的难度很大。对于这类数学学能严重不足的学生，本文认为推荐他们优先攻读对数学要求较低的人文学科为宜，扬长避短。若这类学生有强烈的医学学习意愿，招收之后也不能和其他同学一样从第二学期才开始上数学课，而是必须从入学时就进行数学基础训练，在数学课开课前掌握数学课必需的符号、数学语言等基础知识。

2.数学学能较低的学生需要利用第一学期数学课未开课的时间弥补基础知识。除了在之前学习阶段未接受数学学习导致学能严重不足的情况外，来自非洲、大洋洲、拉丁美洲的许多学生，由于高中阶段数学课程要求低、难度低，学生掌握数学知识量不足，学能同样较低。这类学生也很难达到本文拟设的“学能合格线”，但他们毕竟之前进行过数学学习，拥有一定的基础。对于这类学生，首先应当对他们进行专门的能力测试以检验其所掌握的知识点，其次是从第一学期开始针对他们尚未掌握的知识点进行补习，拥有所需的知识储备。

3.对于数学学能足够的学生，可以适当将部分数学学习时间更替为专业学习时间。由前文所列“学能分布图”可以发现，来自不同地区的学生成绩分布两极分化严重，标准差极大。基础薄弱的学生难以达到“学能合格线”，而许多来自欧美、东亚地区的学生在入学考试中的成绩高出“学能合格线”很多，部分学生甚至在入学时就已经达到了就读医学专业所需的数学水平。对于这类学生，再花费大量时间用于数学技能训练是收益不多的，反而应当增加他们相关专业课的时间，使其提早适应本科阶段的专业课学习。

综上所述，本文通过CSC结业考试成绩与入学能力测试成绩的相关性、入学能力测试成绩和高中数学毕业成绩的相关性，推演得出通过学生高中数学毕业成绩评估学生数学学能的“学能合格线”。其目的就是方便学校在招收和培养学生过程中对不同学能的学生因材施教，让数学学能严重不足的学生尽可能避开对数学要求高的专业，让基础薄弱的学生在数学课开课前接受强化基础训练，让学有余力的学生则可以平衡数学学习和专业课学习的时间分配，从而让不同学能的学生都有更好的发展。

谭　天：山东大学国际教育学院博士研究生

王恺龙：山东大学国际教育学院博士研究生

王义文：山东山科数字经济研究院有限公司职员

来华预科留学生阅读策略调查研究[①]

【摘要】 学习策略在二语习得研究中占据重要的地位，而阅读策略是学习策略研究领域的一个主要组成部分。目前我国对外汉语界对汉语学习者阅读策略的研究成果数量较少，针对来华预科留学生阅读策略的专门研究则是其中的一个空白。本文调查了来华预科留学生的阅读策略，研究其使用阅读策略的一般特点和个体因素对阅读策略的影响，并将策略使用情况与其 HSK 考试中的阅读成绩进行了相关性分析，在此基础上探讨对汉语阅读教学的启示。

【关键词】 预科留学生 问卷调查 阅读策略 阅读成绩

一、引言

20 世纪 70 年代末，学者们对第二语言阅读的研究开始侧重于阅读策略。国内外的许多研究者在阅读策略的理论研究或实证研究方面作出了很大的贡献，但是这些研究大都集中在英语作为外语或第二语言方面。

国外研究者早期的阅读策略研究一般是描述性的，样本数量较少，常采用“有声思维”的方法。如 E.布洛克运用此法研究发现，成功学习者相对于不成功的学习者能更好地监控阅读过程，灵活且有意识地使用阅读策略，还能根据不同的阅读内容和阅读目的采用不同的策略。[②] 近年来

① 本文得到山东大学自主创新项目及山东省社会科学规划研究项目(项目批准号为 10CWXJ14)的资助。

② E.Block, “The Comprehension Strategies of Second Language Readers”, *TESOL Quarterly*, No.3, Vol.20, 1986, pp.463-494.

的研究者更多关注实证研究，侧重阅读策略中的认知过程研究、阅读策略与其他方面的关系等，样本数目一般比早期研究增多，试验方法也更加多样化。辛格尔(M.Singhal)从七个方面对二语习得者的阅读策略和元认知意识在阅读理解中的作用作了全面而详尽的描述。① 莫赫塔里(K.Mokhtari)等于2002年提出了很有价值的阅读策略调查表(Survey of Reading Strategies)，目的在于评估以英语为二语的学生的元认知意识与有意识运用阅读策略的情况。② 伍尔(Wurr)等研究了熟练成人二语习得者，发现回顾性失误分析能有效促进二语习得者在阅读过程中有意识地运用阅读策略。③

国内对外汉语界对汉语作为第二语言的学习策略研究才刚刚起步，只有零星的研究成果，还构不成系统，微观方面的研究也大都集中在汉字、口语、听力策略等技能上，对阅读策略的研究成果并不多。刘颂浩采用"出声思考法"，对20名高级水平汉语学习者阅读中的理解监控情况进行了考察，此研究是对汉语学习者理解监控策略的首次尝试。④ 吴门吉通过对留学生阅读成绩的分析，发现其阅读存在国别差异，但不存在性别差异，语料难度、题干与选项、猜测线索、语篇理解等是影响学生阅读理解的重要因素。⑤ 钱玉莲在访谈和调查问卷的基础上，构建了她的中文阅读学习策略量表，并据此对中高级阶段韩国留学生的阅读策略进行了调查。⑥

目前针对来华预科留学生的阅读策略进行的研究还是一个空白。来

① M. Singhal, "Reading Proficiency, Reading Strategies, Metacognitive Awareness and L2 Readers", *The Reading Matrix*, No.1, 2001, pp.36-54.

② K. Mokhtari & R. Sheorey, "Measuring ESL Students' Awareness of Reading Strategies", *Journal of Developmental Education*, No.3, Vol.25, 2002, pp.2-10.

③ Wurr, et al., "Retrospective Miscue Analysis With Proficient Adult ESL Readers", *Journal of Adolescent & Adult Literacy*, No.4, Vol.52, 2008, pp.324-333.

④ 参见刘颂浩:《汉语学习者阅读中的理解监控行为考察》,《暨南大学华文学院学报》2002年第3期。

⑤ 参见吴门吉:《影响留学生阅读因素的考察》,周小兵、宋永波主编《对外汉语阅读研究》,北京:北京大学出版社2005年版,第97-111页。

⑥ 参见钱玉莲:《韩国学生中文阅读学习策略调查研究》,《世界汉语教学》2006年第4期。

华预科留学生是特定的教学群体，也是来华留学生的重要组成部分。此项目要求用1—2年时间，通过强化教育，使学生在汉语言知识和能力、相关专业知识以及跨文化交际能力等方面达到进入我国高等学校专业阶段学习的基本标准。因此，预科班学生接受的是高强度、大密度的教学模式，时间紧、目标高、任务重，学生的学习压力大，对策略的要求更为紧迫。

鉴于阅读和阅读策略的重要性、当前对外汉语界对阅读策略问题的研究现状以及来华预科留学生的特点，我们认为需要对来华预科留学生的汉语阅读策略做较为深入的考察和探讨。

二、研究设计

（一）研究对象

山东大学2009年来华的6个班共118名预科留学生参加了问卷调查和HSK测试，合格问卷104份，其中男生56人，女生48人，年龄在17—28岁，来自39个国家和地区。所有的学生都是零起点学习汉语，在山东大学经过一年的高强度集中学习后，统一参加了2010年6月的HSK（初中等）考试。

（二）调查工具

本研究所用的调查工具是一个阅读策略核查表。该表先收集了预科生的个人情况，包括姓名、出生日期、性别、国籍和所在班级；具体内容是基于安德森（N. J. Anderson）的第二语言阅读策略调查表[①]，根据预科生学习汉语的具体情况制定的一个改编版本，分为认知策略（策略1—20）、元认知策略（策略21—32）、补偿策略（策略33—43）和情感/社会策略（策略44—50）四类，每一策略有5个选项，采用李克特五级记分制。要求研

① N. J. Anderson, *Exploring Second Language Reading: Issues and Strategies*, Boston: Heinle & Heinle, 1999.

究对象客观评价每一项陈述符合自己的程度，在后面的方框中选择 1、2、3、4 或 5。其中 1＝从来或几乎不这样做(Never or almost never true of me)；2＝通常不这样做(Usually not true of me)；3＝有的时候这样做(Sometimes true of me)；4＝通常这样做(Usually true of me)；5＝一直或几乎都这样做(Always or almost always true of me)。

(三)数据收集和分析

问卷收回后，所有数据通过软件 SPSS 16.0 进行了统计、分析和处理，以得到平均值、频率、标准差、独立样本 T 检验或单因素方差检验、相关系数和多元回归分析的结果。

(四)问卷调查评判指标

本调查问卷以可行性、信度和效度作为评判指标。

问卷共发出 118 份，收回有效问卷 104 份，有效问卷率为 88.1%，表明大多数预科生能够接受调查并圆满完成，本表可以在预科生中进行调查应用。

在量表的信度检验中，全部策略及各部分策略的总体信度克隆巴赫系数均大于 0.7，为高信度，表明了该表的稳定性和可靠性。

本表采用结构效度来测量其效度。其分析方法是因子分析，各部分策略分别抽取若干公因子(认知策略 4 个，元认知策略 2 个，补偿策略 2 个，情感/社会策略 2 个)。对 50 个策略项目的评分进行因子分析，各项目在相应因子上的因子负荷值均大于 0.4，这些因子可解释总体方差的 57.96%，因此可以认为该表具有较好的结构效度。

三、结果和讨论

(一)预科留学生使用阅读策略的描述性分析

四类策略和总体策略的使用情况如表 1 所示。

表 1　研究对象的各分类策略及总体策略使用情况

	平均值	排序	标准差
认知策略	3.63	4	0.98755
元认知策略	3.64	3	1.003833
补偿策略	3.73	1	1.011818
情感/社会策略	3.67	2	1.042857
全部策略	3.66		1.011515

从总体上看，预科生在阅读策略选择方面呈现出趋同性，各类策略的平均值都在3—4，但均未达到理想的程度。这表明他们一般使用阅读策略，但未达到普遍使用的程度。

策略均值排序的情况是补偿策略＞情感/社会策略＞元认知策略＞认知策略。这与有些研究者的研究结果不同。江新认为，留学生学习汉语最常用的策略是社交策略、元认知策略、补偿策略，其次是认知策略，最不常用的是记忆策略和情感策略。①

通过标准差的对比，留学生在认知策略的使用上分歧最小，说明他们对认知策略的看法比较一致。

认知策略与元认知策略的使用频率相对另两类策略低，这可能是因为预科生们相对还没有掌握良好的阅读技巧和方法。此外，绝大多数学生学习目的性都很强，阅读应试性明显，缺乏对阅读过程中认知策略与元认知策略有意识的培养。

（二）有个体差异的预科留学生在阅读策略使用上的比较与分析

1.不同性别的预科生在阅读策略使用上的比较与分析

研究对象中男生56人，占样本的53.8%；女生48人，占样本的46.2%，他们在阅读策略上的差异如表2所示。

① 参见江新：《汉语作为第二语言学习策略初探》，《语言教学与研究》2000年第1期。

表 2　男生和女生阅读策略的均值比较和独立样本 T 检验

	性别	平均值	标准差	独立样本 T 检验	
				T 值	Sig. T
认知策略	男(N=56)	3.6267	0.58620	−0.080	0.937
	女(N=48)	3.6359	0.58458		
元认知策略	男(N=56)	3.6432	0.67734	−0.016	0.987
	女(N=48)	3.6454	0.63311		
补偿策略	男(N=56)	3.7694	0.67654	−0.576	0.566
	女(N=48)	3.6915	0.70092		
情感/社会策略	男(N=56)	3.7181	0.65187	−0.725	0.470
	女(N=48)	3.6270	0.62402		

从均值看，男生和女生在各项策略的使用频率上相差不多，男生在补偿策略和情感/社会策略方面略占优势。从 T 统计量的相伴概率来看，各项策略均大于 0.05，说明男女生在各项策略的使用上均无显著性差异，这个结果与江新[①]、钱玉莲[②]的研究结果是一致的。

本研究中的预科生都在中国学习，无论是男生还是女生，学习汉语的压力都很大，目的性也都很强，因此均能积极选择学习策略，努力完成阅读任务，所以这些学生在性别上没有显著差异。

2.不同地域来源的预科生在阅读策略使用上的比较与分析

从地域来源方面将预科生分为三类：亚洲、非洲和欧美洲。不同地域来源预科生的策略使用情况如表 3 所示。

① 参见江新：《汉语作为第二语言学习策略初探》，《语言教学与研究》2000 年第 1 期。
② 参见钱玉莲：《韩国学生中文阅读学习策略调查研究》，《世界汉语教学》2006 年第 4 期。

表 3　不同地域来源的预科生阅读策略的均值比较和单因素方差分析

	年龄分组	平均值	标准差	单因素方差分析	
				F 值	Sig. F
认知策略	亚洲（$N-32$）	3.8102	0.59165	2.266	0.109
	非洲（$N=57$）	3.5592	0.59358		
	欧美洲（$N=15$）	3.5214	0.45351		
元认知策略	亚洲（$N=32$）	3.8506	0.65291	2.374	0.098
	非洲（$N=57$）	3.5587	0.67182		
	欧美洲（$N=15$）	3.5288	0.50736		
补偿策略	亚洲（$N=32$）	3.9392	0.66265	2.587	0.080
	非洲（$N=57$）	3.6036	0.71819		
	欧美洲（$N=15$）	3.7869	0.50460		
情感/社会策略	亚洲（$N=32$）	3.7879	0.64387	0.711	0.494
	非洲（$N=57$）	3.6232	0.64245		
	欧美洲（$N=15$）	3.6381	0.61768		

从均值看，来自亚洲的预科生策略平均值均高于来自其他地域的学生。但通过方差分析，其相伴概率均大于 0.05，说明来自亚洲、非洲和欧美洲的学生在各项策略上的差异性并不显著。江新认为，在学习策略的使用上，亚洲留学生比欧洲留学生更经常使用情感策略，在社交策略上，前者比后者稍微多些，但在其他策略的使用上，不同母语的学生没有显著差异。①

这可能有两个方面的原因：一是虽然他们来自不同的地域，具有不同的文化背景，但其中大多数人在本国的官方语言之一都是英语，或者英语是他们在本国学校学习期间的教学语言；二是他们对中国的了解差异不

① 参见江新：《汉语作为第二语言学习策略初探》，《语言教学与研究》2000 年第 1 期。

大，而且几乎同时来到中国，都是零起点学习汉语，也都是在同一个环境下学习，所以他们在策略的选择上差异性并不显著。

3.不同年龄组的预科生在阅读策略使用上的比较与分析

按年龄划分，预科生被分为18—19岁、20—24岁、25—29岁三个年龄组。不同年龄组预科生的策略使用情况如表4所示。

表4　不同年龄组的预科生阅读策略的均值比较和单因素方差分析

	年龄分组	平均值	标准差	单因素方差分析	
				F 值	Sig.*F*
认知策略	18—19岁（*N*＝26）	3.3519	0.62346	5.291	0.007
	20—24岁（*N*＝68）	3.7581	0.53419		
	25—29岁（*N*＝10）	3.4921	0.55883		
元认知策略	18—19岁（*N*＝26）	3.4184	0.71957	3.734	0.027
	20—24岁（*N*＝68）	3.7684	0.63059		
	25—29岁（*N*＝10）	3.3871	0.40152		
补偿策略	18—19岁（*N*＝26）	3.4580	0.87707	4.272	0.017
	20—24岁（*N*＝68）	3.8718	0.57461		
	25—29岁（*N*＝10）	3.5091	0.60483		
情感/社会策略	18—19岁（*N*＝26）	3.4551	0.74585	2.607	0.079
	20—24岁（*N*＝68）	3.7759	0.58572		
	25—29岁（*N*＝10）	3.5714	0.57143		

从均值看，年龄处于中间阶段的预科生使用阅读策略的频率最高。通过方差分析，认知策略、元认知策略和补偿策略相伴概率均小于0.05，说明不同年龄组的学生在这三项策略上有显著差异，而在情感/社会策略上没有显著差异。处于中间年龄阶段（20—24岁）的学生在四类策略上与年龄较小的学生（18—19岁）存在显著差异，而且其四类策略平均值均

明显高于其他两组。李强等人认为，20—30 岁的留学生较其他年龄组的学生更擅长使用记忆策略。①

比起 18—19 岁的预科生，20—24 岁的预科生更为成熟，在非母语环境下能够更熟练地使用策略；而 25—29 岁的预科生年龄偏大，可能会在记忆力、热情度等方面不如年龄在 25 岁以下的预科生，也可能是由于本组样本数目过少（仅有 10 人），因此造成了上述结果。

（三）高分组和低分组预科生使用阅读策略的比较与分析

阅读水平的高低按照预科生 HSK 阅读成绩，分成高分组和低分组两个样本。高分组样本为阅读成绩在 75 分及以上的 16 名学生，低分组学生 15 名，阅读成绩在 22—39 分。两组预科生的策略使用情况如表 5 所示。

表 5　高分组学生和低分组学生阅读策略的频率分布和独立样本 T 检验

	高低分组	平均值	标准差	独立样本 T 检验	
				T 值	Sig. T
认知策略	低分组（$N=15$）	3.4981	0.50770	−1.168	0.252
	高分组（$N=16$）	3.7245	0.56721		
元认知策略	低分组（$N=15$）	3.5535	0.57088	−0.900	0.375
	高分组（$N=16$）	3.7343	0.54667		
补偿策略	低分组（$N=15$）	3.4788	0.59659	−2.465	0.020
	高分组（$N=16$）	3.9824	0.54065		
情感/社会策略	低分组（$N=15$）	3.5429	0.60417	−1.049	0.303
	高分组（$N=16$）	3.7530	0.50947		

① 参见李强、姚怡如、刘乃仲：《汉语学习策略与个体因素的相关性研究》，《语言教学与研究》2011 年第 1 期。

从均值看，高分组学生在各类策略上均明显高于低分组学生，这说明高分组学生在日常的汉语学习中发展了良好且持续的阅读习惯，从而巩固了不同类型的阅读策略。吕峡等也通过均值发现高分组越南留学生使用学习策略的态度更为积极。①

高分组预科生和低分组预科生在认知策略、元认知策略和情感/社会策略的使用上没有显著差异，仅在补偿策略上存在显著差异。T 检验发现高分组与低分组学生在某些单项策略的使用上存在显著差异：高分组学生善于有效运用猜测、把握整体等认知策略，主动分析篇章等元认知策略，利用已有的知识、各种记忆方法等补偿策略，自我鼓励等情感策略；低分者尽管也使用这些策略，但是由于某些原因，他们不能有效地运用它们。而吕峡等发现高、中、低分组越南留学生学习策略方面的差异不显著。②

（四）阅读策略与阅读成绩的相关性

本研究采用皮尔逊（Pearson）积矩相关系数分析预科留学生阅读策略的总体使用情况和阅读成绩的关系，相关分析的结果如表 6 所示。

表 6　阅读策略与 HSK 阅读成绩的相关性分析

	阅读策略与 HSK 阅读成绩的相关性	
	Pearson 相关系数	Sig.（2－tailed）
认知策略	0.275**	0.005
元认知策略	0.186	0.059
补偿策略	0.308**	0.001
情感/社会策略	0.151	0.125

注：** 表示在 0.01 的显著性水平上显著。

就全体预科生而言，认知策略和补偿策略均与阅读成绩显著相关，且

① 参见吕峡、林可：《越南留学生汉语学习策略与 HSK 成绩的关系》，《高教论坛》2007 年第 3 期。
② 参见吕峡、林可：《越南留学生汉语学习策略与 HSK 成绩的关系》，《高教论坛》2007 年第 3 期。

为正相关。补偿策略的相关系数最高，$r=0.308$，$P<0.01$；认知策略次之，相关系数 $r=0.275$，$P<0.05$。而元认知策略虽然与成绩不相关，但 $P=0.059$，也接近 0.05 的界值，说明元认知策略对阅读成绩还是起到了一定的作用。情感/社会策略与阅读成绩之间没有显著相关性，这可能与考试内容有关，HSK 汉语考试是笔试，而情感策略总体而言是语言应用能力，这是考试所不包含的内容。此外，阅读成绩的高低除了与阅读策略有关外，还与其他因素有关，比如母语影响、智力水平、学习动机等。

为了进一步验证阅读策略与阅读成绩的关系情况，笔者采用逐步进入法(stepwise)对 104 名研究对象的阅读策略与其阅读成绩进行多元回归分析，达到统计学显著性的自变量($P<0.05$)才能进入回归方程，结果如表 7 所示。

表 7　阅读策略与 HSK 阅读成绩的回归分析结果

	R	R^2	调整 R^2	估计标准误	F 变化	B	*Beta*	T 值	Sig. T
认知策略	0.275	0.076	0.067	2.670	8.376	7.727	0.275	2.894	0.005
补偿策略	0.308	0.095	0.086	2.246	10.671	7.336	0.308	3.267	0.001

预科生的认知策略和补偿策略进入回归方程。认知策略作为第一个变量进入方程后，发现它可解释成绩变异的 6.7%(调整 $R^2=0.067$)，对学生的阅读成绩有 27.5%的贡献($Beta=0.275$)，这进一步说明了认知策略在学习过程中的重要性，认知策略对于阅读成绩具有一定的预测力。

补偿策略作为第二个变量进入回归方程后，对阅读成绩的解释系数增加了 8.6%(调整 $R^2=0.086$)。通过前面的分析亦可知，补偿策略对于这些研究对象是一个不可忽视的因素，具有较高的预测力。这两项策略对阅读策略的预测力均为正值。

从以上回归模型的系数可见，显著性均小于 0.05，都具有统计学上的意义。

四、对汉语阅读教学的启示

（一）做好课前准备，选择适当的阅读材料

充分的准备是有效教学的前提，教师应当认真研究阅读教材和教学方法，明确阅读的教学目标，设计符合学生需求的课堂活动，保证学生积极主动地参与。

在选材方面，苏宁认为，教师的责任是选择学生感兴趣的、语言程度适宜的教材，提供具体的指导，并计划辅助活动以鼓励学生阅读。[①] 因此，除教材外，教师应该为不同阅读水平的学生提供内容丰富、原汁原味的汉语阅读材料。此外，汉语教师要借鉴国外二语阅读教材的优点，对汉语作为第二语言教学的阅读教材开展调研和编写。

（二）针对学生特点，引导学生树立策略意识

教师要针对预科留学生使用阅读策略的特点，采取有效手段，引导他们积极主动地使用各种阅读策略，尤其是认知策略和元认知策略。根据本研究，认知策略与 HSK 阅读成绩显著相关，却是留学生较少采用的策略；虽然元认知策略与成绩没有显著相关性，而且也是学生不常采用的策略，但此类策略是对认知策略的认知，是非常重要的。因此，这两类策略是这些留学生应该强化的部分。对于汉语作为第二语言的学习者而言，教师应该引导学生把阅读策略应用到阅读中，例如，总结所读内容帮助理解、读前预测等；同时，也应该加强学习元认知理论，尽量把它们应用到阅读过程中，例如明确阅读目标、做阅读计划、监控阅读过程、评估阅读成果等。

教师还应该知道学生的不同特点，因为他们的性别、家庭背景、智力

① 参见苏宁：《国外第二语言阅读研究的当代发展》，《国外外语教学》1998 年第 4 期。

水平、兴趣爱好等都对他们的认知过程有着不同的影响,所以教师要根据他们自身的特点有针对性地引导学生应用阅读策略,树立策略意识。

(三)坚持进行阅读策略培训

国内外很多研究者都证明,策略培训对于激发学生的学习动机、提高认知和元认知水平、增强学生自我监控能力具有十分积极的作用,这不仅说明了策略培训的有效性,而且也说明了正常的课堂教学中进行策略培训的可行性。

根据本研究结果,阅读水平不高的读者也都能或多或少意识到阅读过程中策略的重要性,但是在实际阅读过程中未必能真正地贯彻实施。因此,教师在教学过程中应当引入具体相关的阅读策略并使学生有意识地不断实践直至最后能够自动应用。

汉语教师可以参考近年来的一些学习策略培训课程,结合学生的个体情况,指导和培训他们进行具体的阅读策略应用。

(四)课后建立阅读室,面对面指导学生

除了学生自身利用各种媒介扩大阅读量之外,教师还可以建立专门的阅读室,定期到那里去面对面指导学生的阅读,或让学生们彼此进行合作阅读。为了在有限的时间内更有效地达到阅读目的,学生会经常有意识地使用各种阅读策略,尤其是在能够得到老师的及时帮助,或者与其他同学合作能及时解决阅读中的困难的情况下。

总之,本研究揭示了预科留学生阅读策略运用和阅读水平的密切关系,所以指导留学生成为更好、更有效的策略性阅读者,是对外汉语教师的一项重要任务。

(原载《语言教学与研究》2012 年第 2 期)

张　晶:山东大学外国语学院副教授

王尧美:山东大学国际教育学院教授

来华预科留学生汉语课堂焦虑、汉语自我效能研究

【摘要】 本文以山东大学2014届中国政府奖学金本科来华留学生为研究样本，通过发放问卷的方式调查了来华预科留学生的汉语课堂焦虑状况、汉语自我效能状况，分析了学习者的性别、地区、性格因素对两者的差异性影响，以及焦虑、自我效能与成绩的相关性。本文研究结果表明：(1)汉语课堂焦虑方面，来华预科留学生的汉语课堂焦虑程度较高，汉语课堂焦虑与HSK四级成绩以及各部分成绩均呈显著负相关；(2)汉语自我效能方面，来华预科留学生的汉语自我效能普遍较高，在单项自我效能中最高的是阅读自我效能，其次是听力自我效能、写作自我效能，口语自我效能最低；(3)二者关系方面，整体来讲，来华预科留学生的汉语课堂焦虑与汉语自我效能呈显著负相关，焦虑对自我效能诸方面都有消极影响，汉语口语自我效能对汉语课堂焦虑有显著预测作用。

【关键词】 来华预科留学生　汉语课堂焦虑　汉语自我效能

一、引言

20世纪六七十年代，受人文主义心理学影响，外语教学从研究“如何教”转向研究“如何学”。研究者意识到，学习者的个体差异是二语习得成功与否的重要因素。其中，焦虑和自我效能作为外语学习者的两个重要情感因素，成为研究者探讨的重点。

霍维茨(E. K. Horwitz)等认为"外语学习焦虑是一个与课堂语言学习有关的,在这门语言学习过程中产生的显著的自我知觉、信念和情感情结"①。班杜拉(A. Bandura)等认为自我效能是"个体对有效控制自己生活诸方面能力的直觉或信念"②。

在对外汉语教学领域,关于焦虑和自我效能的研究相对较少,研究方法和形式较为单一,无论是研究深度还是广度都有待进一步深入。

来华预科留学生是中国政府着力培养的语言与技能兼备的人才,而且近年来数量逐年增长。与语言生相比,预科生的汉语教学模式具有课程紧、学业重、统一集中授课等特点。预科生在中国学习的时间较长,第一年的汉语学习将对后来其他学科的学习产生重要影响。对来华预科留学生的调查研究不受学习时间、学习动机、学习环境等因素的干扰,调查结果更为准确。国内目前对来华预科留学生的焦虑和自我效能研究成果较少。

焦虑和自我效能研究涉及心理学、二语习得、教育学、跨文化交际、统计学等多个学科,因此本文亦是跨学科的研究。

二、文献综述

我们将从国内外关于课堂焦虑、自我效能以及二者之间关系的角度来看目前的研究状况。

(一)国内外关于课堂焦虑的研究

国外关于课堂焦虑的研究有很多。关于焦虑的类别,一些学者把课堂语言焦虑分为促进型焦虑(facilitating anxiety)和妨碍型焦虑

① Elaine K.Horwitz and Joann Cope."Foreign Language Classroom Anxiety", *The Modern Language Journal*, No.2,Vol.70,1986,pp.125-132.

② Albert Bandura,"Human Agency in Social Cognitive Theory", *American Psychologist*, No.9, Vol.44,1989,pp.11-75.

(debilitating anxiety)两类。[①] 还有一些学者认为课堂焦虑是一种紧张和忧惧感,包含一般焦虑和交际焦虑。[②] 有学者总结了引起焦虑的六大原因:(1)学习者自身及相互的关系;(2)学习者的自我要求;(3)教学者的教学行为;(4)师生关系;(5)课堂活动;(6)语言测试。[③] 他们编制了相应的课堂焦虑量表来进行实证研究。

在对外汉语教学领域,汉语课堂焦虑的研究成果主要包括不同语言技能的焦虑,如阅读焦虑、听力焦虑等,以及课堂焦虑与成绩的相关性、个体因素对焦虑的影响、导致焦虑的原因等。钱旭菁调查研究了不同汉语水平的留学生的汉语焦虑情况,并分析了焦虑的个体差异。[④] 周文华研究了焦虑与学习成绩的关系。[⑤] 寇清华研究了蒙古国学生的汉语阅读焦虑状况。[⑥]

上述对焦虑的研究成果主要以静态研究为主,而随着外语学习者学习时间、学习环境、学习任务的变化,外语课堂焦虑也会有变化。目前,关于焦虑与其他情感因素的关系、焦虑的动态变化等研究还不多。对于外语焦虑还应该进行跟进式的动态研究,这样有助于深入挖掘导致焦虑的原因,更好地对症下药。

(二)国内外关于自我效能的研究

自我效能是社会认知理论(Social Cognitive Theory)中的一个重要概念。在社会认知理论家看来,"自我效能会对个体行为的许多方面产生影响,包括活动选择、目标、努力程度和坚持性,并进而最终影响着他们的学

① Alpert Richard and Ralph Norman Haber, "Anxiety in Academic Achievement Situations", *The Journal of Abnormal and Social Psychology*, No.2, Vol. 61, 1960, p.207.

② Peter D.MacIntyre and Robert C. Gardner, "The Subtle Effects of Language Anxiety on Cognitive Processing in the Second Language", *Language Learning*, No.2, Vol. 44, 1994, pp.283-305.

③ Chastain Kenneth, "Affective and Ability Factors in Second-Language Acquisition", *Language Learning*, No.1, Vol.25, 1975, pp.153-161.

④ 参见钱旭菁:《外国留学生学习汉语时的焦虑》,《语言教学与研究》1999 年第 2 期。

⑤ 参见周文华:《来华汉语言预科生学习焦虑考察》,《语言与翻译》2015 年第 2 期。

⑥ 参见寇清华:《蒙古国学生汉语阅读交流原因论析》,《云南师范大学学报》(对外汉语教学与研究版)2008 年第 5 期。

习和成就"[①]。

国外的研究主要关注自我效能与其他学习变量之间的关系。摩根等发现不同类型学生的学习自我效能和学业成绩之间有显著的相关关系。[②] 平特里奇等发现一般学习自我效能和自我调节之间显著相关。[③] 齐默尔曼总结认为,自我效能对学生表现的细微变化很敏感,与自我调节交互影响,并调节学生的学业成就。[④] 大量研究表明,学习自我效能对学业成就有着积极的正面影响和有效的预测作用,与监控行为、自我调节、目标、动机、焦虑等关系密切。

国内的研究主要集中在自我效能量表的制作上。徐彩华、程伟民首次自制了对外汉语教师教学效能感问卷Ⅰ和Ⅱ,前者用以测量新手型教师(教龄不超过两年)的教学效能感,后者用以测量专家型教师(教龄七年以上)的教学效能感。[⑤] 朱琳自主编制了汉语自我效能问卷,包含 6 个具体维度,共 22 项。[⑥] 王学琴编制了留学生汉语口语自我效能量表,包含 4 个维度,共 30 项。[⑦] 张莉编制了韩国汉语学习者汉语自我效能感量表,包含 5 个维度,共 34 项。[⑧]

目前国际上已有不少广泛应用的权威性量表,在学习自我效能量表编制方面,既有一般自我效能量表,也有特殊自我效能量表,不同量表的维度划分和测量重点也各有不同。国内学者也在借鉴国外具有代表性的量表的基础上,编制了适合不同学习群体的学习自我效能量表。但针对

① [美]简妮·爱丽丝·奥姆罗德:《学习心理学》,汪玲等译,中国人民大学出版社 2015 年版,第 103 页。

② Jerry Jinks and Vicky Morgan, "Children's Perceived Academic Self-efficacy: An Inventory Scale", *The Clearing House*, No.4, Vol.72, 1999, pp.224-230.

③ Paul R. Pintrich and Elisabeth V. De Groot, "Motivational and Self-Regulated Learning Components of Classroom Academic Performance", *Journal of Educational Psychology*, No.1, Vol.82, 1990, p.33.

④ Barry J. Zimmerman, "Self-efficacy: An Essential Motive to Learn", *Contemporary Educational Psychology*, No.1, Vol.25, 2000, pp.82-91.

⑤ 参见徐彩华、程伟民:《对外汉语教师自我教学效能感研究初探》,《汉语学习》2007 年第 2 期。

⑥ 参见朱琳:《日韩留学生汉语自我效能研究》,华东师范大学硕士学位论文,2009 年。

⑦ 参见王学琴:《留学生汉语口语自我效能研究》,南京师范大学硕士学位论文,2012 年。

⑧ 参见张莉:《韩国汉语学习者课堂焦虑、汉语自我效能及其关系研究》,山东大学硕士学位论文,2014 年。

汉语作为第二语言学习者的汉语自我效能量表相对较少,结构划分各有侧重,研究项目也不够深入、全面,仍处于探索阶段。

(三)关于课堂焦虑和自我效能关系的研究

目前学界关于课堂焦虑和自我效能关系的研究仍处于起步阶段,代表性的论文有两篇。张日昇、袁莉敏调查研究了国内非英语专业的大学生的英语焦虑和自我效能情况,其外语焦虑与外语成绩、自我效能感显著负相关,自我效能感与外语成绩显著正相关。① 李航、刘儒德对初入学的大学生的英语写作焦虑和写作自我效能感的调查结果与张、袁相同。②

综上所述,我们可以看到国内对外汉语教学界对于学习自我效能的关注度越来越高,但主要集中在学习效能与学习成绩的相关关系、个体因素的差异影响研究方面,对于与其他变量如动机、归因、目标设置、焦虑、学习策略、自我监控等相关关系方面的研究比较缺乏;研究成果主要是静态研究,缺乏动态跟踪性研究;结论和建议虽多,但是还不成体系。今后的研究可以将静态研究与动态研究相结合,研究汉语自我效能与其他学习变量的关系,借鉴国内英语教学界的研究成果与研究方法,还可以尝试将教师自我效能研究与学生自我效能研究结合起来。

三、调查设计

(一)调查工具

本研究的调查工具主要是汉语课堂焦虑量表(见附录1)、汉语学习调查问卷(见附录2)。汉语课堂焦虑量表使用的是霍维茨编制的《外语课堂焦虑量表》(FLCAS)中文译版,考虑到调查对象的汉语水平,适当修改题目的表述,在保证意思准确的基础上尽量使表述更加简单明了;汉语学

① 参见张日昇、袁莉敏:《大学生外语焦虑、自我效能感与外语成绩关系的研究》,《心理发展与教育》2004年第3期。

② 参见李航、刘儒德:《大学生外语写作焦虑与写作自我效能的关系及其对写作成绩的预测》,《外语研究》2013年第2期。

习调查问卷是本文在借鉴相关量表的基础上设计的;两个量表均采用中英双语的表述。

量表采用李克特(Likert)五度量表法,“1”代表完全不同意,“2”代表有点儿不同意,“3”代表不确定,“4”代表有点儿同意,“5”代表完全同意。没有反向题目,因此被试分数越高,说明其汉语自我效能越高。

(二)调查对象

本研究选取的研究对象是山东大学国际教育学院中国政府奖学金2014届本科来华预科留学生。

课堂焦虑调查共发放调查问卷152份,回收146份,其中有效问卷134份,有效率91.7%。自我效能调查共发放调查问卷152份,回收131份,其中有效问卷109份,有效率83.2%。问卷题目有漏答,或者连续10项以上答案一致的,视为无效问卷并剔除。最后进入统计分析研究的是两个调查问卷都合格的96份。

(三)问卷试测

由于本研究使用的课堂焦虑和自我效能两个量表的描述相反(例如,课堂焦虑量表Q1“在汉语课上,当我说汉语的时候,总是对自己没有信心”,自我效能量表Q16“上课时,我相信自己能够听懂老师标准、流利的汉语”),为避免学生混淆,故而分两次施测,前后间隔一个星期。

为检验问卷的信度和效度,笔者先选取了两个班级共34名被试者进行试测,根据试测结果,删减调整了问卷项目之后再正式施测。

(四)问卷质量分析

外语课堂焦虑量表(FLCAS)在国际上被广泛应用,被证实具有良好的信度和效度,所以本研究只对此次调查结果作信度分析即可。汉语课堂焦虑量表的内部一致性系数Cronbach's α 系数[①]为0.875,表明问卷具

① 经验上,如果 $\alpha \geqslant 0.9$,则认为量表的内在信度很高;如果 $0.8 \leqslant \alpha < 0.9$,则认为内在信度是可以接受的;如果 $0.7 \leqslant \alpha < 0.8$,则认为量表设计存在一定的问题,但仍有一定参考价值;如果 $\alpha < 0.7$,则认为量表设计存在较大问题,应考虑重新设计。

有较高的信度。

我们对汉语自我效能量表的质量分析采用极端组划分的方法，将样本得分分为低分组和高分组两组。低分组为得分最低的27%的人（汉语自我效能总分≤115分），高分组为得分最高的27%的人（汉语自我效能总分≥144分），对两组在各个项目的得分均值进行独立样本T检验。结果显示：Sig.（双侧）均小于0.05[①]，说明低分组和高分组在各题上均达到0.01以上的显著性，即题项具有很好的区分度，鉴别力很好。

我们对汉语自我效能量表也进行信度检验，其Cronbach's α系数为0.947，表明问卷的内在信度很高。

四、调查结果与分析

我们根据调查得到的数据，从来华预科留学生汉语课堂焦虑状况、来华预科留学生汉语自我效能状况、两者的关系研究三个方面来呈现并分析调查结果。

（一）来华预科留学生汉语课堂焦虑状况

来华预科留学生汉语课堂焦虑程度最高的两项是“担心考试失败”和“汉语语法规则太多”，如表1所示。可见最易引起来华预科留学生焦虑的原因是考试压力、汉语本身的特点。

表1　课堂焦虑程度最高的五个项目

	均值	所属维度	内容
Q10	3.667	考试焦虑	我总担心汉语考试失败
Q30	3.385	犯错和负评价焦虑	汉语的语法规则太多，我感到很难

① 在方差具备齐性的情况下，独立样本T检验的结果应该看表中的“假设方差相等”一行，在方差不具备齐性的情况下，独立样本T检验的结果应该看表中的“假设方差不相等”一行。

续表

	均值	所属维度	内容
Q23	3.263	犯错和负评价焦虑	我总是觉得其他同学的汉语说得比我好
Q7	3.260	犯错和负评价焦虑	我总是这样想:别的同学的汉语学习能力比我的高
Q29	3.240	交际焦虑中的课堂交流焦虑	当我听不懂老师说的每一个词的时候,我感到紧张

留学生预科教育具有集中教学、节奏快、以 HSK 考试为导向的特点,结业时学生必须通过 HSK 考试,学生考试压力大;而与印欧语系的语言相比,现代汉语因其语法的独特性被公认为是最难的语言,这也确实是汉语学习的一大难点。

此外,与其他同学的比较导致的"不自信"也是较易使留学生焦虑的原因。班级教学的特点是学生之间会互相学习,也会互相比较。自己与他人的差距无论是客观存在的还是主观认为的,都会引起学习者的焦虑。

汉语课堂焦虑程度最低的五项如表 2 所示,可以分为两个方面:一是对被纠错、犯错、考试准备的态度;二是对汉语课的期待、课堂氛围。可见,预科留学生不怕犯错也不怕被纠错,学生对汉语课堂的心理期待较好。笔者曾在被试者所在的学院上课,预科生教育是混合班,不同肤色、语种的学生聚集在一起,大家一起从零起点学起,感情深厚,课上课下气氛都比较活跃、融洽。

表 2　课堂焦虑程度最低的五个项目

	均值	所属维度	内容
Q19	2.271	犯错和负评价焦虑	我害怕老师会纠正我的每一个错误
Q31	2.333	犯错和负评价焦虑	当我说汉语时，我担心同学们会笑话我
Q28	2.396	对汉语课堂的焦虑	在去上汉语课的路上，我感到自信、轻松
Q21	2.427	考试焦虑	对于汉语考试，我准备得越多，越会感到不明白、糊涂
Q17	2.432	对汉语课堂的焦虑	我常常不想去上汉语课

汉语课堂焦虑量表各维度一般情况如表 3 与图 1 所示，来华预科留学生的课堂焦虑程度由高到低依次是犯错和负评价焦虑、考试焦虑、交际焦虑、对汉语课堂的焦虑。综合来看，来华预科留学生的课堂焦虑程度差别不大，且各维度均值都低于 3，没有达到理论上的中度焦虑。

表 3　汉语课堂焦虑量表各维度一般情况描述

	最小值	最大值	均值	标准差
交际焦虑	1.080	4.420	2.815	0.593
犯错和负评价焦虑	1.375	4.625	2.938	0.682
考试焦虑	1.333	5.000	2.927	0.631
对汉语课堂的焦虑	1.500	4.000	2.799	0.547
汉语课堂焦虑	1.485	4.000	2.850	0.503

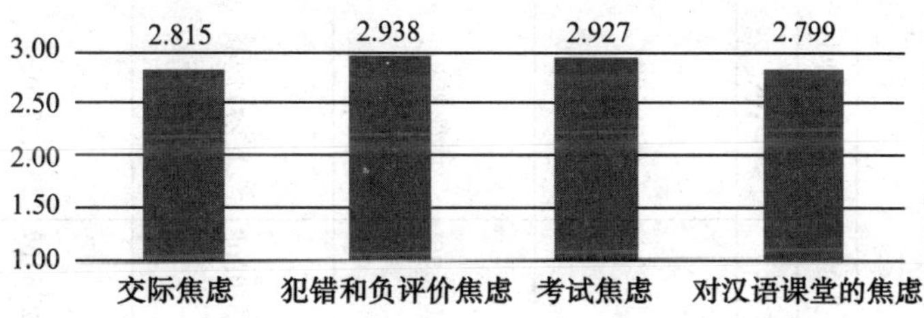

图 1　汉语课堂焦虑量表各维度均值

尽管从整体角度来看，来华预科留学生对各维度的课堂焦虑程度差别不大，但是焦虑作为影响学习的重要情感因素，受到多种个体因素的影响。本研究的被试者是统一接受预科汉语教育的留学生，绝大部分是从零起点开始学习，学习时间基本一致，只有极少数人是之前不会说汉语的华裔，而且根据统计数据，被试者的年龄在 17—25 岁，一半以上的人是 19 岁、20 岁，年龄相近，故本研究在进行数据分析时不考虑年龄和学习汉语时间因素，个体因素包括性别、地区、性格、成绩。

首先，我们来看性别因素与汉语课堂焦虑的关系。在本研究被试者中，男生有 44 人，占 45.8%，女生有 52 人，占 54.2%。我们以性别为分组变量进行了独立样本 T 检验，结果如表 4 所示。

表 4　　独立样本 T 检验结果

		方差方程的 Levene 检验		均值方程的 T 检验						
									差分的 95% 置信区间	
		F	Sig.	T	df	Sig.(双侧)	均值差值	标准误差值	下限	上限
交际焦虑	假设方差相等	0.119	0.730	0.534	94	0.594	0.78147	1.46280	−2.12296	3.68590
	假设方差不相等			0.541	93.978	0.590	0.78147	1.44416	−2.08596	3.64889
犯错和负评价焦虑	假设方差相等	1.053	0.308	−0.007	94	0.994	−0.001038	0.140398	−0.279803	0.277726
	假设方差不相等			−0.007	93.987	0.994	−0.001038	0.138567	−0.276167	0.274090

续表

		方差方程的 Levene 检验		均值方程的 T 检验						
		F	Sig.	T	df	Sig.（双侧）	均值差值	标准误差值	差分的 95% 置信区间	
									下限	上限
考试焦虑	假设方差相等	0.803	0.373	−0.797	94.000	0.428	−0.103187	0.129501	−0.360314	0.153940
	假设方差不相等			−0.787	85.359	0.434	−0.103187	0.131164	−0.363960	0.157586
对汉语课堂的焦虑	假设方差相等	0.010	0.920	−0.469	94.000	0.640	−0.52972	1.13030	−2.77396	1.714520
	假设方差不相等			−0.467	90.290	0.641	−0.52972	1.13353	−2.78158	1.722140
汉语课堂焦虑	假设方差相等	0.014	0.907	−0.006	94.000	0.996	−0.01923	3.42607	−6.82178	6.783320
	假设方差不相等			−0.006	92.850	0.996	−0.01923	3.40947	−6.78990	6.751440

表 4 给出了两种 T 检验的结果。[①] 表中各维度的概率 P 值 Sig.(双侧)均大于 0.05,即不能认为男女在汉语课堂焦虑程度上存在显著差异。

其次,我们再看地区与汉语课堂焦虑的关系。来自不同国家的人,由于语言背景、文化背景以及民族性格的差异,在学习语言方面也会呈现出不同的特点。参与本次问卷调查的预科留学生来自 46 个国家。为了便于统计,笔者将所有国家划归为四个地区——非洲,东南亚、东亚、南亚,美洲,大洋洲,共 90 人。另有 6 人来自欧洲、中东、中亚等地区,因人数太少,故不纳入统计分析。具体如图 2 所示。

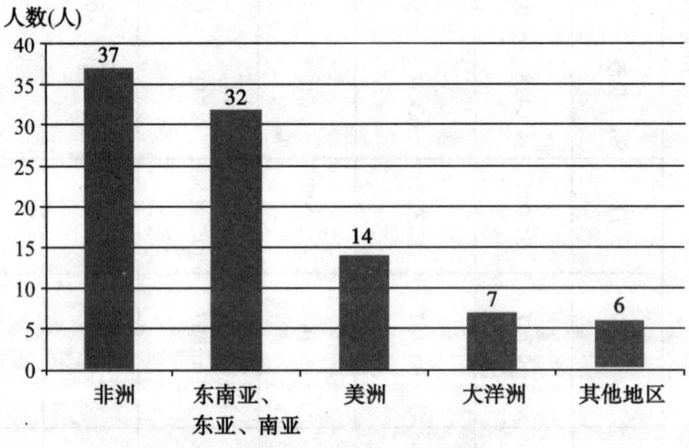

图 2　不同地区的预科生数量

方差分析表明,地区对预科生汉语课堂焦虑程度影响不显著,如表 5 所示。

① 表 4 为在样本方差相等情况下的一般 T 检验结果和在样本方差不等情况下的校正 T 检验结果。应该选择哪一个?这取决于"方差方程的 Levene 检验"一项,即方差齐性检验结果。对于齐性,这里采用的是 F 检验,Sig.是对应的概率 P 值。由于表 4 中各维度的概率 P 值均大于 0.05,可以认为两个总体的方差无显著性差异,即方差具备齐性。

表 5　不同地区方差检验结果

		平方和	df	均方	F	显著性
交际焦虑	组间	146.959	3	48.986	1.036	0.381
	组内	4068.163	86	47.304		
	总数	4215.122	89			
犯错和负评价焦虑	组间	34.478	3	11.493	0.378	0.769
	组内	2617.077	86	30.431		
	总数	2651.556	89			
考试焦虑	组间	12.464	3	4.155	1.129	0.342
	组内	316.525	86	3.681		
	总数	328.989	89			
对汉语课堂的焦虑	组间	169.823	3	56.608	2.010	0.119
	组内	2422.277	86	28.166		
	总数	2592.100	89			
汉语课堂焦虑	组间	993.998	3	331.333	1.279	0.287
	组内	22283.790	86	259.114		
	总数	23277.789	89			

再次，我们来看性格与汉语课堂焦虑的关系。性格是一个人最明显的标签，是个体因素中最具个性的内在因素。性格渗透于一个人言行举止的方方面面，对一个人的学习、生活等有着潜在的重要影响。一般认为，性格外向的学生不怯在众人面前表现，参与学习活动更积极，更善于利用各种学习机会帮助自己学习语言；而性格内向的人容易害羞，顾忌较多，缺乏在实践和交流中练习语言和得到纠正的机会，不利于语言学习。那么，对于来华预科留学生这个群体，性格因素是否对汉语课堂焦虑程度有显著影响呢？本研究的调查问卷中设有性格自评题

目:“你的性格是——A.外向(Extrovert);B.内向(Introvert);C.内外向兼有(Neutral)”。选择 A 的有 26 人,占 27.1%;选择 B 的有 14 人,占 14.6%;选择 C 的有 56 人,占 58.3%。

如表 6 所示,性格不同的预科生的焦虑程度也存在一定的差别,内向的学生焦虑均值高于其他两类学生,说明性格内向的学生焦虑程度最高;性格外向和内外向兼有的学生焦虑均值差不多,说明焦虑程度差不多。

表 6　不同性格的预科生汉语课堂焦虑基本数据

	人数	均值	标准差	极小值	极大值
外向	26	93.04	17.14522	60.00	131.00
内向	14	100.79	16.48392	74.00	132.00
内外向兼有	56	92.77	16.32732	49.00	123.00
总计	96	94.01	16.63762	49.00	132.00

最后,我们来看看成绩与汉语课堂焦虑的情况。成绩是衡量学业成就最简单、最直接的标准。本研究以被试者统一参加的 HSK 四级考试成绩为参考,探究其汉语课堂焦虑与学习成绩的关系,如表 7 所示。

表 7　汉语课堂焦虑与 HSK 成绩的相关性

		听力成绩	阅读成绩	写作成绩	HSK 成绩
交际焦虑	Pearson 相关性	−0.219*	−0.148	−0.174	−0.190
	显著性(双侧)	0.032	0.149	0.089	0.064
考试焦虑	Pearson 相关性	−0.207*	−0.325**	−0.284**	−0.294**
	显著性(双侧)	0.043	0.001	0.005	0.004

续表

		听力成绩	阅读成绩	写作成绩	HSK 成绩
犯错和负评价焦虑	Pearson 相关性	−0.170	−0.138	−0.103	−0.144
	显著性(双侧)	0.097	0.180	0.316	0.161
对汉语课堂的焦虑	Pearson 相关性	−0.270**	−0.238*	−0.216*	−0.255*
	显著性(双侧)	0.008	0.020	0.035	0.012
汉语课堂焦虑	Pearson 相关性	−0.263**	−0.224*	−0.212*	−0.246*
	显著性(双侧)	0.010	0.028	0.038	0.016

注:*表示在 0.05 水平(双侧)上显著相关,**表示在 0.01 水平(双侧)上显著相关。

由表 7 可以看出以下几点。

1. 汉语课堂焦虑与 HSK 总成绩以及各部分成绩均呈显著负相关,即预科生的汉语课堂焦虑程度越低,成绩越高。这一结果与周文华的研究结果一致。

2. 交际焦虑对听力成绩有消极影响,反之,听力成绩的好坏也影响交际焦虑的高低。交际是“你说我听”和“我说你听”,对听力和口语水平要求较高,听力水平不够会引起“听不懂”和“说不出”的交际焦虑。调查显示,交际焦虑对阅读成绩、写作成绩、HSK 成绩没有显著影响。

3. 犯错和负评价焦虑对 HSK 成绩以及听力成绩、阅读成绩、写作成绩没有显著影响。

4. 考试焦虑与 HSK 总成绩以及各部分成绩呈显著负相关。

值得注意的是,这种相关性是双侧相关,即两者是互相影响、互为因果的,即焦虑和成绩互相影响。

(二)来华预科留学生汉语自我效能状况

预科留学生自我效能最低的六个项目分别是声调、听懂不太标准的汉语、口语流利度、汉字、口语语调多样化、口语速度,如表 8 所示。

表 8　自我效能最低的六个项目

	均值	所属维度	内容
Q7	2.677	汉语口语自我效能	我相信自己说汉语时发音很准确,能正确地使用声调
Q15	2.771	汉语听力自我效能	我相信自己能够轻松理解不太标准的汉语口语
Q6	3.000	汉语口语自我效能	我相信自己能够在交谈中很流利地讲汉语
Q20	3.000	汉语写作自我效能	写作时,我相信自己能够正确地写出我想使用的词语,没有错字
Q8	3.073	汉语口语自我效能	我相信自己说汉语时能够使用各种语调来表达不同的感情
Q10	3.104	汉语口语自我效能	我认为自己说汉语时不会慢慢吞吞,犹豫不决

出现这样结果的原因,笔者认为有以下几点。

1. 预科汉语教学时间为 9 个月左右,要求学生预科毕业时绝大部分能通过 HSK 四级考试,部分可通过 HSK 五级考试,而且除了汉语课以外,还要教授 4 个月左右的数学课和化学课,因此预科生的课业重、课程紧,拼音教学时间相对较短,而且汉语声调是汉语学习者的一大难题。

2. 预科教学模式是基于新 HSK 四级考试笔试模式的,听力、阅读、写作练习多,口语练习较少。

3. 汉语教师在课堂授课以及课下与学生交流时,会有意识地放慢语速、注意发音,并且注意选用学生已经学过的词汇,而学生的汉语水平还不足以应对汉语母语者快速、不太标准的汉语。

4. 汉字形体各异，数量庞大，对于母语为英语的留学生来说像是“天书”，难写难记，而且忘得快。

预科留学生自我效能最高的前两项均是对汉语环境的认可，如表 9 所示，说明他们对自己的学习环境满意度较高。对他们而言，听懂老师的汉语没问题，他们对自己克服困难、解决问题的能力也很有自信。

表 9　自我效能最高的六个项目

	均值	所属维度	内容
Q36	4.156	汉语环境认可自我效能	我认为我的老师们可以帮助我解决大多数学习汉语时遇到的困难
Q35	4.094	汉语环境认可自我效能	我相信山东大学的学习资源、学习环境和氛围对我学习汉语很有帮助
Q24	3.967	汉语交际自我效能	当我和老师用汉语交谈时，我一定能顺利地理解他/她的意思
Q16	3.27	汉语听力自我效能	上课时，我相信自己能够听懂老师标准、流利的汉语
Q26	3.917	一般汉语自我效能	如果我付出必要的努力，我一定能有效地应付汉语学习中大多数的困难
Q29	3.844	一般汉语自我效能	在汉语学习中，我能冷静地面对难题，因为我相信自己有解决问题的能力

来华预科生的汉语自我效能从高到低依次是环境认可效能、一般自我效能、交际自我效能、自我调节效能、阅读自我效能、听力自我效能、写作自我效能、口语自我效能，如图 3 所示。

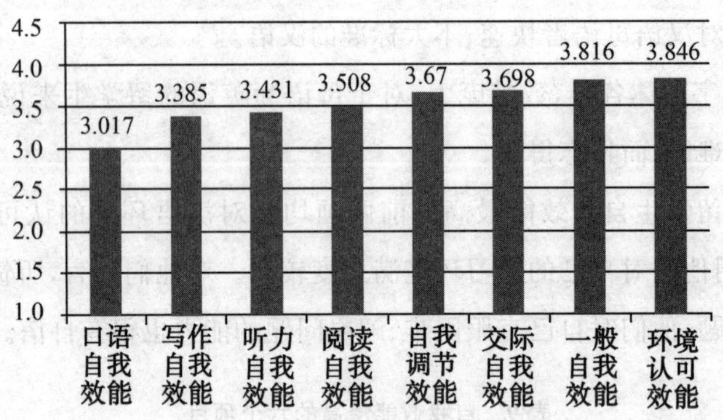

图 3　汉语自我效能各维度均值

自我调节效能指的是学习者对学习中的各种自我调节行为的自我效能,共 3 个项目:Q30“即使有其他有趣的事情可以做,我也能认真地完成作业”、Q31“我能做好课堂笔记”、Q32“我能很好地参加课堂上的发言和讨论”。

环境认可效能指的是汉语学习者对自身所处的学习环境的认可程度,包括对所在学校教学资源和学习环境的满意度、老师和同学们为学习者学习汉语提供帮助的程度,以及对每周汉语考试取的好成绩的自信度。调查结果显示,山东大学的来华预科生对自身所处的汉语学习环境满意度很高。

来华预科生的交际自我效能低于一般自我效能,这一点与张莉对韩国学习者的调查结果一致。在单项自我效能中,阅读自我效能>听力自我效能>写作自我效能>口语自我效能。

下面我们来看看来华预科留学生汉语自我效能的个体因素。个体因素包括性别、地区、性格、成绩。

首先,我们来看性别与汉语自我效能的关系。本研究利用 SPSS 19.0 对 96 份有效问卷进行了性别因素的独立样本 T 检验,结果如表 10 所示。

表 10　不同性别的独立样本 *T* 检验结果

		方差方程的 Levene 检验		均值方程的 T 检验						
		F	Sig.	T	df	Sig.(双侧)	均值差值	标准误差值	差分的 95% 置信区间	
									下限	上限
阅读自我效能	假设方差相等	0.443	0.507	0.433	94.000	0.666	0.236014	0.545059	−0.846213	1.318241
	假设方差不相等			0.429	87.693	0.669	0.236014	0.549683	−0.856418	1.328446
口语自我效能	假设方差相等	0.346	0.558	0.388	94.000	0.699	0.307692	0.793632	−1.268082	1.883467
	假设方差不相等			0.387	91.182	0.699	0.307692	0.794086	−1.269619	1.885003
听力自我效能	假设方差相等	0.468	0.496	0.008	94.000	0.994	0.005245	0.645215	−1.275844	1.286334
	假设方差不相等			0.008	93.955	0.993	0.005245	0.637331	−1.260199	1.270689
写作自我效能	假设方差相等	0.885	0.349	−0.380	94.000	0.705	−0.284965	0.749514	−1.773142	1.203212
	假设方差不相等			−0.379	90.246	0.706	−0.284965	0.751734	−1.778360	1.208430
交际自我效能	假设方差相等	0.016	0.901	1.030	94.000	0.306	0.498252	0.483736	−0.462218	1.458721
	假设方差不相等			1.032	92.001	0.305	0.498252	0.482854	−0.460738	1.457241

续表

		方差方程的 Levene 检验		均值方程的 T 检验						
		F	Sig.	T	df	Sig.（双侧）	均值差值	标准误差值	差分的 95% 置信区间	
									下限	上限
一般自我效能	假设方差相等	0.027	0.869	0.753	94.000	0.453	0.389860	0.517561	−0.637770	1.417490
	假设方差不相等			0.752	90.604	0.454	0.389860	0.518638	−0.640411	1.420131
自我调节效能	假设方差相等	0.696	0.406	1.014	94.000	0.313	0.484266	0.477776	−0.464369	1.432901
	假设方差不相等			1.028	93.997	0.306	0.484266	0.470876	−0.450671	1.419202
环境认可效能	假设方差相等	0.050	0.824	0.137	94.000	0.891	0.085664	0.626225	−1.157721	1.329049
	假设方差不相等			0.136	90.283	0.892	0.085664	0.628024	−1.161963	1.333291
汉语自我效能	假设方差相等	0.009	0.925	0.448	94.000	0.655	1.722028	3.841831	−5.906017	9.350073
	假设方差不相等			0.450	92.326	0.654	1.722028	3.830708	−5.885731	9.329787

表 10 中各维度的概率 P 值均大于 0.05，可以认为两个总体（即男、女）的方差无显著性差异，即方差具备齐性。表中各维度的概率 P 值 Sig.（双侧）均大于显著性水平 0.05，即不能认为男女在汉语自我效能上有显著性差异。

其次，我们来看地区与汉语自我效能的关系。不同地区的预科留学生的汉语自我效能由高到低依次是非洲，大洋洲，美洲，东南亚、东亚、南亚。阅读自我效能最高的是大洋洲，最低的是东南亚、东亚、南亚；口语自我效能最高的是大洋洲，最低的是非洲；听力自我效能最高的是大洋洲，最低的是东南亚、东亚、南亚；写作自我效能最高的是大洋洲，最低的是美洲和非洲；交际自我效能最高的是大洋洲，最低的是美洲、非洲；一般自我效能最高的是大洋洲，最低的是东南亚、东亚、南亚；自我调节效能最高的是大洋洲，最低的是非洲；环境认可效能最高的是大洋洲，最低的是美洲和非洲。但是各个地区的数值差别非常小，具体如图 4 所示。

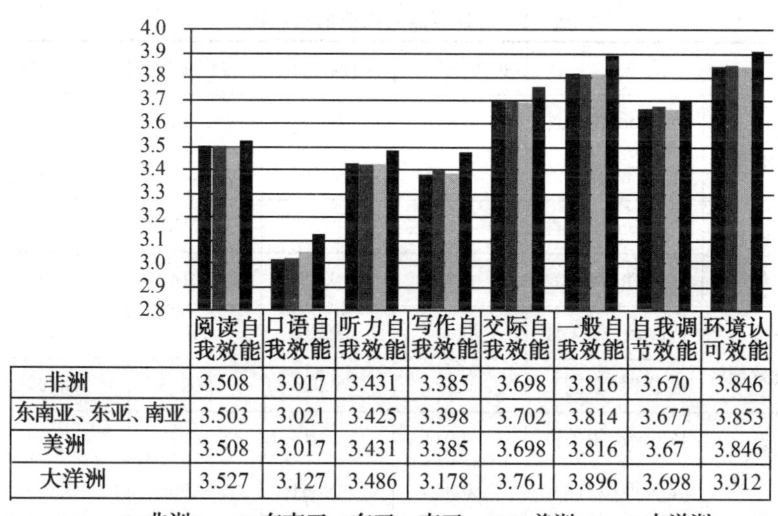

	阅读自我效能	口语自我效能	听力自我效能	写作自我效能	交际自我效能	一般自我效能	自我调节效能	环境认可效能
非洲	3.508	3.017	3.431	3.385	3.698	3.816	3.670	3.846
东南亚、东亚、南亚	3.503	3.021	3.425	3.398	3.702	3.814	3.677	3.853
美洲	3.508	3.017	3.431	3.385	3.698	3.816	3.67	3.846
大洋洲	3.527	3.127	3.486	3.178	3.761	3.896	3.698	3.912

图 4　汉语自我效能各维度均值不同地区得分比较

再次，我们来看性格与汉语自我效能的关系。如表 11 所示，不同性格的预科生的汉语自我效能差别不大，外向的学生汉语自我效能均值最大，其次是内外向兼有的学生，内向的学生均值最低。

表 11　不同性格的预科生汉语自我效能基本数据

	人数	均值	标准差	极小值	极大值
外向	26	116.692	19.118	67.000	147.000
内向	14	104.286	14.035	73.000	124.000
内外向兼有	56	111.982	19.086	61.000	152.000
总计	96	112.136	18.677	61.000	152.000

最后，我们来看成绩与汉语自我效能的关系。众多研究表明，学习自我效能与学习成绩之间为正相关关系，学习自我效能对学业成就有促进和预测作用。本研究欲探究来华预科留学生的汉语自我效能与学习成绩之间是否有相关性，结果如表 12 所示。

表 12　自我效能与成绩的相关性

		听力成绩	阅读成绩	写作成绩	HSK 成绩
阅读自我效能	Pearson 相关性	−0.072	−0.042	−0.126	−0.085
	显著性(双侧)	0.483	0.684	0.223	0.412
口语自我效能	Pearson 相关性	−0.091	−0.104	−0.151	−0.123
	显著性(双侧)	0.380	0.313	0.141	0.231
听力自我效能	Pearson 相关性	0.074	0.010	−0.003	0.027
	显著性(双侧)	0.477	0.925	0.978	0.797
写作自我效能	Pearson 相关性	−0.011	−0.018	−0.012	0.014
	显著性(双侧)	0.913	0.861	0.905	0.889
交际自我效能	Pearson 相关性	0.006	−0.012	0.005	0.000
	显著性(双侧)	0.950	0.907	0.959	1.000

续表

		听力成绩	阅读成绩	写作成绩	HSK 成绩
一般自我效能	Pearson 相关性	0.002	0.034	0.030	0.025
	显著性(双侧)	0.981	0.745	0.775	0.810
自我调节效能	Pearson 相关性	−0.032	0.032	0.012	−0.002
	显著性(双侧)	758	0.760	0.908	0.985
环境认可效能	Pearson 相关性	0.109	0.160	0.152	0.151
	显著性(双侧)	0.292	0.120	0.140	0.141
汉语自我效能	Pearson 相关性	−0.004	0.004	0.024	0.008
	显著性(双侧)	0.969	0.972	0.816	0.937

从表 12 中看,汉语自我效能及各维度自我效能与 HSK 成绩、听力成绩、阅读成绩、写作成绩均没有显著相关性。

(三)汉语课堂焦虑与汉语自我效能的关系研究

1.相关分析

由表 13 中的相关分析,我们可以得出以下两点结论。

(1)整体来说,预科生的汉语课堂焦虑与汉语自我效能呈显著负相关。

(2)具体来说,各维度的汉语自我效能都与汉语课堂焦虑呈显著负相关;各维度的汉语课堂焦虑也与汉语自我效能呈显著负相关。

可见,来华汉语预科生的课堂焦虑与自我效能息息相关,彼此影响。

表 13 汉语课堂焦虑和汉语自我效能各维度相关性分析

		一般汉语自我效能	汉语交际自我效能	汉语阅读自我效能	汉语口语自我效能	汉语听力自我效能	汉语写作自我效能	自我调节效能	环境认可效能	汉语自我效能
交际焦虑	Pearson 相关性	−0.181	−0.204*	−0.221*	−0.403**	−0.295**	−0.321**	−0.231*	−0.293**	−0.346**
	显著性（双侧）	0.078	0.047	0.030	0.000	0.003	0.001	0.024	0.004	0.001
犯错和负评价焦虑	Pearson 相关性	−0.195	−0.169	−0.189	−0.482**	−0.220*	−0.304**	−0.257*	−0.299**	−0.341**
	显著性（双侧）	0.057	0.101	0.065	0.000	0.032	0.003	0.011	0.003	0.001
考试焦虑	Pearson 相关性	−0.146	−0.148	−0.012	−0.146	−0.076	−0.250*	−0.183	−0.312**	−0.201*
	显著性（双侧）	0.156	0.149	0.904	0.156	0.462	0.014	0.074	0.002	0.049

续表

		一般汉语自我效能	汉语交际自我效能	汉语阅读自我效能	汉语口语自我效能	汉语听力自我效能	汉语写作自我效能	自我调节效能	环境认可效能	汉语自我效能
对汉语课堂的焦虑	Pearson相关性	−0.206*	−0.129	−0.223*	−0.239*	−0.198	−0.242*	−0.249*	−0.188	−0.263**
	显著性（双侧）	0.044	0.211	0.029	0.019	0.053	0.018	0.015	0.066	0.010
汉语课堂焦虑	Pearson相关性	−0.226*	−0.202*	−0.232*	−0.427**	−0.273**	−0.346**	−0.286**	−0.322**	−0.370**
	显著性（双侧）	0.027	0.048	0.023	0.000	0.007	0.001	0.005	0.001	0.000

注：* 表示在 0.05 水平（双侧）上显著相关，** 表示在 0.01 水平（双侧）上显著相关。

2. 回归分析

为检验汉语自我效能对汉语课堂焦虑是否有预测作用，本研究以汉语自我效能及各维度汉语自我效能为自变量，汉语课堂焦虑为因变量，进行逐步回归分析。

系统在进行逐步回归的过程中产生了一个回归模型，发现与因变量(汉语课堂焦虑)线性关系最密切的自变量是汉语口语自我效能。根据方差分析表，F 值等于 20.939，$R^2=0.182$，调整 $R^2=0.173$，说明自变量(汉语口语自我效能)可以解释因变量(汉语课堂焦虑)17.3%的差异性，该回归模型具有统计学意义。

结果表明，汉语口语自我效能对汉语课堂焦虑有显著影响(Sig.＝0.000＜0.05)，回归系数为－1.841，为负相关关系。根据回归系数表，可得出回归方程为：汉语课堂焦虑值＝121.780－1.841×汉语口语自我效能值。由回归方程可知，汉语口语自我效能对汉语课堂焦虑有显著预测作用。在听、说、读、写四项语言基本技能中，“说”和“写”是语言输出，而且“说”是最容易在课堂教学与互动中直接反映语言学习者语言水平的方式。部分研究发现，期末考试或课程考试不能很准确地反映学习者的焦虑，口语表达才更能反映焦虑的程度。[①]

五、结语

(一)研究结果

本文主要围绕三个问题进行研究，分别是来华预科留学生的汉语课堂焦虑情况以及个体因素的差异，汉语自我效能的情况以及个体因素的差异，两者之间的关系。

研究结果显示，来华预科留学生的汉语课堂焦虑程度较高，差别不大。

① Faith S. Steinberg and Elaine K. Horwitz, “The Effect of Induced Anxiety on the Denotative and Interpretive Content of Second Language Speech”, *Tesol Quarterly*, No.1, Vol.20, 1986, pp.131-136.

考试压力、汉语本身的特点、与他人比较中的"不自信"是最易引起来华预科留学生汉语焦虑的原因。预科生的性别、地区、性格对其汉语课堂焦虑没有显著影响。但性格越外向的预科生，其犯错和负评价焦虑越低。

汉语课堂焦虑与 IISK 总成绩以及各部分成绩均呈显著负相关关系，即预科生的汉语课堂焦虑程度越高，成绩越低，反之亦然，而且焦虑和成绩之间的影响是双向的。

来华预科留学生的汉语自我效能普遍较高。在听、说、读、写四项基本语言技能中，最高的是阅读自我效能，其次是听力自我效能、写作自我效能，口语自我效能最低。

性格、地区、性格因素对预科生的汉语自我效能没有显著影响。但性格越外向的来华预科留学生，口语自我效能越高。

预科生的汉语自我效能与 HSK 成绩之间没有显著相关性。

来华预科留学生的汉语课堂焦虑与汉语自我效能呈显著负相关，即可以认为来华预科留学生的汉语自我效能越高，课堂焦虑就越低，汉语课堂焦虑越高，自我效能就越低，二者互相影响。

（二）特色与创新

本文将来华预科留学生的汉语课堂焦虑和汉语自我效能结合起来研究，并分析了二者之间的关系，为来华预科汉语教育提供参考建议。

本文在参考前人研究成果的基础上，编制了《来华预科留学生汉语自我效能量表》，经测试，信度、效度良好。

下一步的研究方向是跟踪调查，进行汉语课堂焦虑和汉语自我效能的动态研究。学习者的焦虑和自我效能的状况会随着学习时间以及学习内容的变化而呈现差异，可以在来华预科生这一年的汉语学习过程中分阶段进行调查研究，掌握预科生的焦虑和自我效能的动态发展变化，以便在不同授课阶段和不同学习任务中有的放矢。

徐　萍：山东省潍坊市博文现代学校教师

附 录

附录 1 汉语课堂焦虑量表

Chinese Language Classroom Anxiety Scale

每一题，画“√”或“○”(For each item，please circle your response)。

其中，

SA= 非常同意(strongly agree)

A =同意(agree)

N= 既不同意也不反对 (neither agree nor disagree)

D=不同意(disagree)

SD=非常不同意(strongly disagree)

1. 在汉语课上，当我说汉语的时候，总是对自己没有信心。 I never feel quite sure of myself when I am speaking in Chinese class.	SA	A	N	D	SD
2. 在汉语课上，我不担心会犯错误。 I don't worry about making mistakes in Chinese class.	SA	A	N	D	SD

续表

3.在汉语课上,当老师叫我回答问题的时候,我会紧张。 I tremble when I know that I am going to be called in Chinese class.	SA	A	N	D	SD
4.在汉语课上,当我听不懂老师讲的内容时,我就感到害怕。 It frightens me when I don't understand what the teacher is saying in Chinese class.	SA	A	N	D	SD
5. 多上一些汉语课,我不会觉得烦。 It wouldn't bother me at all to take more Chinese class.	SA	A	N	D	SD
6.在上汉语课的时候,我常常想一些与汉语课无关的事情。 During Chinese class I find myself thinking about things that have nothing to do with the course.	SA	A	N	D	SD
7. 我总是这样想:别的同学的汉语学习能力比我强。 I keep thinking that the other students are better at Chinese than I am.	SA	A	N	D	SD

续表

8. 在汉语考试时，我不紧张，很轻松。 I am usually at ease during tests in Chinese class.	SA	A	N	D	SD
9. 在汉语课上，当我没准备就要回答问题时，我就会紧张。 I start to panic when I have to speak without preparation in Chinese class.	SA	A	N	D	SD
10.我总担心汉语考试失败。 I worry about the consequences of failing my Chinese class.	SA	A	N	D	SD
11. 我不明白为什么一些人觉得汉语课没有意思，学习没有信心。 I don't understand why some people get so upset over Chinese class.	SA	A	N	D	SD
12.在汉语课上，我会因为紧张忘记了我知道的东西。 In Chinese class, I can get so nervous that I forget things I know.	SA	A	N	D	SD

续表

13.上汉语课的时候，我不想主动回答老师的问题。 It embarrasses me to answer questions voluntarily in Chinese class.	SA	A	N	D	SD
14. 和中国人说汉语的时候我不觉得紧张。 I would not be nervous when speaking Chinese with native speakers.	SA	A	N	D	SD
15.当我不明白老师正在纠正的错误是什么时，我会感到不安。 I get upset when I don't understand what the teacher is correcting.	SA	A	N	D	SD
16.即使我已经对要上的课做好了准备，我也会感到担心。 Even if I am well prepared for Chinese class, I feel anxious about it.	SA	A	N	D	SD
17.我常常不想去上汉语课。 I often feel like not going to Chinese class.	SA	A	N	D	SD

续表

18. 在课堂上说汉语时，我感到很自信。 I feel confident when I speak in Chinese class.	SA	A	N	D	SD
19. 我害怕老师会纠正我的每一个错误。 I am afraid that my Chinese teacher is ready to correct every mistake I make.	SA	A	N	D	SD
20. 在汉语课上，当我觉得老师要提问我时，我能感觉到我的心跳。 I can feel my heart pounding when I'm going to be called on in Chinese class.	SA	A	N	D	SD
21.对于汉语考试，我准备得越多，越会感到不明白、糊涂。 The more I'm prepared for the Chinese test, the more confused I get.	SA	A	N	D	SD
22.上课前做好准备，对我来说不是一种压力，可以做到。 I don't feel pressure to prepare very well for Chinese class.	SA	A	N	D	SD

续表

23. 我总是觉得其他同学的汉语说得比我好。 I always feel that the other students speak Chinese better than me.	SA	A	N	D	SD
24. 在同学面前说汉语我感到很不自然。 I feel very self-conscious about speaking Chinese in front of other students.	SA	A	N	D	SD
25.课程进度太快,汉语课上学习的内容太多,我怕跟不上。 Chinese class moves so quickly that I worry about getting left behind.	SA	A	N	D	SD
26. 我上汉语课比上其他课更紧张。 I feel more tense and nervous in Chinese class than in my other classes.	SA	A	N	D	SD
27. 我在汉语课上说汉语的时候感到很紧张,不明白我要说什么。 I get nervous and confused when I am speaking in Chinese class.	SA	A	N	D	SD

续表

28.在去上汉语课的路上,我感到自信、轻松。 When I am on the way to Chinese class, I feel very sure and relaxed.	SA	A	N	D	SD
29. 当我听不懂老师说的每一个词的时候,我会感到紧张。 I get nervous when I don't understand every word the Chinese teacher says.	SA	A	N	D	SD
30.汉语的语法规则太多,我感到很难。 I feel overwhelmed by the number of rules I have to learn to speak Chinese.	SA	A	N	D	SD
31.当我说汉语时,我担心同学们会笑话我。 I think that the other students will laugh at me when I speak Chinese.	SA	A	N	D	SD
32. 和中国人在一起的时候,我觉得很舒服、很自在。 I would probably feel comfortable around native speakers of Chinese。	SA	A	N	D	SD

续表

33. 当老师提出的问题我没有提前准备好的时候，我会感到很紧张。 I get nervous when the Chinese teacher asks questions which I haven't prepared in advance.	SA	A	N	D	SD

附录 2　汉语学习调查问卷

(Questionnaire on Chinese Learning)

同学，你好！为了更好地了解留学生在中国的学习情况，帮助你提高学习汉语的信心，我们设计了这份调查问卷，希望得到你的帮助。希望你认真填写每一个题目，你的答案和你的汉语成绩没有关系，我们会对你的信息保密。谢谢你的合作，祝你生活愉快。

(Hello! We are using this questionnaire to get a better understanding of the international students studying in China, and help improving your confidence in learning Chinese. We need your help. Please answer all the questions seriously. Your answers have nothing to do with your grades or marks. We promise to keep your information private. Thanks for your co-operation.)

姓名：　　　　　　　　　　性别：　男　　女

年龄：　　　岁　　　　　　国籍(Nationality)：

母语(Mother Tongue)：

学习汉语学了多长时间(How long have you learned Chinese)：

你的性格是：

A.外向(Extrovert)　　　　B.内向(Introvert)

C.内外向兼有(Neutral)

请仔细阅读每一个题目,根据自己的实际情况在1—5数字上画"√"或者"○"。

(Please read the following questions carefully and choose the number according to your actual situation.)

1=SD:完全不同意/非常不符合(strongly disagree/totally disagree)

2=D:有点儿不同意/有些不符合(a bit disagree)

3=N:既不同意也不反对/不确定(neither agree nor disagree/ not sure)

4=A:有点儿同意/有些符合(a bit agree)

5=SA:完全同意/非常符合(strongly agree/totally agree)

	1.完全不同意(SD)	2.有点儿不同意(D)	3.不确定(N)	4.有点儿同意(A)	5.完全同意(SA)
在阅读汉语文章时,我相信自己能很快获得文章的主要信息。 I can easily get the main information when reading Chinese article.	SD	D	N	A	SA
在阅读汉语时,遇到不熟悉的词,我一定能成功地猜出它的大概意思。 In reading Chinese, I am able to guess its main idea when meeting unfamiliar words.	SD	D	N	A	SA

续表

我相信自己能够熟练地运用快速阅读技巧来阅读汉语。 I believe I can skillfully use the fast reading tips to reading Chinese.	SD	D	N	A	SA
阅读汉语时，我一定能够有效地把阅读内容与自己已有的相关知识联系起来理解。 When reading Chinese, I can effectively understand the content by connecting it with the related knowledge I've learned.	SD	D	N	A	SA
阅读汉语时，我相信自己一定能快速地找到自己需要的知识。 When reading Chinese, I am able to find the information I need quickly.	SD	D	N	A	SA
我相信自己能够在交谈中很流利地讲汉语。 I am able to speak Chinese fluently when talking.	SD	D	N	A	SA
我相信自己说汉语时发音很准确，能正确使用声调。 My Chinese pronunciation is very accurate and I can correctly use the tone.	SD	D	N	A	SA

续表

我相信自己说汉语时能够使用各种语调来表达不同的情感。 I can use different intonation to express different emotions when speaking Chinese.	SD	D	N	A	SA
我相信自己用汉语和别人说话时，对方能够很容易明白我在说什么。 When I speak to others in Chinese, they can easily understand what I'm talking.	SD	D	N	A	SA
我认为自己说汉语时不会慢慢吞吞，犹豫不决。 I am not slow or hesitant to speak Chinese.	SD	D	N	A	SA
尽管只听一遍听力材料，我相信自己能听懂它的主要内容。 Although I listen to the listening material only one time, I can get the main idea.	SD	D	N	A	SA
我认为自己不需要老师重复或解释就能明白他/她说的话。 I can understand what the teacher is talking without his/her repetition or explanation.	SD	D	N	A	SA

续表

听课本录音时，我相信自己能听出其中的细节内容。 I can tell the details when listening to the textbook recording.	SD	D	N	A	SA
做听力题时，我相信自己能做对关于大概内容的题。 I can give the right answer when doing the listening about getting the main content.	SD	D	N	A	SA
我相信自己能够轻松理解不太标准的汉语口语。 I can easily understand the non-standard spoken Chinese.	SD	D	N	A	SA
上课时，我相信自己能够听懂老师标准、流利的汉语。 In class, I can understand my teacher's fluent standard Chinese.	SD	D	N	A	SA
写作时，我相信自己能够根据已给出的图画，写一篇合理恰当的文章。 In writing, I can finish a reasonable and appropriate essay based on the given pictures.	SD	D	N	A	SA
写作时，如果已给出关键词，我相信自己能够按照文章的需要合理安排材料顺序。 In writing, if the key words are given, I can get my materials well ordered according to the needs of the essay.	SD	D	N	A	SA

续表

写作时，我相信自己会使用学过的汉语知识准确、恰当地表达意思和观点。 In writing, I can use the Chinese knowledge I've learned to express my ideas and opinions properly.	SD	D	N	A	SA
写作时，我相信自己能够正确地写出我想使用的词语，没有错字。 In writing, I can correctly write the words I want to use without wrongly written characters.	SD	D	N	A	SA
我相信自己能够用汉语写寻物启事、生日贺卡，能够用汉语回复别人的短信、通知等。 I can write lost and found and birthday cards, reply text messages or notices in Chinese.	SD	D	N	A	SA
我相信自己能够用汉语描述一件发生的事情、读过的故事、喜怒哀乐等情感。 I can describe the thing that has happened, a story I have read and different emotions in Chinese.	SD	D	N	A	SA

续表

在不同的场合，我都有信心能使用合适的汉语与人们交流。 I can use proper Chinese to communicate with others on different occasions.	SD	D	N	A	SA
当我和老师用汉语交谈时，我一定能顺利地理解他/她的意思。 I can successfully understand my teacher when we talk in Chinese.	SD	D	N	A	SA
我相信自己能够成功地使用所学的汉语知识与同学们轻松交谈。 I can successfully use the learned Chinese knowledge to talk with classmates easily.	SD	D	N	A	SA
如果我付出必要的努力，我一定能有效地应付汉语学习中的大多数难题。 If I make the effort, I can handle most difficulties in Chinese learning.	SD	D	N	A	SA
在汉语学习中遇到困难时我总是能找到一些解决的办法。 I can always find a way to deal with the difficulties in Chinese learning.	SD	D	N	A	SA

续表

对我来说，坚持理想和完成学习目标是一件很简单容易的事情。 It is so easy for me to hold on to my dreams and finish my learning goals.	SD	D	N	A	SA
在汉语学习中，我能冷静地面对难题，因为我相信自己有解决问题的能力。 I can calmly face difficulties in Chinese learning because I believe in my problem-solving ability.	SD	D	N	A	SA
即使有其他有趣的事情可以做，我也能认真地完成作业。 I can finish my homework carefully although there is something more interesting to do.	SD	D	N	A	SA
我能做好课堂笔记。 I can do class notes well.	SD	D	N	A	SA
我能很好地参加课堂上的发言和讨论。 I can take an active part in class presentation and discussion.	SD	D	N	A	SA
我相信自己每周的汉语考试都能取得好成绩。 I can get good grades in every weekly Chinese text.	SD	D	N	A	SA

续表

在数学课和化学课上，我可以理解老师说的汉语。 I can understand teachers' words on maths and chemistry classes.	SD	D	N	A	SA
我相信山东大学的学习资源、学习环境和氛围对我学习汉语很有帮助。 I think the learning resources, surroundings and atmospheres of Shandong University help me a lot in learning Chinese.	SD	D	N	A	SA
我认为我的老师们可以帮助我解决大多数学习汉语时遇到的困难。 I believe my teachers can help me solve most difficulties in Chinese learning.	SD	D	N	A	SA
我认为我的同学们对我学习汉语很有帮助。 I think my classmates give me great help in my Chinese learning.	SD	D	N	A	SA

来华医学预科生专业学习适应调查研究[①]

【摘要】 为了更好地综合评估来华预科留学生的教育效果，本文对山东大学2007—2010年和2017—2020年两个时间段的医学预科毕业生专业学习适应度进行了追踪调查。调查结果显示，学生高度评价了医学预科教育效果，认为预科教育基本满足了适应专业学习的需求。同时，学生在预科教育与专业学习的结合度、中国学习模式的适应度上提出了相关建议。探索和专业相关的实践性课程，重视心理辅导和学生档案工作等举措，能够有效提高医学预科生的适应度。

【关键词】 对外汉语　医学预科　适应度　教育评价　追踪调查

一、引言

近年来，"一带一路"倡议得到了越来越多国家的认同与响应，中国和世界其他国家的交流在广度和深度上都有了大幅度的提升。随着中国的高等教育国际化的迅速发展，来华留学生呈现出规模扩大、特色突出、层次丰富的特点。

留学生的学历教育是衡量国家高等教育国际化的重要指标之一，为了确保留学生的学历教育质量，帮助他们更好地完成学业，经过四年试

① 本文受到教育部中外语言交流与合作中心"面向海外中学生的'直播＋微课'课程实证研究"(项目批准号:21YH22D)项目的支持，2022年度山东大学教育教学改革研究一般项目"多学科交叉的项目浸润式新文科实践育人模式研究"(项目编号:2022Y304)的支持。

点，2009年教育部发布《关于对中国政府奖学金本科来华留学生开展预科教育的通知》，确定了中国政府奖学金本科来华留学生开始本科专业学习前，须在指定的预科院校进行为期一学年的汉语和基础知识学习，并通过相对应专业的语言能力考核这一规定。李宇明、翟艳回顾了预科汉语发展历史，认为随着预科汉语教育事业的蓬勃发展，如何评估预科汉语教育的教法和教学效果等，成为需要关注的问题。[①] 王佶旻指出预科教育的任务和目的是提高学生汉语水平，传授大学课程所必需的基础知识和基本技能，最终让学生能够适应异国的专业学习。[②] 董杰、韩志刚在ESP教学理论框架下分析了预科教育的专门用途、汉语应当考虑的语言要素、语境、语言功能等问题。[③] 从教师教学方法、学生学习策略等方面致力于提升预科生学习效果也有许多成果。本文拟通过追踪调查不同阶段的山东大学医学预科毕业生对预科教育的教材、教法、教师等回顾性的评价，分析来华医学预科生的专业学习适应度。

二、研究设计

山东大学作为最早一批开展留学生预科教育的国内高校，输出了大批符合医学相关专业基础要求的来华留学生。对已从山东大学预科班顺利毕业并进入高等院校进行专业学习，或者已完成专业学习而进入医学领域工作的学生进行调查，从教育受众角度获得其对预科汉语教育效果的评估，结合对医学预科课程设置、教材编写、教师行动等内容的思考，来比较全面和有效地评估教学的效果，从而为进一步优化教学方式、合理设置教学管理模式提出有益思考。本文的追踪调查主要包括对医学预科生的问卷调查和深

① 参见李宇明、翟艳：《来华留学汉语教育70年：回顾与展望》，《语言教学与研究》2021年第4期。

② 参见王佶旻：《建立来华留学生预科教育标准体系的构想》，《国际汉语教学研究》2015年第1期。

③ 参见董杰、韩志刚：《试论面向来华留学生预科教育的专用汉语研究》，《语言教学与研究》2014年第4期。

度访谈。参与的学生都是山东大学预科毕业的学生，共计 56 人，其中 26 人毕业于 2007—2010 年，30 人毕业于 2017—2020 年。收回有效问卷 56 份。在一对一深度访谈部分，我们选取了 11 名性别、年龄、文化背景和当前职业不尽相同的学生并编号 A 至 K，进行半结构式访谈。

本文的研究对象为毕业于山东大学国际教育学院预科班的学生，研究对象的毕业时间是从 2007 年到 2020 年。因为时间跨度较大，同时从类别具有充分典型性的角度来考虑，我们集中调查了 2007—2010 年和 2017—2020 年这两个时间段毕业的学生，因为这两个阶段分别能比较清晰地反映出目前已经从事医学的预科生的工作情况，以及在中国的各大高等院校进行专业学习的医学生情况。为了进行更加深入的调查，我们将这两个大的阶段又按照调查的需要间隔成了较小的几个时期，以便更加客观细致地反映处于不同阶段的学生的情况，进而把握预科汉语教育发展的轨迹。

调查问卷由单选、多选以及填空题构成，共 25 题，包括“预科教育课程教学主观评价”“职业生涯规划”“对中国的情感态度”三个方面，并参考山东大学历年预科汉语课程表，教师、学生的实际反馈等设计问卷题目与选项。

半结构式访谈针对“预科汉语对专业学习的帮助程度”“举例说明预科汉语的知识对专业学习上的帮助”“预科汉语课程安排的压力度”“预科汉语教育课程的帮助度”“预科汉语与专业课程教师授课方式异同”“学业与职业生涯规划”“向家人朋友介绍中国”等话题，采取自由谈话的方式，结合受访者的个人经历，对其观点进行梳理和归纳，尽量客观和全面地展现出预科毕业学生对医学预科教育的效果评价。

三、调查结果与分析

半结构式访谈获得语音材料共计 160 分钟。调查问卷显示所调查的对象来自泰国、牙买加、赞比亚、乍得、卢旺达等十余个国家(见图 1)。年龄分布在 20—35 岁,男女比为 4∶3,比例均衡。因体量所限,本书仅专注于分析追踪调查的第一阶段所收集到的材料,主要从整体评价和课程方面对医学预科生专业学习适应度进行分析。

2007—2010 年和 2017—2020 年这两个时期学生评价区分度并不高,仅在少部分问题上差异显著。这一方面是由于调查样本的数量限制了两个时期学生分析的发掘程度;另一方面,山东大学持续高质量的预科汉语教学也会使得不同时期学生的评价整体上趋于稳定。

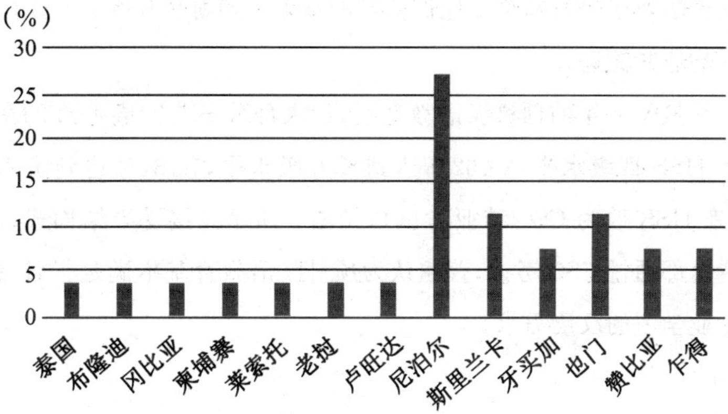

图 1　调查对象来源国情况

(一)预科教育整体满足了来华医学预科生需求

学生普遍认为高压力下的预科汉语教育迅速提升了他们的汉语水平,基本满足了专业学习需求。大多数(59.26%)学生认为山东大学的预科汉语教育对后续的专业学习帮助程度非常大,只有极少数(7.41%)学生认为帮助程度比较小。11 名接受深度访谈的学生中,只有一名认为预科汉语教育对专业学习帮助程度"一般"。整体来看,山东大学的预科汉语教育是得到学生广泛认可的。

2007—2010 年和 2017—2020 年这两个时期的学生在整体满意程度上呈现出了差异,2007—2010 年医学预科 26 名毕业生全部给出了最高的满意程度的反馈,2017—2020 年毕业生的回答集中在“非常满意”和“比较满意”两个选项上,但这并不能说明山东大学医学预科教育效果的变动。因为两个时期学生 HSK 通过率和等级分布情况都非常相似。结合深度访谈,我们发现造成这种差异的原因更多来自心理层面。2017—2020 年的毕业生正在或者刚刚经历完艰难的专业学习,这让他们更多回顾的是预科学习阶段的压力。而 2007—2010 年毕业的学生大部分已经步入工作岗位,还在中国攻读研究生学位的学生也已完全适应中国的学习节奏,因此给出的评价受到其他负面情感的影响较少。学生在访谈中也屡屡提到预科学习期间教师给予他们体贴的帮助。预科教师的言行对学生造成的影响非常深远。

在接受一年的预科汉语教育后,绝大部分参与问卷调查的学生都达到了 HSK 四级水平,29.62%达到了五级水平,14.81%达到了六级水平(后来 HSK 改为 CSC 结业考试),如图 2 所示。接受半结构式访谈的受访者全部通过 CSC 考试,普遍认为预科汉语教育基本满足了日常生活以及专业学习的汉语需求。

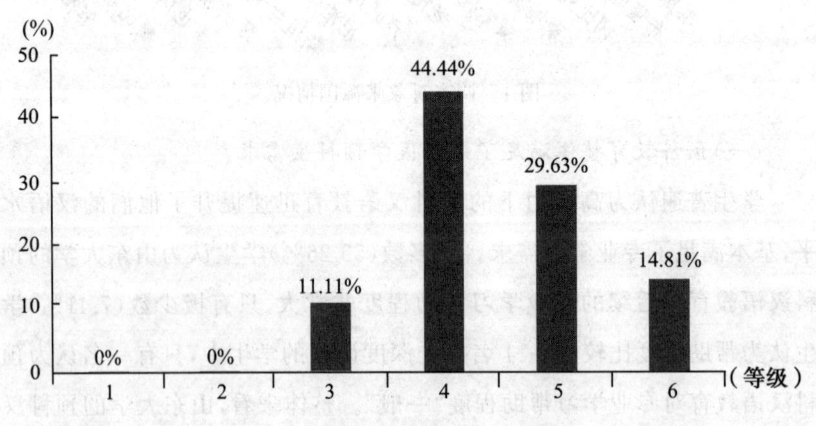

图 2 预科生 HSK 通过等级情况

(二)预科教育对学生基础语言能力提升的帮助

学生对预科汉语教育的肯定与基础语言能力提升直接相关,突出体现在专业词汇量的提升上。对“预科教育主观评价”的统计结果显示，56.25%认为预科汉语教育帮助程度非常大，55.55%认为帮助程度比较大。这一数据同半结构式访谈中学生的反馈能够互相印证，超过半数的受访者都对预科教育的帮助充满感激。受访者A表示：“没有学汉语，连‘你好’都不会说，如果没有学过预科，语言上完全听不懂。”相似的回答也出现在其他受访者的谈话中。受访者C表示：“预科汉语让我们学到了很多的专业的词汇，如果直接学医学，我们就不会。”从学生的主观评价上看，基础语言能力的提升和医学药学专业词汇的积累对他们的帮助最直接。

（三）预科教育对学生在华学习模式的适应的帮助

学生希望预科汉语教育能在帮助他们适应中国学习模式上发挥更大作用，这需要克服授课形式差异和师生关系两大问题。学生对预科教育在帮助自己适应中国的学习模式的作用上存在一定的分歧，有18.75%的学生认为预科教育帮助程度非常大，对他们后续的专业学习的意义甚至超过了专业基础和语言能力基础的提升。而在预科教育对后续专业学习影响比较大（33.33%）和比较小（7.41%）的学生问卷反馈中，没有调查对象认为预科教育在适应中国学习模式方面对他们帮助巨大。

这一项调查数据与另一项“预科教育存在不足”的调查结果相印证。学生认为，预科教育没能帮助自己适应中国的课堂学习模式占调查学生的近半数（46.43%）。不少学生也在半结构式访谈中表示，能够提前进入中国的专业课堂真实体验专业课程的上课模式，会对适应中国的学习模式有很大的帮助。

结合预科汉语课程设置、医学汉语课程设置、课堂教学模式以及半结构式访谈中学生的想法来思考，医学预科生产生专业适应性问题的原因比较复杂，其中最重要的有以下两点。第一，语言课堂授课形式和专业课堂授课形式差异较大，这是由不同的教育阶段所要完成的不同教育目标所决定的。医学预科生进行语言预科学习前，基本都是汉语零起点的水平，预科教育70%以上的课时安排是语言学习，以讲授和操练为主要课堂教学方式。进入本科专业学习的医学生，除部分与跨文化能力相关的选修课程外，大部分都是医学或药学专业课程。而且由于高校医学教育正向着理论与实际结合紧密的方向发展，本科课堂教学方式不仅是教师讲授，学生也有大量专业知识的记忆以及小组的合作任务，压力比较大。第二，医学预科生进入专业学习后的不适应性还表现在课堂规模和师生关系上。在半结构化访谈中，几乎所有受访者都表示专业课老师并没有格外关照国际学生。老师的授课语速过快，国际学生往往跟不上老师的节奏。受访者K表示"上课教师教学不考虑留学生，下课需要付出更多时间看书，很累很累"。班级规模的扩大不可避免地造成教师对国际学生关注度的降低，这影响了师生和生生之间的关系，从而影响了专业学习的效果。

（四）更细分和专业的医学预科教育

学生普遍重视和自己专业相关的汉语课程的学习，如图3所示。32.14%的调查对象最重视医学汉语课程，与专业内容相关的汉语课程对学生的吸引力超过了汉语技能课程和实际操练课程。深度访谈对象也几乎全部认同，医学汉语中教授的专业词汇对专业学习的帮助最大。也有35.71%的调查对象反映专业词汇覆盖范围不够或词汇更新落后，这一反馈对教材编写和选择提出了直接要求。张莹回顾理工科留学生教材发展演变，认为专业汉语教材应当具备专业性、针对性和实用性。[①] 访谈中，受访者B表示预科学习的专业词汇对专业学习帮助很大，但词汇量还是不够；受访者F提出医学和药学应当进行区分，这两门学科虽然紧密关联，但学习内容差距很大，医学汉语涉及的专业词汇对要进行药学专业学习的学生意义并不大，而且还会产生很多不必要的学习压力，反之亦然。同时，半结构式访谈的受访者预科毕业后就读于中国各地院校，每所院校的专业课内容也各有侧重。受访者E表示预科汉语教育提高了他的汉语语

① 参见张莹：《近30年科技汉语教材编写情况的回顾与思考》，《出版发行研究》2014年第11期。

言能力，这让他能够正常交流，剩下的专业词汇是需要自己学习的。这些反馈对预科汉语教育精细化提出了更高要求，教材编写上需要区分医学和药学专业词汇，尽量最大化地提取各高校医学专业课程中的共同项，突出基础知识的学习，合理安排不同课程的课时。

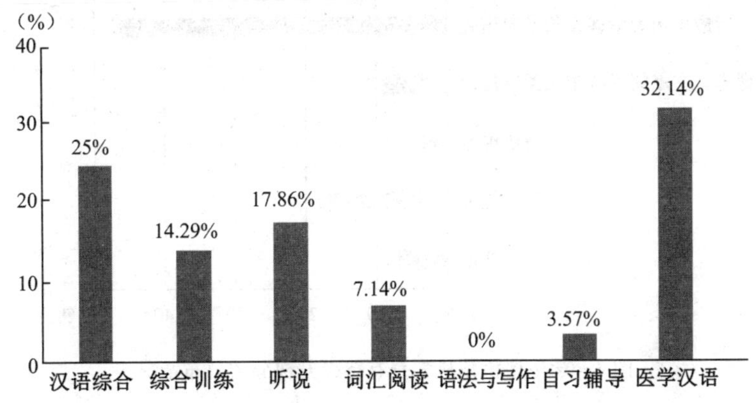

图3　预科生认为对自己帮助最大的预科课程分布

（五）学生基于自身需求对预科教育的评价

学生普遍认为预科汉语课程安排比较密集，但相比于后续专业学习的课程安排，预科汉语课程的压力还可以接受。深度访谈的受访者A提到，之前在自己国家学习时，只在每天的上午有课程安排，而预科汉语上午、中午、晚上都有课，压力很大，但这样的经历也的确让他适应了高强度的专业学习。调查问卷显示，超过半数调查对象认为预科课程安排比较密集，但综合后续的专业课程安排，预科课程的安排是有帮助的。

学生在评价预科汉语课程以及课堂练习的设置时，对听力练习提出了要求，39.29％的调查对象认为听力练习与后续专业学习中的课堂实际匹配度不高。访谈中受访者J认为专业课上需要听懂教师讲话内容，所以在预科课程中应当重视和专业相关的听力练习。另外，有17.86％的学生认为自己的中文写作能力还需要进一步提升，这样才能满足专业学习的需要。他们对口语练习和中文阅读练习的满意程度都比较高。具体结果如图 4 所示。

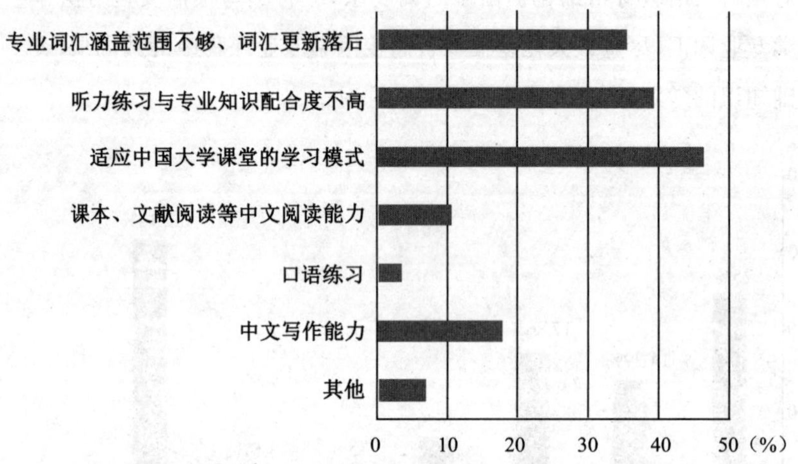

图 4　学生评价预科教育有待提升部分的分布情况

山东大学预科汉语教育的课程设计是科学而且高效的，学生 CSC、HSK 考试的通过情况能体现这一点。预科毕业生的各项语言能力的发展是比较均衡的。问卷调查和访谈中所反映的对教学课堂练习的满意度不高的问题，可以从学生专业学习和专业考试用语的角度进行分析。调查问卷显示，几乎所有调查对象在专业课堂中都使用汉语；访谈中，受访者也普遍反映专业课上存在"听不懂""跟不上"等与听力相关的问题。同样，所有调查对象都表示，在专业课考试中使用汉语进行书写作答，只有 33.33%的调查对象表示在考试中会被允许部分使用英语，具体如图5 所示。

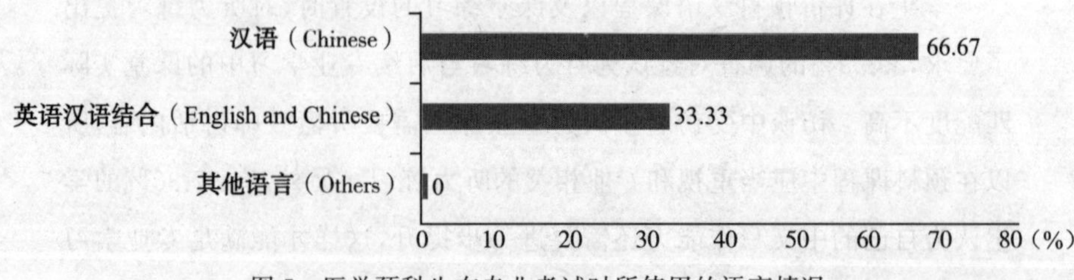

图 5　医学预科生在专业考试时所使用的语言情况

专业课堂授课模式多是讲授式，学生需要听懂教师的课堂语言，这对预科汉语教育提出了相当高的要求。通过短短一年的学习，汉语零起点的预科学生的听力水平不仅要满足日常生活中的交际需求，还需要达到和母语为汉语的医学生同教室进行专业学习的水平。教师讲授的医学专业知识有时候会超出国际学生的听力理解能力范围。学生难免会把不能完全听懂专业课的原因归结于预科汉语教育阶段听力练习与专业知识的匹配度不高。访谈对象对预科汉语教育中中文写作能力重视程度的不满，一定程度上源自专业考试对汉字书写的要求太高，学生很难通过仅仅一年的预科教育就达到相应水平。因此，在课时分配和练习形式选择上，我们应坚持以生为本，考虑学生实际水平，选择合适时期完成基础汉语到专业汉语的过渡，合理安排课程练习，增加与专业相关的听力与写作内容；在课程形式上，紧扣专业特色，研发实践性强的特色课程，切实满足学生的现实需求。

（六）调查问卷和深度访谈问题小结

经过调查发现，学生对医学预科教育的评价很高，普遍认为接受山东大学的医学预科汉语教育虽然压力比较大，但非常有必要，帮助他们迅速提升了汉语水平，基本满足了专业学习需求。学生对预科汉语教育的肯定与基础语言能力提升直接相关，突出体现在专业词汇量的扩充上。根据专业学习的真实需求，学生迫切希望预科汉语教育能更充分地与专业学习相结合，帮助他们更快地适应在中国的学习。

四、对预科汉语教育的建议

预科汉语教育发展必须遵循其根本目的——帮助学生适应中国的学习生活。在课程设置上，节奏循序渐进，有张有弛，在学生汉语水平达到中级阶段后及时衔接专业汉语的学习，增补一定量的专业词汇，同时考虑学生的听和写的需求，提高相关课程比例；安排有特色的专业实践课程，使学生提前体验医学专业课程的节奏和气氛。王尧美、张学广提出借鉴"顶峰学习"的课程模式，开设进入本科课堂听课、参加工作实践与社区服务等预科生的专业汉语实践性课程，对学生灵活使用课堂知识、适应大学学习模式、体验中国生活方式帮助巨大，也能够帮助学生减少预科课程和专业课程衔接的不适应感。[①] 由于疫情影响，线上授课又对预科教学提出新的挑战。制作中国医学本科课程体验视频、中国留学生活和专业实习实践相关的互动性的视频课程，运用丰富的多媒体教育技术，能有效提高预科与专业课程的衔接度。

预科汉语教育时间紧、任务重，预科汉语教师应当充分了解班级学生的专业构成，有针对性地选择教学过程中使用的专业词汇；了解学生本科院校对专业学科的要求，在预科汉语教育的后期为学生提供不同院校参考书目，满足学生个性化的词汇需求；教师还应当注意预科学生的心理健康。王晓音认为，教师对学生的关爱应当基于文化差异的理解、了解学生个性并且基于平等的关系。[②] 预科学生来到异国他乡，年纪较小，加之高强度的学习压力，可能会导致他们产生失眠、厌学等多种心理生理问题，教师应当细心观察，及时疏导。教师应具备跨文化敏感性，有意识地了解留学生居住国的文化背景、风俗习惯、发展历史等知识，以便和预科学生建立良好的沟通模式。

于欣涛：山东大学国际教育学院硕士研究生

连　佳：山东大学国际教育学院副教授

① 参见王尧美、张学广：《谈预科的教学性质以及专业汉语的教学目标和教学内容——以医学本科来华预科生为例》，《国际汉语教学研究》2016 年第 3 期。

② 参见王晓音：《对外汉语教师素质研究》，陕西师范大学硕士学位论文，2013 年。

来华预科留学生汉语自主学习能力影响因素研究[①]

【摘要】 本文调查了来华预科生的汉语自主学习能力影响因素,认为汉语自主学习能力受内部因素和外部因素的影响。通过数据分析,我们得出结论:(1)内部因素中,预科生意志控制策略使用情况最好,认知策略和自我效能感是对汉语自主学习能力产生较大影响的内部因素;(2)外部因素中,预科生都认为感受到了教师的帮助、鼓励,教师自主支持是对汉语自主学习能力产生较大影响的外部因素。根据调查结果,我们有针对性地提出了建议。

【关键词】 来华预科生 汉语自主学习能力 内部影响因素 外部影响因素

一、引言

庞维国认为,自主学习能力是一种学生在不同学习情境下表现出来的稳定学习状态,其形成既受学习者自身内部各种因素的影响,也受一些外部因素制约。[②]

国外学者提出了一些自主学习模型或理论,以探究自主学习能力的构成因素、影响因素以及它们之间的相互关系。如麦考姆斯认为自主学习有一般认知和元认知两个过程。班杜拉认为自我观察、自我判断、自我反应是自我调节的主要过程。自主学习的七个派别对自主学习的影响因

① 本研究系 2021 年世界汉语学会全球中文教育主题学术活动资助计划“基于虚拟学习社区的国际中文课程创新研究”(SH21Y02);2021 年国际中文教育研究课题“基于技术接受模型的中文学习者线上课程学习意愿研究”(21YH23C);山东大学 2021 年本科教育教学改革一般项目“基于技术接受模型的国际学生汉语通识课线上学习行为意愿研究”(2021Y243)的阶段性研究成果之一。

② 参见庞维国:《自主学习——学与教的原理和策略》,华东师范大学出版社 2003 年版,第48 页。

素观点也各不相同，如信息加工理论关注动机对自主学习能力的影响，而不重视环境的作用；社会认知理论认为自主学习能力的影响因素主要是环境因素、行为因素、内部因素。

为探究自主学习模型或理论是否科学、可行，学者们编制了不同问卷。使用较为广泛的有韦恩斯坦（Weinstein）等人编写的LASSI（Learning and Study Strategies Inventory，学习策略量表），宾特里奇（Pintrich）等人编写的MSLQ（Motivated Strategies for Learning Questionnaire，学习动机策略问卷）。

本文借鉴MSLQ问卷①、齐默尔曼的自主学习模型②，以社会认知理论为基础，认为自主学习能力包括任务价值感知、学习策略使用、时间管理、学习控制、环境利用、社会性6个构面，并将影响自主学习能力的影响因素分为内部影响因素和外部影响因素两大类。内部影响因素主要有目标定向、自我效能感、考试焦虑、意志控制等7个构面，外部影响因素主要有教师支持和同伴关系两个构面。

二、研究设计

本文首先对影响汉语自主学习能力的内部影响因素的整体情况进行分析，再探究内部因素对汉语自主学习能力的影响；其次对汉语自主学习能力的外部影响因素整体情况进行分析，再探索外部因素对汉语自主学习能力产生怎样的影响。

（一）量化研究设计

制定《来华预科留学生汉语自主学习能力问卷》，问卷使用李克特量

① Paul R. Pintrich, "Reliability and Predictive Validity of the Motivated Strategies for Learning Questionnaire (Mslq)", *Educational and Psychological Measurement*, Vol. 53, Issue 3, September, 1993, pp. 33.

② Barry J. Zimmerman, "A Social Cognitive View of Self-Regulated Academic Learning", *Journal of Educational Psychology*, Vol. 81, Issue 3, September 1, 1989, pp. 329-338.

表，从 1 到 7 分别代表非常不同意、不同意、比较不同意、一般、比较同意、同意、非常同意，使用 SPSS 22.0 进行数据统计与分析。

我们以社会认知理论为基础。社会认知理论认为自主学习由行为因素、环境因素、内部因素三部分组成，行为因素指个体观察、判断、反应情况，环境因素指老师、同学等提供的帮助，内部因素是指个体的学习目标、策略、自我效能感、情感策略等。在具体题目制定上，我们参考了 MSLQ 问卷，最终确定了影响汉语自主学习能力的内部影响因素和外部影响因素的主要构面。

影响汉语自主学习能力的内部因素主要关注目标定向、自我效能感、考试焦虑、认知策略、元认知策略、意志控制等 7 个构面，共 35 个题目。目标定向分为内部目标定向和外部目标定向，用来衡量预科生在汉语课程中的目标是内因还是外因，内因可表现为喜欢汉语或对汉语感兴趣，外因可能表现为把汉语看作工具。自我效能感考察预科生对完成汉语学习能力的自我评估，如相信自己可以取得好成绩等。考试焦虑指预科生在考试之前或考试过程中的焦虑情绪等。认知策略包括复述策略、组织策略、精加工策略，如是否多次复习、是否能将新学汉语知识与旧知识相结合等。元认知策略包括批判性思维、元认知策略，用来测量学习汉语时的思考频率，是否能对自己的学习结果进行辩证思考等。意志控制可以测量预科生在遇到汉语学习困难时调节自己的动机和努力程度。

影响汉语自主学习能力的外部因素主要包括教师支持和同伴关系。教师支持有 12 个题目，参考了《高中生感知到的教师自主支持问卷》[①]，主要测量学生对教师的信任感、学生所感受到的教师的支持与鼓励、教师为学生提供的帮助等，该问卷已经被证明具有较高的信度与效度。同伴关系参考了罗瓦伊（A. P. Rovai）的“课堂社区量表”（Classroom Community Scale）[②]，包括学习（Learning）和连通性（Connectedness），衡量学生在班级

① 参见申继亮、陈英和主编：《中国教育心理测评手册》，高等教育出版社 2014 年版，第 89 页。

② A.P. Rovai, “Development of an Instrument to Measure Classroom Community”, *Internet and High Education*, Vol.5, Issue 3, 2002, pp.197-211.

中的归属感、与其他同伴的关系、是否能分享学习感受等，共设置了13个题目。

我们对自主学习能力、内部影响因素、外部影响因素分别进行了因素分析，对每个构面进行了信度分析，证明问卷信、效度比较高，整体可行。

(二)访谈设计

访谈提纲根据各影响因素具体制定，内部影响因素相关题目主要包含了解预科生的汉语学习动机，学习汉语过程中复述策略、组织策略等认知策略的使用，努力调节、批判性思维等元认知策略的使用，学习或考试过程中的情感情况等方面；外部影响因素访谈题目包含教师对预科生的帮助情况、同伴之间的交流频率等具体情况。

(三)研究对象

问卷共发出243份，回收224份，有效问卷211份。男生112人，女生99人，男女占比均衡。

我们对5位预科生进行了访谈，分别用字母A、B、C、D、E编号。

三、调查结果统计与分析

(一)影响来华预科生汉语自主学习能力的内部因素分析

我们首先通过描述性统计来了解预科生影响汉语自主学习内部因素的整体情况，然后通过回归分析了解内部因素的各个构面对汉语自主学习能力的影响程度，其中汉语自主学习能力是因变量，内部因素的各个维度是自变量。结合访谈，对数据分析结果进行进一步说明。

1.整体情况分析

由表1中的描述性统计结果可知，考试焦虑的平均值最小。其值越小，说明学生的焦虑情绪越少。预科生的考试焦虑平均值为4.45，说明他们的焦虑情绪整体上处于中等水平；其标准偏差数值较大，为1.63，说明预科生的考试焦虑情绪差异较大。通过访谈也可以证实这一点：A同学说自己考试的时候会焦虑，但他认为焦虑是正常的；B同学表示自己在汉语考试时不焦虑；C同学说自己考试时会有一点焦虑，但焦虑对他没有什么影响；D同学说自己考试时很焦虑，但是不太影响自己；E同学说自己在CSC考试时会焦虑，别的考试都不会焦虑，并且焦虑不太会影响他。由此可见每位预科生的焦虑情绪是不同的。

表1　影响汉语自主学习能力的内部因素各维度描述性统计

	人数	最小值(M)	最大值(X)	平均值(E)	标准偏差
考试焦虑	211	1.00	7.00	4.45	1.63
外部目标定向	211	1.00	7.00	5.60	1.16
元认知策略	211	2.13	7.00	5.60	0.89
认知策略	211	2.50	7.00	5.61	0.98
内部目标定向	211	2.33	7.00	5.66	1.02
自我效能感	211	1.00	7.00	5.68	0.99
意志控制	211	2.50	7.00	5.86	0.92

意志控制维度的平均值最高，且标准偏差最小，说明预科生在意志控制策略使用方面均处于较高的水平。对预科生来说，汉语学习既是学习其他学科的基础，又是自己与他人交流的重要工具，因此他们在汉语学习过程中遇到困难时就会更积极地调整心态，使自己处于较好的学习状态，坚持努力学习汉语。B同学表示，有时候不能理解汉语课上的所有内容，但她“始终尽力而为”。在教学过程中我们也发现，即使有些语言点较难，学生也会尝试努力学会如何使用，学习有困难时也会想办法解决。如C同学知道自己口语不好，所以她认为自己应与其他人一起学习，这样才能够解决口语不好的问题。

预科留学生自我效能感较好，这说明他们认为自己在汉语学习方面能取得较好成绩。访谈中5位同学均表示自己能够学好汉语。D同学说“我相信我能学好，我很喜欢学习外语”，E同学说“我有信心学好

(汉语)”。自我效能感好也表现在他们对取得好成绩的自信心上，比如A同学表示自己想在班里取得好成绩，并认为取得好成绩是一件好事；C同学表示自己有信心取得好成绩。

预科生的内部目标定向均值也较高，说明预科生目标明确，都比较喜欢汉语。A同学表达了自己对汉语和中国文化的喜爱之情，“我喜欢学习汉语”，“在我看来，这(汉语课)是一个很棒的课程，因为老师们经常互动。除了语言之外，还有很多有趣的东西可以学习”。C同学表示“喜欢(汉语课)，我觉得汉语说起来很好听”。D同学说自己学汉语的原因是“我觉得汉语很有趣，对我的未来有很多帮助”。可见预科生不仅喜欢汉语，还喜欢与汉语相关的文化内容。

其他维度的均值差别不大，均在5.6左右，处于较高水平，说明预科生在认知策略、元认知策略、外部目标定向使用频率上处于中等偏上水平。就认知策略和元认知策略来说，大部分预科生都能够及时复习汉语知识，判断自己的学习情况并根据情况调整自己的学习方法。如D同学表示考试前的一个星期会用更多的时间去复习。从外部目标定向来看，汉语是预科生重要的学习和交际工具。B同学列举了学习汉语的优势：“(1)学习另一种国际语言。(2)我正在学习医学，因此能说中文也为脱颖而出提供了很好的机会。(3)中国在快速发展，所以会说和写中文是一个优势。”D同学表示汉语对学习其他课程有帮助，“有时我不懂一个英语句子，我就翻译成汉语，所以我能明白，就是这样，如果用英语不方便，我就用汉语”。E同学说“汉语可以帮助我不同的课，比如数学、化学和医学汉语”。可见汉语学习不仅对预科生大学课程的进一步学习有影响，还会对他们未来个人发展有影响。

2.内部影响因素对汉语自主学习能力的影响

如表2所示，由标准化系数可知，内部影响因素各个维度的影响力排序由大到小分别为认知策略(0.22)、自我效能感(0.21)、元认知策略

(0.19)、意志控制(0.19)、外部目标定向(0.08)、内部目标定向(0.05)、考试焦虑(−0.02)。

表 2　内部影响因素与自主学习能力回归分析

	非标准化系数		标准系数	T	显著性	共线性统计		R^2	Durbin-Watson
	B	标准偏差	*Beta*			容许	VIF		
SRL(常量)	0.46	0.20		2.31	0.02			0.79	2.03
内部目标定向	0.05	0.03	0.07	1.82	0.07	0.63	1.58		
外部目标定向	0.08	0.02	0.12	3.50	0.00	0.84	1.20		
自我效能感	0.21	0.03	0.27	6.28	0.00	0.54	1.86		
考试焦虑	−0.02	0.02	−0.04	−1.22	0.23	0.83	1.20		
认知策略	0.22	0.03	0.28	6.52	0.00	0.54	1.87		
元认知策略	0.19	0.04	0.23	4.61	0.00	0.41	2.42		
意志控制	0.19	0.03	0.23	5.61	0.00	0.62	1.62		
因变量:MEAN 自主学习能力									

认知策略的影响力是最大的,也就是说精加工策略、复述策略、组织策略的使用会对汉语学习产生较大的影响。汉语学习是语言学习,需要学生使用较多的策略去组织、整理学过的语言材料并及时复习,也需要预科生多次重复学习。认知策略的题目中,题目 24(我会记住关键词以回忆重要知识点)的均值最高(6.01 分),说明精加工策略的使用最

为频繁。5位同学在访谈中都体现了他们在认知策略方面的使用情况,他们使用复述策略和精加工策略更频繁。A同学说为了记住新单词,他会“多次写这个词”,并且经常用汉语对话以练习口语;他总结重点内容的方法是“写下要点和其他我觉得很有趣的东西”。C同学说自己的学习方法“没有那么多,只把在上课时学的弄明白意思,看几遍就行”。D说自己考试前的复习方法是“一直背背背,还有反复做许多题目”。认知策略中使用最差的是组织策略,题目29(制作表格、图表帮助组织课堂材料)、题目30(看笔记并概述主要概念)的均值分别为5.23和5.41,是认知策略的题目中均值最低的两个题目。访谈也证实预科生很少会使用表格等方法学习汉语、总结汉语知识,只有D同学说自己会使用表格总结知识,但是很浪费时间,所以不经常使用。汉语中有许多相似的字词、语法点,使用表格进行异同对比会更加直观地了解相关知识,但由于整理起来比较耗时,所以很多预科生都放弃使用这种方法。

自我效能感也会对汉语自主学习能力产生较大的影响。预科生对自己的汉语学习成果有适当的期望,认为自己可以学好汉语,自我效能感的题目中,题目14(相信自己能取得好成绩)均值最高(5.92),这也说明预科生都比较注重自己的成绩,访谈对象都表现出了对成绩的关心。同时,预科生认为自己能学好汉语的信念十分强烈。在访谈中,A说相信自己可以学好汉语;B表示虽然有时候汉语很难,但她也有信心学好汉语;C说相信自己努力就可以学好汉语;D说“我相信我能学好,我很喜欢学习汉语”;D说有信心学好汉语。

元认知策略和意志控制的影响力相同。元认知策略可以帮助预科生在汉语学习时了解自己对学习材料的掌握情况。A说:“有时在学习时,我会专注于理解内容,因为某些问题需要应用我所学习的材料。有时,如果我知道考试将考验我回忆内容的能力,我会记住该内容。”这体现了该生在学习汉语过程中对学习内容的掌握程度,他能自己分析、判断更为重要的学习内容。元认知策略构面的题目 40(学汉语时尝试找出不太理解的概念)均值最高(5.89)。我们问 A 同学:"你会找出自己不明白的内容吗?"他说:"是的,如果我不明白,我会设法弄明白。"可见,在学习过程中能理性思考与判断,有助于学生对学习方法的选择与使用,也有利于其选择更为重要的学习内容。

意志控制可以调节预科生在汉语学习过程中的努力程度。D 说自己口语不太好,这表明她明白自己在汉语学习中的不足。她还表示,当遇到成绩不好的情况时,"我会难过几天,然后就继续多练习"。意志控制可以维持预科生的学习状态,在教学中我们发现预科生学习汉语都十分努力,甚至有些学生会通宵学习;当遇到学习困难时,他们也会调整自己的状态,尽快重新投入汉语学习中。

外部目标定向和内部目标定向会对汉语自主学习能力产生较小影响;考试焦虑对汉语自主学习能力产生一定负面影响,但是影响不大,上文中所提到的访谈结果也证实了这一点。5 位访谈对象中有 4 位表示考试时会有不同程度的焦虑情绪,但是不会对自己产生比较大的影响,剩下一位同学表示不会焦虑。

(二)影响来华预科生汉语自主学习能力的外部因素分析

首先,通过描述性统计分析,我们可以得知外部影响因素各构面的整体情况。然后,我们通过回归分析了解教师支持和同伴关系对汉语自主学习能力产生的影响。

1.外部因素整体情况

如表 3 所示,教师支持的平均值为 6,且标准差较小,说明预科生普遍能够感受到预科教师对他们的帮助、鼓励和支持。通过访谈我们也可以证实,预科生普遍信任自己的老师,并且老师会随时为他们提供汉语学习或者生活上的帮助。A 同学表示信任老师,老师会帮助他、理解他,"老师们非常重要,当我学习困难时,他们会激励我学习并支持我"。

B同学说汉语课的老师很棒，她总是耐心回答问题，并且总是会提醒同学们复习汉语课的重点内容。C同学说信任自己的老师，老师对汉语学习有较大帮助，可以解释汉语问题。D同学表示信任、尊重自己的老师，“老师是教给我们知识的人，我当然信任、尊重他们”。E同学说信任自己的老师，老师会帮助自己。由此可见，预科生对自己的老师都是非常信任和尊重的，预科老师也都能给予学生爱与尊重。

表3　影响汉语自主学习能力的外部因素描述性统计分析

	样本数	最小值(M)	最大值(X)	平均值(E)	标准偏差
教师支持	211	1.00	7.00	6.00	0.95
同伴关系(学习)	211	2.17	7.00	5.84	0.95
同伴关系(连通性)	211	1.00	7.00	5.81	1.09

同伴关系方面，两个构面的均值差别不大，都在5.8以上，说明预科生大多能够在汉语学习中互相帮助，互相信任。5位访谈对象均表示会信任自己的同学或者亲密的同伴。A说“我的同学都很好”，他们会帮助自己学习并且同学之间都能相互信任。B说“我也有很好的中国同学，他们总是愿意帮助我理解汉语”，“他们总是提醒我什么时候提交作业，他们总是愿意在实验课上合作，如果有国际学生缺席，他们会问为什么”。C说信任自己的同学。D说她会更信任自己亲密的朋友。E说他信任自己的同学，而且同学们会帮助他。

由以上分析可知，在预科部，不管是学生与学生之间还是学生与教师之间，信任感都十分强烈。学生之间能够互相帮助，老师也会帮助预科生解决各种问题。

2.外部影响因素对汉语自主学习能力的影响

如表4所示，通过回归分析发现，教师自主支持的影响力稍大。三井明子调查了日本人的汉语自主学习能力后发现，教师是影响学生制定学习目标的重要因素之一。① 在预科生的学习过程中，汉语教师是预科生接触最多的人，汉语教师的一言一行都可能会对预科生的学习产生影响。A 表示老师"为我们提供了有效的学习方法"。B 说老师会帮助她，是一个"一直告诉我们有问题的话可以问我"的人，课上"老师总是给我们时间写下重点，总是会提醒我们复习"。D 说"不是所有的老师都理解我"，但是她依旧会听从老师给出的学习建议。

表 4　内部影响因素与汉语自主学习能力回归分析

	非标准化系数		标准系数	T	显著性	共线性统计		R^2	Durbin-Watson
	B	标准偏差	*Beta*			容许	VIF		
SRL（常量）	2.35	0.25		9.46	0.00			0.47	2.29
教师自主支持	0.30	0.07	0.38	4.41	0.00	0.34	2.95		
同伴关系	0.26	0.07	0.34	3.90	0.00	0.34	2.95		

因变量：MEAN 自主学习能力

四、结论与建议

（一）主要结论

通过以上数据分析我们可以得知，在影响汉语自主学习能力的内部因素中，预科生在各构面的策略使用情况都较好，认知策略和自我效能感对汉语自主学习能力产生了较大影响。外部因素中，预科生感知

① 参见［日］三井明子：《日本留学生汉语自主学习能力调查分析》，《汉语学习》2018 年第4 期。

到的教师支持和同伴关系都很重要，相对来说，教师支持对汉语自主能力产生较大影响。

(二)建议

自主学习能力受到内部因素和外部因素的影响，教师可以通过各种途径，使这种能力随着个体的发展得到提升。结合调查结果，我们从以下四个方面提出具体建议。

第一，从教师培养角度看，自我效能感会对汉语自主学习能力产生较大影响。对自我效能感低的学生，教师在课上可以提问他们较简单的问题，帮助他们设定合理的学习目标。另外，教师应教学生有效使用元认知策略和认知策略。预科生对认知策略中的组织策略使用最为生疏，他们往往认为总结知识点耗时费力。教师可通过带领学生使用表格总结语法等方法，培养学生组织策略的使用，同时还可以对比学习相似知识点。访谈中我们还发现，预科生比较依赖老师给出的正确答案，这可能阻碍预科生运用汉语思考的能力，可以通过鼓励学生思考多个可行答案等方法提高学生的辩证思考能力。

第二，从预科管理角度看，预科生在课下仍然有很大的学习需求，这种学习需求往往需要学生自己找学习资料或通过微信等聊天软件求助于老师、同学来实现。针对这样的情况，我们可以建立汉语自主学习中心，中心可以提供汉语学习材料，让学生的课下学习生活更丰富；中心还可以有专门的策略指导教师，促进学生提高学习策略的使用频率。①

第三，从班级管理角度看，部分预科生的班级归属感不强，对于这些学生，可以通过开展生活交流会等活动，让预科生对彼此有更加深入的了解，同时还可以开展课前三分钟演讲，加强学生间信息的共享。调查中还发现，预科生认为教师不能充分理解自己，因此教师在策划班级

① 参见华维芬：《自主学习中心——一种新型的语言学习环境》，《外语界》2001年第5期。

活动或解决学生问题时应多从学生的处境出发，主要了解预科生的学习需求以及学习背景等。

第四，从预科生自身看，考试焦虑会对预科生有一定负面影响。因此，焦虑情绪很严重的预科生要正确面对考试焦虑，要知道考前有焦虑情绪是正常的，要学会通过听音乐等方式缓解自己的不良情绪；在学习过程中，预科生还可以观察其他学习效率较高的学生使用了什么学习策略、运用了什么方法，可以尝试使用对自己有效的方式。

李　扬：山东轻工职业学院助教

蔡　燕：山东大学国际教育学院副教授

优秀来华预科留学生学习汉语有效策略质性研究

【摘要】 学习策略往往会影响整个学习过程,科学有效的学习策略可以达到事半功倍的效果。本文采用质性研究方法,选取了5名优秀的预科留学生,以其视角探讨学习汉语的有效策略。研究发现,他们在学习策略的使用上具有较强的相似性,均不是单一地使用一种学习策略,而是综合使用多种学习策略来提高自己的汉语水平。本文着重阐述了各类学习策略的具体表现,并提出了一些有针对性的建议,希望可以帮助预科留学生更好地学习汉语。

【关键词】 预科留学生 汉语学习 学习策略 质性研究

一、引言

随着中国经济的快速发展,在众多领域取得了令世人瞩目的成果,越来越多的外国青年学生远涉重洋来华留学。预科教育是留学生进入学历教育的衔接阶段。在正式读本科之前,部分留学生需要接受一年的预科教育,学习一年的汉语。只有通过预科结业考试和 HSK 考试,达到各自本科院校的要求,才能顺利进入大学。来华预科生学业时间短、任务重、目标高、节奏快,加之大多数学生从零基础开始学习汉语,所以学业压力相当大,如何学好汉语通过考试就显得尤为重要。

国内外语学习策略的研究可追溯到20世纪八九十年代,如吴增生[①]、

① 参见吴增生:《值得重视的"学习者策略"的研究》,《现代外语》1994年第3期。

文秋芳[①]、秦晓晴[②]、徐子亮[③]、江新[④]等，以上研究在学习策略分类、调查学生学习策略、如何教授学生学习策略等方面作出了有益的探索。相较之下，关于优秀汉语学习者学习策略的研究较少，吴勇毅和陈钰[⑤]、林炫廷[⑥]、姚路宁[⑦]、陈文萍[⑧]等调查分析了优秀汉语学习者的学习策略，或对成功汉语学习者和一般汉语学习者使用的学习策略进行对比，分析差异。

从目前成果来看，对于优秀汉语学习者学习策略的研究数量少，量化分析居多。鉴于此，本文尝试利用质性研究方法，以 5 名优秀预科留学生学习汉语的真实经历为依据，深入挖掘其学习汉语的有效策略，做细致描述，加以总结和提炼，以期增强对预科汉语学习策略的全面认识，帮助预科留学生更好地学习汉语。

二、研究过程

（一）研究对象

本文参考了吴勇毅和陈钰、林炫廷、姚路宁、陈文萍等选取成功或优秀汉语学习者的依据，根据语言学习的一般规律以及学习者的情况，最终选取了 5 名性别、年龄和文化背景不尽相同，汉语零基础的来华预科生作为研究对象。具体情况如下：(1) HSK 成绩。5 位学生在不到一年的时间内均一次性通过 HSK 四级考试，分数在 270 分以上，其中有 2 名学生通

① 参见文秋芳：《英语学习成功者与不成功者在方法上的差异》，《外语教学与研究》1995 年第 3 期。

② 参见秦晓晴：《第二语言学习策略研究的理论和实践意义》，《外语教学》1996 年第 4 期。

③ 参见徐子亮：《外国学生汉语学习策略的认知心理分析》，《世界汉语教学》1999 年第 4 期。

④ 参见江新：《汉语作为第二语言学习策略初探》，《语言教学与研究》2000 年第 1 期。

⑤ 参见吴勇毅、陈钰：《成功的汉语学习者的学习策略分析》，《对外汉语教学的全方位探索——对外汉语研究学术讨论会论文》，北京，2004 年，第 442 页。

⑥ 参见林炫廷：《成功的韩国汉语学习者的学习策略研究》，华东师范大学硕士学士论文，2012 年，第 12 页。

⑦ 参见姚路宁：《优秀的汉语第二语言学习者学习策略研究》，北京外国语大学硕士学士论文，2017 年，第 17 页。

⑧ 参见陈文萍：《柬埔寨成功汉语学习者学习策略个案研究》，贵州大学硕士学位论文，2019 年，第 13 页。

过了 HSK 五级考试。(2)周考成绩。他们平时的周考成绩在班里名列前茅。(3)语言表现力。5 位学生的汉语综合能力均比较强,语言表达流畅,语境感突出。(4)综合表现。通过咨询各位任课老师了解他们的共性,平时乐于沟通,非常认真,表现出积极的学习态度。

将受访者命名为 A、B、C、D、E,学习汉语时长均为 10 个月左右,已有两个学期的汉语学习经历,对预科的学习策略经过一段时间的摸索,已形成较为固定的模式。5 位受访者的基本情况如表 1 所示。

表 1　受访者基本情况

	性别	年龄	国别	学习汉语时长	HSK4 级(分)	HSK5 级
A	女	18	蒙古	10 个月	280	
B	女	20	斐济	10 个月	274	
C	女	24	东帝汶	10 个月	273	通过
D	男	21	莫桑比克	10 个月	278	通过
E	男	19	乍得	10 个月	275	

(二)研究方法

本文采用质性研究方法,制定了详细的访谈提纲,涉及汉语语音、词汇、语法、汉字、听说读写、交际等方面。在访谈过程中,做到“有提纲,但不唯提纲”,实施动态调整。

笔者于 2019 年 6 月底对受访者进行了多次访谈,面谈地点为教学楼。为挖掘其真实想法,每次访谈都在轻松自如的状态下进行,让受访者自由表达,力图研究他们的共性,深入挖掘学习汉语的有效策略。时间约为每人 40—90 分钟,必要时使用英语及其母语翻译。在受访者表示同意后进行录音,共形成 6 万余字的访谈资料。

三、结果与讨论

（一）记忆策略

记忆策略包括建立心理联系，运用形象、声音和动作，好好复习等。[①]受访者会采用机械和形象记忆的方式，复习和预习则贯穿整个学习过程。

机械记忆。A 和 E 认为背课文作用很大，可以掌握语序、扩大词汇量，记忆力也会变得更好。B、C 和 D 或边读边写，或边听边写。他们认为，正因为背诵才有周考的持续好成绩。可见，机械性记忆方式有利于应对考试。

形象记忆。C 课下和她的室友根据词语卡片练习"我做你猜"，她认为非常有趣，记得更清楚。肢体语言更形象生动，有利于加深印象，加强记忆。E 一方面通过联想加强词汇记忆，如读到"熊猫"二字，脑海中立刻呈现熊猫的图片；另一方面又按照生词出现在课本上的位置来记忆。事实上，形象记忆不仅具有趣味性，而且更深刻、更长久。

生词造句。C 还会用新学的词语造句，如学完"承受"一词，便造句"你能承受工作上的压力吗？"生词造句不仅能加强记忆，还可以提高学生的语言组织能力。

复习和预习。这 5 名学生每天复习不明白的语法等课业，课前预习不仅能跟上老师的思路，还有利于发现新知识，在新旧知识之间建立联系。复习和预习贯穿整个学习过程，帮助他们更好地消化知识，降低学习新知的难度。

徐子亮指出："复习、预习、背诵以及多种线索的信息编码，都是保持信息的有效策略。"[②]来华预科生学业时间短、任务重、目标高、节奏快，所

① Oxford, *Language Learning Strategies: What Every Teacher Should Know*, Boston: Heinle and Heinle Publishers, 1990, p.38.

② 徐子亮：《外国学生汉语学习策略的认知心理分析》，《世界汉语教学》1999 年第 4 期。

以在学习汉语的过程中需要背诵大量的单词、短语、句子等，学业方能在短时间内取得良好的效果，记忆策略能够帮助学生快速提高汉语水平。

（二）认知策略

认知策略包括练习、接收和传送信息、分析和推理、为输入和输出创建结构等。① 受访者经常反复练习汉语、总结、记笔记和对比。

反复练习。几位受访者有一个共同的习惯：每天都要反复练习说汉语、听听力、写词语等。

读文章和看电影。C会在网上读一些文章，仔细研读后自己写词语或者句子，增加词汇量。几位受访者均表示课下经常会看中国电影、电视剧等，以此来提高汉语听力水平。

总结和记笔记。A坚持每天记录学习重点。C经常在笔记中总结近义词，如"比如、假如和例如"。D则经常总结有多种用法的词语，且条理清晰。"比如麻烦，作动词，会写一个句子；作形容词，写一个句子；作名词，写一个句子。"E则有一个笔记本，专门记录重点内容，"我每天会把重点写下来，这是最重要的"。他们认为，如果不总结，汉语水平就没有办法提高。总结可以提高学习的效率，记笔记可以让他们清晰地把握学习中的重点。

对比。B经常对比汉—英语法，如"主谓宾"结构是一样的，但人称代词不一样。A和E则常对比母语语法。E认为，"要和自己的母语仔细地比较不同点，否则就会出错"。对比母语可以有效地避免语法错误。

认知策略对语言学习至关重要，有助于提高学生的总结、对比分析能力，帮助学生对信息进行深加工和处理，从而有效地提取信息。

（三）补偿策略

补偿策略包括在听和读的时候机智地猜测、克服口语和写作的局限

① Oxford, *Language Learning Strategies: What Every Teacher Should Know*, Boston: Heinle and Heinle Publishers, 1990, p.43.

等。[①] 这5名学生经常猜测、查字典、用近义词替代、借助手势。

猜测和查词典。A、B、C、D都说，遇到生词时，会先根据汉字和词语的组合规律猜测，然后再查词典。E表示阅读或者交流时，不会每个词语都查字典，有些词语听不懂，会根据语境猜测。如“我创立了一个公司”，没学过“创立”，便猜测是“我开了一个公司”，就能明白“创立”的意思。猜测有利于调动大脑已知信息，根据汉字和词语的组合规律以及句子进行分析和推理，从而达到输出信息的目的。

替代和借助手势。在交际中，E还会用学过的词语来代替未学的，如“吃好了”代替“吃饱了”。A在交际中忘记如何表达“笔”，会用“写的东西”代替。C在交流中善于借助手势，如用手拿东西往嘴里放这一动作来代替“吃饭”。替代和借助手势可以让他们快速而灵活地解决交际中遇到的问题。

补偿策略帮助学生在交际中快速地作出反应，在有限的语言水平下，尽量使用目的语，对学习汉语大有帮助。

(四)元认知策略

元认知策略包括组织、建立目标、考虑目的、安排和计划学习、评价学习等。[②] 刘珣认为，“元认知策略包括计划、监控、评估、调节等”[③]。根据学习者的情况，我们主要从计划、建立目标、评估和调节这几个方面来考察学习者的元认知策略。

计划。A规定早上背生词，晚上睡觉之前看书，周末看中国的电影，“做计划很重要，我每天都做计划，早上背生词，晚上睡觉之前看书，周末看电影”。D会做计划，比如周一、周二等要干什么。E将每周的学习计划细化到时间点，使自己有足够的时间来学习汉语。制订具体的学习计

① Oxford, *Language Learning Strategies: What Every Teacher Should Know*, Boston: Heinle and Heinle Publishers, 1990, p.47.

② Oxford, *Language Learning Strategies: What Every Teacher Should Know*, Boston: Heinle and Heinle Publishers, 1990, p.136.

③ 刘珣：《对外汉语教育学引论》，北京：北京语言大学出版社，2000年，第213—214页。

划可以使学生合理地安排课下时间。

建立目标。B在学习汉语时有明确的目标,并努力实现自己的目标。“每次周考我的目标是90分以上,HSK四级我想考280分”。

评估和调节。A说:“我的发音不好,因为我的母语没有声调,而且sh和x、ch和q经常弄错,所以课下我会多听多说,也经常看中国的小视频。”B、D觉得自己的听、写不好,所以课下经常听中文歌、看中国节目,读网文,然后自己写,再让老师审阅。C会根据阶段性学习成绩主动调整学习侧重点,“我会看汉语上的进步,比如上次我考了多少分,这次我考了多少分”。E将自己的发音与录音对比,以朗读、聊天等方式修正发音,“老师会把博雅汉语的录音发给我们,每次读课文的时候我都会用手机录下来,然后和老师发的录音进行对比,如果差别比较大,就重新读,直到自己满意为止”。由此可知,合理评价学习情况,动态调节学习计划和重点,可以让他们的汉语听、说、读、写等各方面达到均衡的状态。

江新认为:“通过有意识地使用元认知策略,可以重新获得注意重点,从而促进语言学习。”[①]元认知策略在第二语言学习者中的作用不可或缺,能使学习者准确地进行自我定位,科学有效地控制和管理学习,让学习进程节奏分明,提高学习效率。

(五)情感策略

情感策略涉及情感、态度、价值等,包括降低焦虑、鼓励自己等。[②]受访者经常使用转移注意力、自我激励、自我奖励、自我安慰等方式来缓解压力等。

转移注意力。A会吃点儿好吃的缓解紧张。C通过深呼吸、喝水、散步、给家人打电话的方式来缓解紧张,“这一年有点压力,紧张的时候我会深吸一口气,然后喝水。我经常出去散步或者给家人打电话,来讨论我的

① 江新:《汉语作为第二语言学习策略初探》,《语言教学与研究》2000年第1期。

② Oxford, *Language Learning Strategies: What Every Teacher Should Know*, Boston: Heinle and Heinle Publishers, 1990, pp.140-144.

感受”。

自我激励、奖励和安慰。针对考前紧张，B经常暗示自己要有信心，一定会做到的，世上无难事，“每次考试前我都会跟自己说，我一定会做到的，世界上没有什么难做的事情”。D取得进步时，会奖励自己看一会儿电影。E知道压力只会给自己带来更多的痛苦和损失，所以他努力后就顺其自然，把一切交给时间。自我激励、奖励和安慰有利于增强他们学习汉语的信心。

兴趣。C认为压力很大，但她对汉语感兴趣，所以会坚持。兴趣能让学生产生持久的动力，坚持不懈。

预科留学生在学习汉语过程中难免会遇到情感问题，如产生焦虑、心情沮丧等。良好的情绪状态无形之中引导学生积极向上，充满动力，有利于语言学习。情感策略可以及时地帮助学生缓解压力，化解消极情绪，克服障碍。

（六）社交策略

社交策略包括询问问题、合作、同情别人等。[①] 受访者经常与朋友、同学交流，也经常询问老师问题。

合作。A认为与中国人交流可以学到地道的汉语。她有一个中国朋友，她们互相帮助，学习对方的母语，也经常交流。D和E经常和他的同胞练习口语；此外，E还经常与他的中国朋友聊天，以期纠正口语或作业中的错误，也可以互相了解对方国家的文化。朋友间的交流，增加了练习口语和了解中国文化的机会，提高汉语使用的准确度。

询问。他们有问题经常问老师，喜欢与老师交流，从而提高听、说水平。询问不仅可以帮助学生及时地解答疑惑，还可以提高汉语运用能力。

社交策略的作用也不容忽视，使学生抓住机会使用汉语，提高交际能

① Oxford, *Language Learning Strategies: What Every Teacher Should Know*, Boston: Heinle and Heinle Publishers, 1990, p.145.

力以及语言运用能力。

通过对受访者的学习策略抽丝剥茧式的分析，可以看出，他们学习汉语使用的策略具有较强的相似性，均不是单一地使用一种学习策略，而是综合使用多种学习策略来提高自己的汉语水平。每种学习策略都发挥着不同的作用，受访者均认为，要学好汉语，不能缺少这些学习策略。部分学习策略看似平常，却发挥着极大的作用。

四、建议

（一）对汉语老师的建议

老师可以记录历届优秀汉语学习者的学习策略，加以归纳总结，形成学习策略实践的典型案例，科学地渗透到汉语教学中，汉语知识讲解为主，策略知识介绍为辅，结合实际具体的教学任务，训练学生使用多种学习策略，形成教与学的良性循环。

1.突出记忆策略，关注认知策略

除采用机械记忆方式外，老师可以鼓励学生运用卡片、联想、多感官并用的方法强化记忆，每天预习和复习。开展笔记竞赛，不定期举办“我的母语和汉语”等系列小组活动，系统训练学生的对比分析能力，学会总结归纳。

为使学习者快速、系统地形成自己的学习策略，可以班级的形式开设学习策略训练课。训练要合理安排，数量、难度适中。分以下几个步骤进行，结合典型的案例，介绍具体的学习策略，如总结和归纳策略，并阐释其功用及合理性；针对具体的学习任务，告诉学习者可参照的总结和归纳策略，针对任务自由地选择其一；给学生布置任务，如近义词，让学生运用自己选中的学习策略来总结和归纳近义词；任务结束后，组织学生分组交流自己学习策略的运用情况及效能；教师听取小组汇报，对选择的学习策略的效果进行评价;鼓励学习者尝试运用新的学习策略。

2.提升补偿策略,重视元认知策略

精心设计课堂教学,如通过词语抢答,调动学生查词典的积极性;设计竞猜游戏,培育思考能力等。元认知在第二语言学习中发挥着重要的作用,可以提高学生的计划、监控、调节能力。老师可以系统地学习元认知理论,然后在教学过程中向学生传授元认知知识,针对计划、评估等进行讨论,然后结合具体的案例对学生进行现场强化训练。教会学生制订具体的学习计划,贴在教室里,互相监督。定期指导学生进行自我评估,准确定位自己,针对学习中的不足,要及时采取措施来弥补。

3.利用情感策略,训练社交策略

师者须有仁人之心,可以运用有趣的活动或方法,教会学生放松和缓解压力,时刻保持良好的心理状态,如引导学生定期与家长和朋友联系,释放压力;培养业余兴趣爱好,转移注意力;自我激励、自我奖励、自我安慰等。也可以在课间放中文歌曲和小视频来激发学生的学习兴趣。教师也可以时常要求学生提交小组对话练习的语音,指导学生制作线上情景小视频,引导和督促学生课下训练。

教师应始终保持观察的警觉,善于从学生的学习策略实践中了解汉语学习者的学习情况,给予正确的引导。引导的形式包括进行情感策略交流、展开情景设计讨论、举办学习辩论竞赛等。

(二)对来华预科留学生的建议

从入学起,每位学生就要加快理解汉语学习在专业学习中的基础地位,在学习过程中,主动发现有效的学习方法,在老师的指导下总结学习策略,使之演化成自己的成长辅助手段,并在学习中不断完善优化。

1.逐步树立自信心,定期总结学习方法

作为汉语初学者,在与其他同学交流的同时,应省视自身的变化,发现自己的成长与进步。要逐渐认识一个规律:人的成长具有渐进性以及差异性。学习中,要善于观照自己的内在感受,在课业里寻求自己的兴趣。给予自己心理暗示,告诫自己不断努力,提振信心,体会自己的认识变化。要寻求老师和其他同学的帮助,定期总结学习方法,及时反省。

2.经常与同学交流,灵活运用学习策略

作为学习者,学生要打破个体学习的壁垒,注意观察同学的学习方法;同学之间可以及时地反馈、分享学习方法;互相学习,取长补短,综合使用多种学习策略;学会相互关心、支持,相互帮助;通过集体交流来寻找有效的学习方法。学生要在学习中找策略。针对认知、补偿、记忆策略,用活记笔记、勤思考、查词典、多背诵等具体策略。要学会总结归纳、把握重点等。要合理地安排课下时间,学会制订详细的学习计划。例如,每天每个时间段应该做什么,并且在学业变化中不断调整之,主动适应元认知策略。学习情感策略,发现两三种减压方式,学会并运用以及时调节自己的心理状态。利用社交策略,经常和自己的同学练习汉语。有效的学习策略一旦确立,就要根据实际化繁为简,灵活使用,为自己的学业进步奠定科学基础。

3.合理安排课下时间,逐渐懂得持之以恒

课下则要利用周围环境的优势,把握各种运用汉语的机会,要想尽办法使用课堂上学习的汉语。

还要学会坚持。坚持写学习日志可以及时地反思、监督、总结自己的学习情况,逐步找到适合自己的学习策略。学习日志的内容主要包括确立清晰的学习目标;划分学习单元,制订详细的分解计划;每天记录自己所学的内容;及时标记已完成的事项或未完成的事项;及时标记感兴趣的话题、已掌握的内容、不懂之处以及错题等。学习者要分阶段对学习日志进行反思和总结,发现不足,及时调节。长期坚持写学习日志,能取得良好的学习效果。

五、结语

面对全球突发的新冠肺炎疫情，线上教学应运而生，且日益成为教育的必然。离开教师、离开同学、离开校园环境，汉语学习者更需要具有较强的自主学习能力，掌握科学有效的学习策略。学习者在紧迫的状态下如何寻找有效的学习方法，自如地规划管理自己的学习，是摆在大家面前的艰巨任务。

本文通过质性研究方法，从5名优秀预科留学生的汉语学习经历中归纳了有效的学习策略，阐述了各类学习策略的具体表现，并提出了一些有针对性的建议。学校教师改革教学方法，创新教学内容，对汉语学习者展开学习策略的训练，是使学习者掌握科学的方法，更好地适应汉语学习的必要之举。

（原载《大众文艺》2020年第18期）

王　婷：河南开放大学辅导员

非洲“学习文化”对预科汉语教学的影响

【摘要】 中国社会各个领域的飞速发展，吸引了越来越多的留学生来华进行专业学习。要使广大汉语零起点的留学生在短期内提高汉语水平以符合专业学习的要求，预科汉语教育的研究势在必行。在目前的预科汉语教学对象中，来自非洲国家的学生数量众多，他们在本国的学习环境中已形成了特色鲜明且明显有别于中国的学习观念和学习行为。如何有的放矢地因材施教，为拥有特定学习文化的教学对象构建科学合理且行之有效的预科汉语强化教学模式，是亟待我们深入思考和探究的重要课题。本文在调查问卷的基础上，以“学习文化”学说为理论支撑，尝试从深层文化角度思考学习行为，并把教学活动放置到跨文化背景下加以考察，反观目前的预科汉语教学，提出教学管理、课程设置、教学策略等方面的调整建议。

【关键词】 学习文化　非洲学生　预科汉语教学

中国社会各个领域的飞速发展，吸引了越来越多的留学生来华进行专业学习，这为国内对外汉语教学的发展提供了巨大的空间和机遇，同时也是一种挑战。如何使广大汉语零起点的留学生在短期内提高汉语水平以符合专业学习的要求？预科汉语教育的研究势在必行。在目前的预科汉语教学对象中，来自非洲国家的学生不仅数量众多，而且在学习过程中也出现了很多问题。他们在本国的学习环境中已形成了特色鲜明且明显有别于中国的学习观念和学习行为。如何有的放矢地因材施教，为拥有特定学习文化的教学对象构建科学合理、具有可操作性且行之有效的预科汉语强化教学模式，是我们亟待深入思考和探究的重要课题。

学习文化是指学习者在特定的学习环境中形成的有关学习的态度、观念和行为等。跨文化语境下的学习关系到学习者和教育者双方，来自不同文化背景的双方对课堂教学的期待、态度、价值观都会影响课堂上教与学的行为，从而影响学习者的学习效果。近年来，中国政府不断增加对非洲留学生奖学金的投入，本科留学生预科教育中非洲学生的比例也在大幅度地增加。本文对山东大学国际教育学院预科部的非洲学生进行了问卷调查，从学习环境、学习观念和学习行为三个维度考察了其原有学习文化对目前汉语学习的影响，以期对预科汉语教育的教学管理模式有所裨益。

一、非洲学习文化调查分析

本文的研究对象是山东大学国际教育学院2009—2010年度中国政府奖学金本科来华留学生预科部的非洲学生。具体信息见表1。

表1　山东大学2009—2010年度非洲预科生信息

国别	男生	女生
24个国家： 赞比亚、莱索托、加蓬、加纳、刚果(金)、刚果(布)、毛里求斯、塞拉利昂、肯尼亚、佛得角、南非、赤道几内亚、几内亚比绍、博茨瓦纳、贝宁、马拉维、安哥拉、乌干达、索马里、布隆迪、摩洛哥、津巴布韦、埃塞俄比亚、阿尔巴尼亚	35人	37人
占非洲国家总数的45%	占非洲学生总人数的49%	占非洲学生总人数的51%

学习文化调查问卷的题目均为选择题，共计70道，全部围绕研究重点展开。被试者均为来华一年的汉语学习者，汉语水平大体集中在汉语水平考试(HSK)3－5级。由于被试者精通英语，所以问卷为中英双语，以便作答。同时，保留了部分愿意合作的学生的联系方式，利用座谈、邮件等方式回访了部分学生，询问他们为什么作出有关选择，以便在解释数据时参考学生的回答。

(一)非洲国家的教育环境

环境是影响学习的重要因素，可以影响学习者的行为。本文考察的教育环境既包括教学硬件设施，也包括学习制度、学习氛围这样的"软件"建设。

1.教学设施

非洲大部分国家都严重缺乏教育经费，虽然政府意识到加强教育的重要性和紧迫性，但是由于人口的快速增长，沉重的教育负担使本来就处于经济停滞中的大部分非洲国家难以为继，许多中小学校舍失修、桌椅残破，教学设备和图书资料长年无法更新。但这种教学环境仅有小部分被调查者亲身经历过，大部分能够获得来华留学奖学金的非洲学生都来自条件优越的家庭，他们具备足够的经济实力，拥有良好的学习环境，才得以取得良好的学习成绩。

2.学习制度

非洲国家的学习制度基本与中国的相同，分为学前、小学、中学、大学、研究生五个阶段。小学、初中教育为义务教育阶段。高中阶段一般为三年，一学年有3个学期，每个学期长度为3个月左右。每周一至周五上课，周末两天休息。大部分高中上午8点上课，中午12点休息，下午2点上课，有的4点放学，有的6点放学，晚上一般没有课程和自习。

高中阶段一般每节课也是40—45分钟，课间休息5—10分钟。所修课程除了主修的本国母语、第一外语(英语、法语)、数学、财会、生物、地理、历史、物理、化学外，还有汽车修理、技术绘图、家政、计算机、生理健康、艺术、体育等科目。特别是高中最后一年，也就是学生在9年级或10年级的时候，按照学校规定可以自由选择必修课程。此时，学生可以根据自身的兴趣选课，毕业之后是进一步接受高等教育或职业教育也便于在此阶段作出决定。

3.学习氛围

调查中，有76%的被调查者赞同“能够上大学是大部分同学的愿望”，有60%的被调查者认为“考试是进入大学最重要的途径”，但是同时有83%的被调查者认为“在高中阶段并没有感受到升学的压力”。在调查之后的访谈中，笔者就非洲高中生的升学问题与部分被调查者进行了座谈。他们反映，大部分非洲国家并没有类似中国的高考，决定他们能否进入大学的是中学的会考成绩，而这种考试在高三阶段就有三次。会考规定科目共六门，除数学、母语、理化、第一外语以外，其余两科由学生自己选择。可选择的科目相当宽泛，几乎涵盖了所有选修课程。因此，学生可以根据自己的需求选择考试科目、考试时间，甚至选择使用哪一次的考试成绩作为“高考”分数。

相对多元的升学方式在相当程度上缓解了非洲高中生的学习压力，加之整个民族文化的影响，他们的学习氛围也相对轻松。这对非洲师生的教学价值观及期望都产生了重要影响。

(二)非洲师生教与学的价值观及期望

1.学生的学习观念

应用语言学家、新西兰奥克兰大学埃利斯·罗德(Ellis Rod)提出了一个关于学习过程和机制的理论框架，这个理论框架由三组相互关联的因素组成，即学习者个体差异、学习策略和学习成就，其中个人因素包括关于学习的看法(学习信念)、期望和共同因素，这同学习策略和学习成就相互关联，共同构成学习文化的重要因素。

在调查中，有 46%的学生喜欢一门课的最主要原因是“学习内容有趣”，28%的学生认为是“老师讲课生动，有吸引力”；在“作为一个学生什么最重要”的问题中，相对于“考试成绩、休闲娱乐、课外活动、业余爱好”等选项，有 52%的人选择“身心健康最重要”。

对于自己学习成绩的好坏，大部分学生认为学习成绩的好坏与老师的讲课水平有至关重要的联系，其次是课堂学习氛围和家庭的影响，而自身的学习能力及努力程度居于特别次要的位置。但是，86%的学生表示，“如果考试成绩不好，会感到沮丧”。

2.教师的学习观念

如同学生存在学习观念一样，教师对世界、对教学、对学习者也存在自己的看法，并会把这些观念带进课堂。教师的学习观念会决定他们在课堂中的一切表现，这个深层观念的影响比教师接受的教学法和教材的影响力更大。

调查显示，在考试成绩、课堂表现、作业情况、身心健康、合作意识等选项里，非洲的高中老师中有 34%最看重学生的“课堂表现”，26%的老师更看重学生的“身心健康”，而 19%的老师则认为学生的“合作意识”最重要。

在访谈中，笔者了解到老师们所看重的课堂表现指的并不是纪律好，调查结果也说明了这一点，69%的老师不会因为“课堂纪律好”而去表扬一名学生；同时，这也和学习成绩没太大关系，仅有 16%的被调查者的高中和教师“注重学生考试的名次”；老师最“欣赏”那些在课堂上能够和自己产生良好互动的学生，踊跃回答提问、积极参与课堂活动、主动给老师提出建议和意见，这样的学生是最受老师欢迎的。

(三)非洲师生教与学的行为

1.教师的教学管理与方法

调查显示：上课前，老师会做精心的准备。上课时，老师表现得很热情，能够调动起学生的兴趣和积极性；能够安排适合学生需要和水平的教学内容，并能适当地补充课本以外的内容。老师的教学步骤目的明确、层次清楚；能够运用多样的方法进行授课；课堂活动丰富、互动性强、气氛活跃；教师能够认真、耐心地回答学生的提问，公平地对待每一位学生。

老师在课堂上的表现让学生们很满意，但是课下的时间完全属于老师。他们很少和家长交流学生的表现和考试情况，也很少与学生在课下继续探讨课堂上的问题。他们的课下时间只需要为下堂课做好准备。

此外，调查中有62％的学生表示在高中阶段任课教师“用传统板书的教法教学”，只有17％的学生高中阶段的教师“利用多媒体辅助教学”，但是有82％的被调查者对目前在中国使用多媒体辅助教学表示支持。

2.学生的学习习惯与策略

调查显示：课堂上遇到不明白的问题，74％的学生选择“立即问老师”；58％的学生会主动举手回答教师提问，21％的学生“不举手，直接回答”；78％的学生不喜欢“在课堂上与其他同学合作，共同完成一项学习任务”；52％的学生一节课中集中精力的时间为40分钟，但他们不排除会随便讲话、做小动作；一天的课程中，他们最容易疲劳的时间是下午，在自己的国家，下午常常是选修课时间。

70％的学生认为自己高中的课外活动“不够丰富”或者“完全没有”，他们不认为课外活动对学习成绩有消极影响（80％），但是他们也不会“积极参加课外活动”（72％）。对此，笔者进行了访谈，参与的学生表示，课后活动时间就是课后时间，他们更喜欢和朋友聊天、聚会或者回家。同样，调查显示，周末或放假回家，59％的学生会“全身心休息”，只有21％的学生表示“不得不做作业”。和老师的交流方面也体现出他们课上课下的巨大反差，课堂上学生敢于也很乐于提出与老师不同的观点，与老师一起探讨，可是课下学生觉得完全没必要与老师交流情感、信息甚至课堂知识（89％）。

二、对预科汉语教学的反思与建议

通过问卷调查与访谈，我们对非洲学生学习文化的特点有了进一步的了解，也由此找到了他们在华学习期间所表现出的很多问题的答案。而如何针对其特点调整我们的预科汉语教学，以取得更好的教学效果，是本文的最终诉求。

（一）非洲学生学习文化的特点

非洲学习文化是鼓励学生表现自己、突出个性发展的文化。要求尊重老师，但不是表现在对老师的服从上，而是在积极回应老师、踊跃回答问题，甚至敢于质疑老师上；相比之下，他们更尊重自己。一方面，他们重视表现自己、突出自己，这是对自己最好的尊重。因此，非洲学生的课堂行为是积极、主动的。非洲教师对学生的课堂行为期待也是积极、主动的。另一方面，非洲学生的自我尊重也体现在他们尊崇的个人主义上，相对于集体来说，他们总是把个人利益放在第一位。此外，由于非洲学生在本国时很少受到升学压力的困扰，他们在学习方面的竞争意识比较淡薄，加之课下学习时间难以保证，这直接影响到了他们学习的努力程度和学习成绩。

（二）对预科非洲学生的教学建议

1.课程设置方面

预科教育必须重视教学效率，尽可能在一年的时间内使学生的汉语水平达到能够胜任本科专业学习的程度，这就要求在教学强度和时间上有所保证。然而，作为预科汉语教学主体之一的非洲学生，基于其在本国已形成的学习文化，至少起初是无法适应每天6—8节的课时量和大量课后作业的。鉴于此，在课程设置上就要注意阶段，循序渐进地提高学习强度。例如，在学生刚来中国的第一学期或者前两个月，课程进度不宜过快、作业量也不易过大，下午可以安排以复习巩固为主要任务的练习课或者文化选修课程等，让学生有一个逐渐适应的过程，避免其因不适应而产生排斥心理和畏难情绪。

2.教学管理方面

针对学生的教学管理工作分为两个层面。

其一，教学层面的实施者是教师群体。通过对非洲学生学习文化的调研，我们对教师所应扮演的角色有了更加明晰的认识。教师的最主要任务是保证学生在课堂时间内有效地摄取汉语知识。如何实现“有效”，对于非洲学生而言，首先要让他们感到这堂课生动有趣。因此，面对非洲学生，教师应该在教学方法上多下工夫，使学生喜欢上这门课，这是取得成绩的前提。

其二，管理层面的实施者是负责预科项目的工作人员。预科部的学生大都高中毕业便远离家乡独立生活，确实会需要很多学习之外的帮助和指导，这项工作应该有专人负责，而不应由汉语教师“代劳”。我们的老师常常习惯与学生进行课下交流，以期进一步加深了解。但如此煞费苦心，可能适得其反，因为在非洲学生的意识中，教师的职责就是上课，插手、包办其他事务会有损教师的威严。

3.教学策略方面

我们由调查得知，非洲学生爱表现、自尊心比较强，所以对待他们在课堂上出现的问题，不论是学习方面还是纪律方面，老师们都应以鼓励为主，即使批评也要注意方式方法，在不挫伤他们自尊心的同时强调学习成绩的重要性，让他们对自己的汉语水平和所面对的压力有一个清醒的认识，以帮助其树立明确的学习动机，激发他们的学习动力。如果只是一味地通过公布考试名次、张贴旷课名单“刺激”学生，恐怕会使他们产生逆反心理，带来消极影响。

最后，我们还应该不忘创造机会使非洲学生对自身学习文化与中国学习文化的差别有所了解,这有助于他们从情感角度接纳学习现状,并在不断地自我调整中与中国教师一起携手打造一个和谐的学习环境,这对其取得良好的学习效果有着至关重要的意义。

(原载《第十届国际汉语教学研讨会论文选》,万卷出版公司,2012 年)

刘冰冰:山东大学国际教育学院副教授
方　雪:山东大学国际教育学院讲师